Claudia Piñeiro

Escrever um silêncio

Claudia Piñeiro

PRIMAVERA
EDITORIAL

Aos silêncios que meu pai não pôde escrever.

Nota da editora

Muitos dos textos incluídos neste volume foram publicados na mídia impressa argentina, como *Clarín, La Nación, Página 12, Télam, Tiempo Argentino, Diario.ar, Infobae, Perfil, El País, Anfibia, La mujer de mi vida, Gata Flora, Escritores del mundo* e outros. Agora, para esta edição, foram revisados e, em alguns casos, ampliados e atualizados. O capítulo 9 reúne escritos de diferentes discursos que a autora fez em feiras de livros, no Congresso da Língua e em palestras universitárias em vários países.

Sumário

1. Do que sou 17

2. De onde venho 33

3. De filhos, mães e outros amores 59

4. De outros interesses e preocupações 93

5. Dos anos que vivemos em perigo 129

6. Sobre a escrita 153

7. Da leitura 211

8. Sobre viagens e feiras 265

9. Do dito 287

Prefácio

O silêncio e as palavras de Claudia Piñeiro

por Natalia Timerman

Um dia, numa viagem a um país distante, me vi diante da escadaria de um museu o qual eu não pretendia visitar. Sob os meus pés, uma placa de metal, que dizia em letão e inglês: "Cada passo que dei na vida me trouxe até aqui, até agora". A vertigem que senti naquele aqui, naquele agora, é parecida com a que me tomou diversas vezes ao longo de *Escrever um silêncio*. Tanto a placa quanto o livro – que, como todo bom livro, dá forma ao que tínhamos apenas intuído – confirmam que a vida acontece por debaixo e apesar dos planos, tanto numa viagem, quanto em nossa própria casa. E na escrita: a exímia roteirista Claudia Piñeiro sabe que é escrevendo que se desenovela o acaso e que a palavra justa se desprende dele como uma descoberta, mais que uma invenção.

"Toda vez que há escrita, é um corpo que escreve", Eugenia Almeida me lembra por meio de Claudia. Escrevemos com o corpo, a partir do corpo, como extensão do corpo – eu também, Claudia, escrevo com as costas, a nuca, as pernas; eu também escrevo com dois dedos, e às vezes acho que essas duas singelas extremidades minhas são pequenas demais para dar passagem ao turbilhão de onde surge o texto.

Mas o texto de Claudia Piñeiro não surge do turbilhão, mas do silêncio. Que está sob os mais diversos sons, tanto os facilmente audíveis quanto os quase imperceptíveis – assim como a suposta simplicidade do panorama em que se desdobra qualquer gesto humano tem inúmeras facetas, se observarmos melhor; inúmeras causas e consequências. Claudia sabe o que o feminismo lhe ensinou: o pessoal é político. A vida de uma mulher está marcada por isso em todas as suas instâncias. As palavras de Claudia também: estamos inteiras em cada gesto, e às vezes o gesto é a palavra. Ou o anterior a ela, o desenredar da "imagem disparadora com a qual começo a escrever um romance: tudo está lá, naquela origem, mas é difícil entender, como um fio de lã emaranhado que precisa ser desembaraçado e depois enrolado novamente."

A história das primeiras sessões de análise em que Claudia permanecia muda ilustra um paradoxo: escrever nasce do silêncio, mas vem antes da palavra. Claudia sai do silêncio analítico e entra na escrita no mesmo gesto. Depois das infindáveis sessões em que nada dizia, começa a ler em voz alta o livro de ficção que começara a escrever nos intervalos do trabalho como economista. Depois, inscreve o texto num concurso do qual foi finalista, determinante em sua trajetória de escritora: "Naquelas sessões, eu não estava lendo minha vida, estava lendo a vida de outra mulher que estava passando por uma dor e uma raiva que eu conhecia muito bem. Uma mulher inventada, uma história inventada, circunstâncias inventadas, mas uma dor própria, um sentimento que não me era estranho". Aula de literatura na literatura: neste *Escrever um silêncio*, Claudia abocanha a escrita com a própria escrita. Dobra-a, multiplica-a por si mesma.

A promessa da escritora tão inventiva já se cumpria na criança ávida por saber dos dias de caça do avô. "Antes de ele partir, eu costumava pedir ao meu avô dados precisos para compor com minha imaginação o que eu nunca veria. (...) O retorno, dois ou três dias após sua partida, permitia que eu fosse testemunha mais uma vez. E então passava do imaginário para o vivido, da ficção para a crônica", movimento tão presente neste livro, no sentido de ida e de volta. Pois *Escrever um silêncio* também vai da crônica para a ficção: são crônicas escritas por uma romancista, capaz de postar o leitor dentro das cenas de sua vida, fazê-lo escutar o som de um livro sendo retirado de sua biblioteca ou o roçar da juta no azulejo da cozinha de sua infância quando seu pai pulava corda. Como lhe ensinou o mestre Guillermo Saccomanno, e como ela então nos ensina, há que se oferecer as minúcias: "como essas pessoas vivem, como são suas cortinas, como arrumam a mesa, o que comem, que relógio usam, o que você pode encontrar na lixeira delas. Detalhes do cotidiano. Isso é o mais importante para contar".

Como crônicas, o elemento do tempo as constitui, as transforma, e Claudia nos oferece a rara oportunidade de vislumbrar o impacto dessa passagem, por exemplo quando confessa se sentir apreensiva ao saber que uma escritora leu um texto seu que considerava desgastado. A partir dos próprios incômodos, mesmo em situações aparentemente banais, como uma apresentação musical antes de um prêmio, Claudia reflete sobre temas mais amplos, como o amor e as transformações da própria sociedade. Nada é banal para Claudia, nada é banal para a literatura. O manancial de que se nutre a escrita é feito também e principalmente do que parece ínfimo.

O prazer de ler *Escrever um silêncio* se assemelha ao prazer de caminhar por outro país. Caminhamos pela Argentina, esse "país que não pertence aos círculos de poder, mas onde há aborto legal seguro e gratuito, lei transgênero, casamento igualitário e onde recebemos imigrantes sem quase nenhuma restrição". Esse país que se avizinha ao Brasil não só geograficamente, onde também "o futebol é paixão e é uma catarse necessária". De ambos, Argentina e Brasil, se pode dizer uma frase que guardarei escrita nos meus cadernos: "Nessa mistura de futebol, violência e literatura, estava a graça da noite e a certeza de que somos todos latino-americanos". Eu diria que está também nesse orgulho rasteiro, paradoxalmente tímido, por vezes mais ostensivo, de se ser quem se é porque se vive onde se vive e se lê o que se lê.

Continuo lendo Claudia, imitando seu gesto, reproduzindo-o como um fractal: "Continuei lendo. O Gallego de Aira vai até a calçada para abrir o toldo verde a fim de que o sol não incomode os clientes que estão sentados ali. Olhei para o toldo, que não era verde, mas vermelho. O Gallego do romance abre o toldo e, assim que o faz, a máquina de contar histórias de Aira começa a funcionar com força total. Sem dúvida alguma, eu estava naquele bar. A ficção funciona assim, se o toldo real fosse verde, eu teria duvidado, mas o toldo era vermelho, porque a ficção não copia a realidade, ela a reinventa". É esse o prazer do texto, de testemunhar a inteligência de uma escritora resplandecer, de viajar, como ela diz, também para dentro dos livros.

E eu, que faço parte do time que torce o nariz para o romance policial, me vi, como me vi lendo seu romance *Catedrais*, agarrada à sua reflexão sobre o gênero, que ela me ensina ser a ficção que "expõe o caráter fictício da verdade". Num intricamento articulado, em "Diário de um novo romance" ela traz Todorov, que diz que a literatura policial se trata de "uma relação problemática entre duas histórias, uma ausente [a do crime] e outra presente [a da investigação], cuja única justificativa é nos fazer descobrir a primeira". Com o diário da escrita, ela acrescenta ainda uma terceira, a história do romance, a história dessas histórias.

Claudia nunca adere ao *noir* de forma convencional, porque sua literatura não é convencional. "Na maioria dos meus romances, não há crime no sentido legal, jurídico ou penal da palavra", diz ela. "Embora em muitos de meus textos isso não apareça, meus personagens não são inocentes. Que lei eles violam? Qual é a lei não escrita em um código jurídico que entra no caminho do anti-herói? Seus 'crimes' são de um tipo diferente. São questionamentos éticos, ou ações vergonhosas, ou atitudes desaprovadas pela sociedade, mas não são crimes". Claudia está interessada nos "crimes por trás dos crimes", fartos nas nossas sociedades tão injustas, e convoca, ainda uma vez, a face política da literatura.

Escrever um silêncio se organiza em seções que dialogam e se complementam. É em "Do que sou" que Claudia nos oferece uma vista privilegiada dos primórdios de suas sessões de análise. Em "Limites", expõe quão relacionados estão seu corpo e a literatura: ela só percebe que há algo de errado – um limite inusual está sendo imposto – quando deixa de conseguir escrever.

Em "De onde venho", conhecemos o que a formou: seus ancestrais e respectivas cidades, seus mestres, os rituais nos quais se cerziu sua infância. Destaco a belíssima passagem em que descobre, na cidade de seu avô, "o outro lado da diáspora" ao se deparar com o país de origem de sua família vazio de suas pessoas. Claudia, naquele lugar, faz do tempo um aplacador de distâncias.

"De filhos, mães e outros amores" se debruça sobre as ambivalências do amor por um filho, por um homem, por um gato. Para além da especificidade que cada objeto amoroso pede, Claudia tece aqui reflexões profundas sobre o próprio amor.

Em "De outros interesses e preocupações", vemos o cotidiano e a política, sempre entremeados e revelados pela literatura. A versatilidade da escrita de Claudia foi capaz de me comover com Mercedes Sosa e, já no capítulo seguinte, me fazer gargalhar acompanhando suas aventuras sobre uma bicicleta *indoor*.

"Dos anos que vivemos em perigo" me fez lembrar dos tempos de quarentena pela covid-19. A resistência das livrarias, o privilégio de ter uma varanda, a saudade dos filhos, e como a literatura se relacionou com tudo isso.

"Sobre a escrita" poderia se chamar algo como "Lições de literatura". É preciso ter acesso às indagações que uma escritora do calibre de Claudia faz ao começar a escrever um romance, como de qual janela ela quer que seu leitor olhe, por exemplo; é preciso também acessar o que acontece ao escritor depois de publicado um livro ou lançada uma série. Ou mesmo pensar em aspectos pouco percorridos, mas tão comuns na vida de um escritor: a cadeira na qual exerce o sedentarismo inerente ao seu ofício, os esportes que pratica para superá-lo.

Em "Da leitura", acessamos o outro lado da moeda de ser um escritor: ser um leitor, o que Claudia só se tornou tardiamente. Ela não se furta, nesta sessão, a encarar questões espinhosas, porém centrais de nosso tempo e sua relação com a literatura: "Alguns pais, educadores e formadores de opinião criticam histórias que expõem a violência, a angústia, a destruição e até mesmo o sadismo inerentes à imaginação das crianças. Ao fazer isso, eles esquecem ou ignoram que esses sentimentos negativos são inerentes aos seres humanos. A criança os terá, quer conheça essas histórias ou não. Pelo contrário, estar familiarizada com elas a aliviará, pois ela vai saber que não é diferente, que compartilha esses pensamentos com o resto da humanidade. O desafio é dominá-los e resolvê-los"; simbolizá-los, eu diria, o que faz a própria literatura de Claudia.

"Sobre viagens e feiras" me levou a percorrer o mundo itinerante de uma escritora de alcance mundial, com saborosas notícias dos bastidores dos palcos, dos trajetos, dos acasos, dos descaminhos de onde surge tantas vezes a própria escrita.

Por fim, em "Do dito", a interface entre política e literatura se articula mais explicitamente, por exemplo no discurso à Câmara dos Deputados da Argentina em favor da Lei de Interrupção Voluntária da Gravidez.

Claudia Piñeiro compõe, com estes textos escritos ao longo de mais de uma década, a biografia, talvez não de sua vida, mas de sua escrita. Para além de expor seu modo de pensar e viver, ela está sempre e ao mesmo tempo dizendo do seu modo de escrever. *Escrever um silêncio* coloca em discussão o mundo da literatura e a literatura no mundo, sem deixar escapar a crucial e controversa relação entre política, literatura e forma.

Se cada passo que dei na vida me trouxe até aqui, até agora, cada livro que li me torna a escritora que sou. *Escrever um silêncio* se junta a esse meu conjunto com distinção. Claudia discorre acerca das "cumplicidades feitas com palavras que são o testemunho do tempo compartilhado, da jornada ao lado de outros, dos companheiros e companheiras de estrada. Algumas frases permanecem, outras se perdem. Mas todas estão amarradas no colar de pérolas de nossa própria história, que é feita mais do que de palavras". Com este livro, Claudia Piñeiro me presenteou com mais uma pérola do colar com que os livros escrevem a minha própria história.

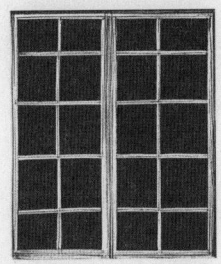

1.
Do que sou

Escrever um silêncio

Suspeito que o que escrevo nasce do silêncio. Porque foi assim desde minha infância, do silêncio para a escrita. Da resistência para falar até o prazer de construir um texto. Esse processo só se tornou consciente quando, aos 23 anos, comecei a fazer análise. Cansada de me ver em um estado deplorável sem motivo aparente, uma colega de trabalho me deu o número de telefone da analista da amiga de uma amiga, que eu não conhecia. E, se o ditado popular diz que os amigos de nossos amigos são nossos amigos, por que, afundada naquele estado deplorável, eu não aceitaria a propriedade transitiva no caso de uma terapeuta? Felizmente, tudo deu muito certo, pelo menos é o que eu acho.

 A expressão "sem motivo aparente", vista com a perspectiva dos anos que se passaram, parece banal e precipitada. Havia muitos motivos. Naquele momento, porém, esses vários motivos estavam misturados, atados, entrelaçados. Algo que me lembra muito a imagem disparadora com a qual começo a escrever um romance: tudo está lá, naquela origem, mas é difícil entender, como um fio de lã emaranhado que precisa ser desembaraçado e, depois, enrolado mais uma vez. É claro que os tempos da escrita de um romance e os da análise sao distintos e têm um preço diferente; portanto, diante da situação de ser obrigada a dizer à minha analista por que eu estava sentada na frente dela, apresentei um argumento coerente, o suposto motivo que tinha

---

Publicado na revista *La mujer de mi vida* (2006) e revisado para esta edição.

me levado àquela primeira consulta: "Venho porque tenho medo das minhas palavras". Um argumento que era não apenas abstrato, mas também pretensioso e não menos sincero – e, com o tempo, adquiriu outros significados.

Pretensioso ou não, essa questão estava me trazendo alguns inconvenientes. Funcionava assim: diante de qualquer circunstância, eu podia responder com astúcia e ironia, de forma assertiva, porém por trás do que dizia havia certa agressividade. Depois de uma discussão de qualquer tipo, minha reclamação nunca foi "Por que eu não disse isso e aquilo?", mas "Por que não me calei a tempo?". Para mim, a palavra era (é) uma arma sempre pronta, e se eu cruzasse algum limite, que só conseguia ver depois de ter falado, a outra pessoa terminaria machucada. Eu também. Foi assim que tudo começou: por medo de que minhas palavras causassem danos. E esse medo não me levou a falar de outra forma; ele me levou ao silêncio. Dessa forma, coerentemente com o motivo que me levou à terapia, minhas primeiras sessões foram de silêncio absoluto. Não lembro quanto tempo durou o período de "análise silenciosa", mas foi longo e doloroso. O silêncio nem sempre é um refúgio agradável.

Uma vez por semana, eu entrava no escritório da minha analista e, depois de dizer: "Olá, bom dia", poderia passar a sessão inteira sem emitir um único som. Tocava nos vários objetos que ela tinha em sua mesa e os examinava de frente, de lado, de cima, de baixo: um sapo verde de madeira, uma caixa de doces, um pacote de lenços de papel. No início, a pessoa à minha frente – minha analista – me incomodava, e eu pensava que ela se sentiria mal se eu não falasse nada. Senti pena daquela mulher que havia escolhido uma profissão que a obrigava a passar cinquenta minutos em silêncio na frente de outra mulher calada. Algumas semanas depois, comecei a me sentir desconfortável comigo mesma, a fazer as contas, multiplicando as horas que passava lá pelos honorários dela, e o resultado aumentou meu aborrecimento: era um valor muito alto que eu estava pagando para não dizer uma palavra. No entanto, não havia nada que eu pudesse fazer no momento a não ser permanecer calada, como se uma mordaça de metal hermética estivesse selando minhas mandíbulas no estilo Leonardo DiCaprio em *O homem da máscara de ferro*.

Com o tempo, as coisas evoluíram. Minhas sessões silenciosas continuaram imperturbáveis, mas eu não sentia mais pena, desconforto ou incômodo nem pela minha analista, nem por mim mesma, muito pelo contrário. Tínhamos passado para outro estágio, o da raiva brutal. Nosso relacionamento era agora um combate que se sustentava na espera da palavra, um duelo em que as forças eram medidas. A compaixão e a culpa das primeiras sessões tinham se transformado em raiva, quase ódio. Se minha analista tivesse me forçado a falar naquele momento, teria me levantado e nunca mais teria voltado. Meu objetivo não era falar, ainda não, mas resistir em silêncio. A frase que vinha à minha cabeça era: *Sei que você está esperando que eu fale, danada, mas é melhor se sentar e esperar.* Deveria ter iniciado o que eles – os psi – chamam de transferência.

Finalmente saí do silêncio escrevendo, embora ainda não falasse. O que me lembro do período que se seguiu foi que um dia, cansada de ficar calada, comecei a escrever um texto literário que estava tentando produzir no tempo livre do meu exaustivo trabalho como economista, que durava bem mais do que oito horas por dia. A cada sessão, eu compartilhava um capítulo com ela. Após o bom-dia, eu me sentava e lia. Não falava; lia. Pedi uma licença do meu trabalho para escrever, e esses textos primitivos se tornaram um romance que inscrevi no concurso *La sonrisa vertical*, da Editora Tusquets. Sorte de principiante, meu rascunho foi um dos dez finalistas daquele ano, um fato que reconheço como fundamental no caminho que tomei até me tornar escritora, porque foi a primeira vez que um espelho externo me devolveu uma imagem que dizia que, se eu me esforçasse, se continuasse lendo, se tentasse estudar literatura, talvez um dia pudesse ser escritora. No entanto, ainda mais importante do que essa revelação foi o fato de que esse romance traçou o caminho do silêncio para a palavra escrita. Escrevi para contar uma história. Não se tratava de ler um diário íntimo, e sim uma ficção; era um trabalho de escrita que não tinha a intenção de ser catártico, mas que eu estava me esforçando ao máximo para tornar literatura. Naquelas sessões não estava lendo minha vida, estava lendo a vida de outra mulher que passava por uma dor e uma raiva que eu conhecia muito bem. Uma mulher inventada, uma história inventada, circunstâncias inventadas, mas uma dor própria, um sentimento que não me era estranho. Enquanto eu lia, minha analista me olhava imperturbável, ou, pelo menos, é o que suponho, porque eu não olhava para ela, apenas para a folha de papel cheia de palavras à minha frente. Foi só depois de escrever e ler aquele primeiro romance durante essas sessões que consegui começar a falar.

    O tema do silêncio e das palavras me persegue desde então, contudo sei que isso já me perseguia havia muito tempo, sem que eu tivesse consciência. Ao longo dos anos, o silêncio se instalou em muitos outros períodos de minha análise, mas apenas por breves momentos, como um lembrete daquela época em que eu acreditava que as palavras ditas sem controle poderiam ser uma arma capaz de ferir. Por fim, consegui encontrar outro destino para elas. Escrever me ajudou a sair do silêncio sem correr o risco da palavra falada, do que é dito sem controle. E, melhor ainda, sem correr os riscos do silêncio. Ele também tem um preço a ser pago. O que não se deve, não se pode ou não se quer dizer fica escondido em uma zona escura e indeterminada, na qual se transforma, de modo gradual, em um calo. E o calo cresce até se tornar um vulcão, que um dia, irremediavelmente, entra em erupção.

    Escrevo para encontrar palavras que falem sobre esses silêncios, silêncios anteriores, aqueles que machucam, que podem se tornar um vulcão. Escrevo as histórias que estão ocultas por trás dele.

Limites

O corpo é um limite. Ele determina um espaço, uma possibilidade, um tempo. Também condiciona as coisas que posso ou não fazer.

Estou com uma enxaqueca incapacitante, sinto uma espada perfurando minha cabeça da direita para a esquerda. Tomo um analgésico. Deveria suspender as atividades de hoje, mas não cancelo nada. Trabalho o dia todo até a noite, até muito tarde: apresento um livro, dou uma entrevista, participo de um painel na Feira do Livro de Buenos Aires. Choro. A espada vai um pouco mais fundo, apesar do segundo analgésico. E do terceiro. O limite emite um sinal que não vejo, então digo: "Sempre tenho dor de cabeça, já vai passar".

O batente da porta é um limite. Determina o espaço pelo qual poderei passar. Se não respeitar esse limite, o batente vai me informar.

Avanço pelo corredor, estou cheia de papéis e livros, a porta está aberta, estou com pressa, minha cabeça está doendo, me jogo, meu ombro direito bate contra o batente da porta. Tudo que estou carregando cai e as folhas se espalham pelo chão. Meu ombro está doendo, eu o esfrego. Xingo minha falta de jeito. O limite emite um sinal que não vejo, então digo: "Estava meio atordoada".

Um cesto de lixo é um limite. Sua boca delimita o interior e o exterior.

Coloco nele um pedaço de papel que quero descartar; jogo dentro, mas ele cai fora. Estou com dor de cabeça. O desvio da trajetória

---
Apresentado no Festival Internacional de Literatura de Buenos Aires (FILBA), 2019.

descrita pelo papel amassado ao cair foi de apenas alguns milímetros em relação ao caminho correto. Não o joguei de longe, estava ao lado do cesto; o papel tinha que viajar em linha reta. Mas caiu fora. Rola no chão e para. Eu o procuro, pego e jogo de novo no cesto. Novamente ele cai fora. Repito, pego o papel, mas desta vez chego mais perto, me agacho, não jogo o papel para o ar, mas o coloco dentro do cesto. Eu me certifico de que caia dentro. O limite emite um sinal que não vejo, então digo: "A boca do cesto é muito pequena".

Um caminho é um limite. Marca o percurso no qual devo me mover. Nas laterais, fora do limite, pode haver um acostamento, grama, cascalho, lama ou penhasco.

Dirijo para casa em meu carro. A espada ainda está enfiada na cabeça, da direita para a esquerda. Entro no caminho que leva à garagem, uma roda gira no ar, fora do caminho traçado, fazendo malabarismos sobre a vala. Eu me assusto, me surpreendo, é a primeira vez que isso acontece comigo. Consigo avançar graças à tração das outras rodas. O limite emite um sinal que não vejo, então digo: "Não devo dirigir cansada".

Uma tecla é um limite. Delimita o espaço que preciso tocar para escrever uma carta em meu computador. Cada tecla é uma letra, e não outra. Embora digite com dois dedos, sou muito rápida, aprendi quando era muito jovem, sou treinada.

Acordo cedo e quero continuar meu romance. Minha cabeça está doendo, mas quero escrever mesmo assim. Tomo um analgésico. A ideia que ficou ruminando enquanto adormecia na noite passada volta à minha consciência. Preciso digitá-la antes que me esqueça. Eu me levanto, vou para o computador e escrevo. Fico satisfeita com a frase evocada. Olho para a tela; leio o que vejo, é ininteligível. Uma sucessão maluca de letras sem sentido. Nem o corretor automático consegue compensar a série de erros encadeados; não consegue sugerir uma alternativa e desiste. Não consigo encontrar uma resposta para o que está acontecendo. Apesar do analgésico, a espada ainda está enfiada em minha cabeça e torna difícil pensar com clareza. Suponho, como primeira hipótese possível, que o computador esteja com defeito, que haja algo errado com o teclado. Tento de novo, digito, olho para a tela: letras que não dizem nada. Mudo do Word para outro programa de texto a fim de ver se o problema persiste. Escolho o Pages, e a tela retorna outra série de letras desconexas. Tento mais uma vez no Word. Eu me concentro no que estou fazendo. Vou letra por letra. Tento apertar o *e*, mas aperto o *w*; o *s*, mas aperto o *a*; o *t*, mas aperto o *r*; o *e* e, então, o *w* aparece. "Este" torna-se "warw". Não conheço esse idioma. A estranheza me paralisa, a espada afunda um pouco mais em minha cabeça. Tento, uma última vez, escrever "este" para detectar o padrão de erro. Cada vez, no lugar de tocar a letra que quero, toco a que está à esquerda dela. É um desvio de apenas alguns milímetros, nem mesmo um centímetro. Tento agora, prestando atenção à trajetória do meu dedo; sigo a ponta dele, que se move no ar e deveria apertar o *l*, mas cai no *k*. Tento letras diferentes, qualquer letra. Não pretendo mais escrever uma palavra, mas saber se meu dedo pode executar um comando. Sempre toco a letra ao lado, a letra ao lado da escolhida. Meu cérebro ordena e meu dedo executa com um leve deslocamento. Assim como foi com o batente da porta, assim como foi com o cesto de lixo, assim como foi com o caminho para minha casa. Deslocamentos da motricidade fina. No entanto, só vejo isso agora, quando não consigo escrever. O limite emite um sinal que desta vez eu vejo, porque afeta o que me constitui, a escrita, então digo: "Não posso escrever, preciso ir ao hospital".

    A medicina é um limite. Hospitais e clínicas são um limite. O sistema médico é um limite.

    Sou atendida por uma médica jovem na enfermaria. Conto o que está acontecendo comigo, falo sobre o deslocamento e, principalmente, sobre o fato de não conseguir apertar a tecla certa no meu computador. Ela me diz que na minha idade é normal, que isso acontece com muitas mulheres e que é ainda pior no telefone. Fico com raiva, mas tento esconder, porque sei que o preconceito também é um limite. Digo a ela que sou escritora e que sou uma mulher com mais de 50 anos. Que sempre acerto as teclas, que o que está acontecendo hoje não é normal. Ela me faz alguns testes. Levanto os braços, abaixo; levanto uma perna, abaixo; toco a ponta do nariz, toco as orelhas. Faço o que ela me pede, mas não me pede o que não faço, o que não consigo fazer. A médica não me manda digitar em um teclado. Ou não acredita em mim, ou não se importa. Diz que não é nada, ou que é estresse, ou uma contração da cervical. Prescreve repouso. Me manda para casa com um relaxante muscular e um tranquilizante.

Chego em casa do mesmo jeito que saí. Almoço com meu filho. Os filhos também são um limite. No meio do almoço, meu braço direito começou a balançar para trás no ar. Sem controle. Não estou mandando que ele gire, estou ordenando que pegue o garfo e coloque a comida na boca. Mas o braço direito descreve giros para trás no ar sem parar. Meu filho se levanta, preocupado com o que está vendo. Os pais também são um limite. Eu o vejo em cima de mim, me olhando de cima para baixo enquanto caio para o lado, sobre a mesa. Ele está assustado. O susto dos filhos é um limite. Meu filho tem dois metros de altura. Lá de cima, ele me diz: "Não, mamãe, não! Não, mamãe, não!". Quero dizer que ele se acalme, que não se preocupe, que não é nada, que vou ficar bem, que logo isso vai passar. Mas, embora meu cérebro dê essa ordem, minha boca não obedece. O limite, meu corpo, emite um sinal, mas agora não espera que eu o veja. E desmaio.

Fazem exames em outro hospital, uma clínica especializada em neurologia. Estou com meu companheiro. O amor também é um limite, mas não deveria ser. Estamos juntos há pouco tempo, e penso no quanto ele foi azarado por ter que passar por isso. Digo-lhe que, se depois do episódio eu ficar com sequelas, ele deve se sentir livre para viver sua vida, que não está preso, que o fato de estarmos juntos não precisa ser uma condenação. Ele ri. Sou levada para a sala de cirurgia. Recebo uma anestesia geral. Sei que vou cair no sono completamente. Enquanto a anestesia faz efeito, eu me pergunto se algum dia vou acordar mais uma vez. Durmo.

Estou em uma cama estreita, acabei de ser trazida da sala de cirurgia para a terapia intensiva. Dizem que tive uma trombose cerebral, que um coágulo estava impedindo que o sangue chegasse ao cérebro e que, na sala de cirurgia, conseguiram retirar o coágulo sem quebrar nada. Parece que não ficaram sequelas, mas temos que esperar. O coágulo se formou devido ao uso de contraceptivos com estrogênio prescritos pelo meu ginecologista. O neurologista me disse que 90% das tromboses cerebrais ou dos AVCs das mulheres que entram na clínica são pelo uso de contraceptivos contendo estrogênio. Contraceptivos também prescritos por seus médicos. Mulheres com trombofilias não diagnosticadas de diferentes maneiras. Como apenas uma pequena porcentagem delas tem trombofilias, os planos de saúde não pagam pelo exame que deveria ser feito antes de prescrevê-los, e os médicos prescrevem contraceptivos na base da tentativa e erro: se aparecerem sintomas, eles interrompem. O problema é quando o sintoma causa danos irreversíveis. O sistema médico é um limite, os planos de saúde são um limite, os laboratórios são um limite. E nosso corpo é o terreno dividido para colocar a cerca.

Tenho trombofilia, sempre tive, nunca deveria ter tomado anticoncepcionais com estrogênio, não fui avisada sobre isso antes. Meu corpo enviava sinais que eu não via. Ele se cansou de enviar sinais. Até que, com astúcia, enviou um que, ele sabia, eu não ignoraria: não conseguir escrever.

Foi esse sinal que eu finalmente consegui ver. Meu limite. A finitude da vida é um limite. Escrever é apostar na fantasia de que, mortos, ainda estaremos vivos.

Aqueles que me viram chorar

Alguns escritores afirmam ter muitos amigos entre seus colegas. Outros nunca citam o nome de ninguém. Há os que afirmam ter amizades não correspondidas, e sempre têm uma foto com essas pessoas por perto para confirmar suas afirmações. E há quem negue relacionamentos de longa data cuja existência hoje complica, embora já tenha se orgulhado dela antes, porque parece não ter relação com o personagem que ele próprio se tornou. Na amizade, mesmo entre escritores, há de tudo. Borges e Bioy, García Márquez e Vargas Llosa, Harper Lee e Truman Capote. Sinceras e insinceras, sofridas ou desfrutadas, duradouras ou que terminam aos tapas.

De qualquer forma, nosso ofício como escritores nos obriga a fazer um esforço para conseguir escolher com precisão as palavras, e o mesmo deve acontecer com a palavra "amizade". Escrever é uma tarefa solitária, mas, depois que o livro é publicado, ela não termina, porque durante anos teremos que andar por aí com eles. É quando mais encontramos outros colegas: em entrevistas, em apresentações de livros, em conferências, em feiras, festivais ou eventos aos quais vamos aos montes.

Nessas situações, às vezes se desenvolve uma camaradagem que se assemelha à dos estudantes: passamos vários dias juntos, comemos, conversamos, bebemos algo, caminhamos pela cidade, talvez até assistamos a um show, cantemos em um restaurante ou em um karaokê.

Publicado no jornal *La Nación* e revisado para esta edição.

Pode ser que dancemos, com alguns drinques a mais elogiemos os organizadores ou os critiquemos, e tudo isso produz um sentimento de proximidade que parece real enquanto dura. Se isso se transformará em amizade ou não, é algo que não sabemos.

Desde que publiquei meu primeiro livro até hoje, tive contato com muitos escritores e escritoras os quais fico feliz por ter conhecido. Entre meus colegas, tenho grandes amigos, relacionamentos intermitentes e conhecidos. Os intermitentes e os conhecidos não se enquadram bem na categoria de amizade. Os melhores são aqueles que me viram chorar. Ou que eu vi chorando. Sempre rimos com muitas pessoas, mas, para chorar, são necessárias outras condições. É fundamental confiar em qual ombro nossas lágrimas cairão. Rosa Montero, Guillermo Martínez, Sergio Olguín me viram chorar. Guillermo Saccomanno também, mas, antes de ser um amigo, ele é um professor, e essa admiração transforma a amizade em algo mais. Cynthia Edul e Debora Mundani são as que melhor conhecem minhas lágrimas. Algumas vezes tiveram que me fazer respirar de forma cadenciada até que eu recuperasse o fôlego, em um lugar cheio de gente, pois estava engasgando com o choro. Certa feita, em uma estação de trem em uma pequena cidade da França, aonde eu havia sido levada para uma "turnê literária", fui vista chorando por uma escritora cujo nome não me lembro, mas recordo que compartilhamos nossas tristezas. Embora nunca mais a tenha visto, naquele momento a senti como uma amiga. Juan Cruz Ruiz me viu chorando antes de me entrevistar em Madri; eu estava esperando por ele no local combinado, apesar de, na noite anterior, o mundo ter desabado. Nós nos cumprimentamos, trocamos algumas palavras agradáveis e, quando passamos para as perguntas, tentei responder como se nada tivesse acontecido. Mas havia e, assim que passei a falar, comecei a chorar. Ele parou de fazer anotações, fechou o caderno, cruzou o lápis em cima dele e perguntou o que estava acontecendo, sem nenhum espírito jornalístico. A partir de então, toda vez que me vê, ele me pergunta como está aquele assunto.

Com Samanta Schweblin não acho que chorei muito, mas caminhei por longas horas por Berlim e, durante a pandemia, ela me enviou áudios profundos e tranquilizadores que encheram meus olhos de lágrimas. Com Dolores Reyes também não cheguei a chorar, mas compartilhamos situações que não terminaram em lágrimas apenas porque conseguíamos rir de nós mesmas a tempo: enquanto outros bebiam champanhe ou tequila, nós ficávamos de lado em uma feira glamourosa para ajudar nossos filhos com a lição de casa e enviar-lhes uma pizza.

As lágrimas mais sinceras que consolei de amigas escritoras sempre tiveram a ver com situações relacionadas a seus filhos e filhas. Sempre achei essas lágrimas mais profundas, verdadeiras e dolorosas do que as arrancadas por amor. Não cito o nome de tais amigas porque essas confissões são guardadas sob sete chaves. Até mesmo as lágrimas que compartilhamos quando a tempestade passa e choramos de alívio e felicidade.

2.
De onde venho

Todos os mares

"É assim que devia se parecer o mar quando seu pai olhou para ele pela última vez." Foi com essa frase que José Vázquez Lijo, responsável pelo Museu Marea em Porto do Son, me cumprimentou naquela tarde. E me entregou uma foto panorâmica desse porto, do fim da década de 1920. Ali começou a reconstrução da história da minha família, uma história que eu conhecia em partes, com alguns fatos que considerava precisos, mas cheia de lacunas. A imagem daquele mar foi apenas o começo. Imediatamente, ele me mostrou alguns livros e, batendo na lombada, disse: "Vamos procurá-los aqui". Não entendi. José os colocou de lado e continuou com os presentes. Uma cópia de *Lembranzas de Porto do Son*, de Manuel Mariño del Río, *Os adeuses*, de Alberto Martí, mais fotos: as crianças do vilarejo brincando de roda, as mulheres trançando as redes dos pescadores, um barco, a praia. E outro mar. Ou o mesmo mar. "Este é o mar do ano em que você nasceu, 1960", disse ele. Se olharmos, fecharmos os olhos e olharmos de novo, veremos o mesmo mar?

Cheguei a Porto do Son no meio da turnê que me levou à Espanha para apresentar meu último romance, *Uma pequena sorte*. Aquele sábado, porém, foi dedicado ao vilarejo de meu pai, Portosín. "Aqui estão registrados todos os censos do município", disse José ao pegar os livros mais uma vez. Eu não sabia a data exata em que minha família tinha emigrado. Fizemos as contas juntos: entre os anos 1928 e 1930. Fizemos uma divisão e analisamos o censo de 1929. Eu acompanhei seu entusiasmo. "Vai ser fácil, não havia muitas casas naquela época.

Publicado no jornal *El País* (2015) e revisado para esta edição.

Qual era o nome de seu pai?" "Gumersindo, como meu avô", respondi. "Acho que vi um Gumersindo", disse ele, "eles provavelmente aparecerão com um A maiúsculo à direita." "O que isso significa?", perguntei. "Ausente", ele explicou.

Ausente. Alguém que não está. Alguém que pode voltar. Ou não. Pessoas incluídas no censo à revelia, mesmo que a casa estivesse vazia. Um vizinho dava seus nomes. Ou já apareciam nos anos anteriores. Eles e elas tinham ido embora. O livro não dizia para onde. Nem se ainda estavam vivos ou não. Entendi, pela primeira vez, o outro lado da diáspora. Na Argentina, os galegos que me cercaram durante toda a vida eram os presentes, aqueles que estavam lá, que transferiram suas vidas para o outro lado do oceano e ocuparam novas casas nas quais eu também morei. Aqui, contudo, de frente para o mar para o qual meu pai nunca mais olhou, eles eram apenas seus nomes em uma casa vazia marcada pela ausência.

Pesquisamos linha por linha. Apareceram, um embaixo do outro, na casa número 17 em Portosín: Gumersindo (meu avô); Benigna (minha avó); um certo José (de quem nunca ouvi falar); Eladia (minha tia); Gumersindo – filho – (meu pai). E o A de ausente, à direita de todos eles. Ler seus nomes naquele livro antigo, em uma caligrafia cursiva perfeita, foi comovente. Isso teve o efeito em mim de uma verdade que se manifesta como uma revelação. Não eram letras no papel, e sim eles mesmos na casa número 17. Quase um século depois, eu estava naquela casa com eles, comendo ao redor da mesa, discutindo para onde esse José iria quando partissem para a América, sonhando com um futuro melhor, enquanto meu pai – com apenas 4 anos – ouvia falar de coisas que ele não entendia, de lugares que não sabia que existiam, de sonhos do futuro que outros sonhavam para ele.

A memória é um ato de vontade. Para que haja memória, é preciso querer lembrar, individualmente ou como sociedade. O registro dessa memória é o recurso que temos para evitar suas traições. Graças a esse livro, lembrei que o nome da minha avó era Benigna. Como pude esquecer seu nome? Em meu livro *Un comunista en calzoncillos*, eu a chamei de Maria. Nunca a conheci, mas me lembrava de sua imagem tal como a vi em algumas fotografias. E seu corpo agachado pouco antes de morrer, de acordo com a história do acidente que me contaram tantas vezes e que a memória evocou e evoca como se eu tivesse estado lá: ao atravessar a avenida, minha avó parou para pegar um panfleto publicitário que havia sido jogado de um carro, e um ônibus a atropelou. Eu estava convencida de que essa mulher com final trágico se chamava Maria e, quando escrevi *Un comunista en calzoncillos*, não havia mais ninguém em minha família paterna que pudesse me contradizer. No entanto, assim que vi "Benigna" escrito, lembrei que esse era o nome dela, e Maria era como se chamava minha bisavó materna. Se eu não tivesse encontrado esse registro, nunca teria me lembrado disso.

À tarde, fizemos uma caminhada por Portosín. Tentei deixar minha memória me guiar até a casa que havia pertencido ao meu pai. A casa que, agora eu sabia, era a de número 17. Eu havia estado lá fazia cerca de trinta anos, quando ainda era muito jovem para refletir sobre as traições da memória. Havia encontrado graças às referências de uma tia que passara pelo vilarejo alguns anos antes. Naquela ocasião, eu fizera uma viagem com algumas amigas. Caminhamos seguindo as imprecisões de minha memória, mas não conseguimos encontrar o local. Lembrei-me, sim, de que existia um supermercado muito próximo que tinha meu sobrenome: Piñeiro. Estava na estrada, em uma esquina. E nada mais. Uma mulher mais velha, caminhando em direção à praia, parou para cumprimentar José. A mulher percebeu que não éramos de lá e perguntou se precisávamos de alguma coisa. Explicamos o que estávamos procurando. Então ela, que até aquele momento parecia estar com pressa, saiu de seu caminho e se juntou a nós. Enquanto caminhava conosco, fazia perguntas, amarrava fios soltos, tentava deduzir quais dos muitos Piñeiro da região poderiam ser meus parentes. E de vez em quando parava e batia na testa com as pontas dos dedos enquanto dizia: "Isso tem que funcionar, isso tem que funcionar". Estava se referindo à sua cabeça ou à sua memória. "Pelo amor de Deus, só restam duas pessoas da minha idade na cidade; no dia em que não funcionar mais, quem poderá ajudar?" Fiquei comovida com seu compromisso com uma memória que considerava não apenas sua, mas da cidade. Dos presentes e dos ausentes. Da mesma maneira que antes, fiquei comovida com o entusiasmo de José em pesquisar em seus registros até encontrar o nome do meu pai.

O esforço deu certo, porque, depois de perguntar em uma loja, ligar para uma família Piñeiro que morava em Castro, localizar a "moça" Piñeiro que tem uma loja de artesanato onde antes ficava o supermercado do pai, conseguimos chegar à esquina na qual alguma vez esteve a casa 17. Essa casa não existe mais. A que encontrei há trinta anos, quando não tinha nenhuma consciência real do que significava, agora é um edifício. Da esquina, não é mais possível ver o mar que meu pai viu, nem o mar do dia em que nasci, nem o mar que vi trinta anos atrás com a soberbia da juventude. Nem mesmo o mar daquela tarde.

Se eu quiser procurar a casa do meu pai hoje, preciso fazer isso no livro de recenseamento de 1929. E nos anos seguintes, sempre acompanhado por esse A. Ainda está lá, intacto, na memória registrada.

Ali também está o mar, todos os mares da minha história.

Meu pai e a Wilson Jack Kramer

Meu pai jogava tênis quando, na Argentina, esse era um esporte de ricos. Ele não era rico, mal se agarrava o melhor que podia ao degrau mais baixo da classe média para não cair. Jogar tênis era um luxo ao qual ele conseguia ter acesso por meio de desejo e esforço. Por isso, nos anos 1970, ele se tornou fã de Guillermo Vilas, não só porque era o melhor jogador que já tinha visto, mas porque foi ele quem levou esse esporte, até então reservado a poucos, para outras classes sociais.

Uma das obsessões do meu pai era que, além dele, todos os membros da família jogassem tênis. Como eu era a menos talentosa no esporte, dedicou muito tempo a me mostrar como me posicionar na quadra, como devia segurar o cabo dependendo da jogada, como esperar antes de fazer um *smash* ou um voleio. Tentei melhorar minha velocidade para chegar à bola correndo em uma pista improvisada que correspondia a uma volta no quarteirão da minha casa, enquanto ele me cronometrava com um despertador.

Éramos sócios de um clube do bairro, o Social de Burzaco, com duas quadras de saibro regadas e alisadas todas as tardes por um homem que chamávamos de "o quadreiro", que não tinha um braço. Uma das quadras não era do tamanho regulamentar e a usávamos apenas para treinar. A outra deveria ser dividida entre todos os associados do clube. Aqueles que jogavam mais e melhor tinham prioridade de uso que não estava escrita em lugar nenhum, mas era respeitada por todos, algo como uma "teniscracia". E meu pai era um dos melhores jogadores.

Publicado no diário *Clarín* (2012) e revisado para esta edição.

O bem a ser preservado era a raquete. A coisa mais cara, que precisava ser cuidada porque só poderia ser substituída com muito esforço. Meu pai tinha uma Wilson Jack Kramer, uma raquete que levava esse nome porque era a usada pelo jogador norte-americano nos anos 1940 como amador e nos anos 1950 como profissional. Nós a chamávamos simplesmente de "a Wilson". Havia outras marcas: Slazenger (Manolo Santana usava a Slazenger Challenge nº 1), Dunlop (a preferida do espanhol Andrés Gimeno, o jogador mais velho que ganhou o Roland Garros com 34 anos), Spalding (usada por Pancho González, que deu seu nome a vários de seus modelos) etc. No entanto, para meu pai, a Wilson era a melhor. E, se meu pai achava isso, era a verdade.

Naquela época, só existiam raquetes com armação de madeira e cordas de tripa. E, além do fato de que, de vez em quando, uma corda se soltava e a raquete tinha de ser levada à loja de esportes para que o encordoamento completo fosse ajustado, o verdadeiro perigo era a água ou a umidade. Por isso, meu pai interrompia qualquer partida assim que caíam duas gotas e corria para cobrir a raquete com uma capa ou toalha, até com a própria camiseta: "É melhor pegar pneumonia do que arruinar a Wilson". A verdade é que, mesmo que não se molhasse por causa de uma chuva inesperada, a umidade típica de certas estações na região metropolitana de Buenos Aires poderia fazer a estrutura de madeira se curvar. Por isso, quando não estava usando, meu pai a colocava em uma prensa, também feita de madeira, uma espécie de trapézio com quatro porcas estilo mariposa em cada vértice, que precisavam ser afrouxadas para deixar a Wilson entrar e depois apertadas para garantir que a umidade não fizesse com que perdesse a forma. Às vezes, quando estava de bom humor, meu pai me deixava colocar a Wilson na prensa. Para mim, era um elogio, como se com aquele gesto ele estivesse me dizendo: "Tenho confiança em você". Com o tempo, percebi que, quando eu não estava vendo, meu pai verificava se eu tinha apertado bem as porcas e se a Wilson estava segura.

O ritual mudou no final da década de 1960, quando René Lacoste lançou a primeira raquete de metal. Meu pai resistiu o máximo que pôde. Alguns anos depois, porém, a Wilson comprou a patente da Lacoste e esse foi o fim: o grande Jimmy Connors começou a usar a Wilson T-2000 e nada mais foi como antes. A bola viajava em outra velocidade. Era quase impossível competir em igualdade de condições. Na Argentina, surgiu uma imitação local: a Cóndor. Finalmente, um dia, meu pai apareceu com uma Wilson T-2000, tirou-a do estojo e nos contou: "É muito feia". E era, sobretudo em comparação com a elegância da Jack Kramer. As cordas pareciam ter sido costuradas à estrutura com um fio de arame grosso, era mais redonda e seu estojo vermelho chamava a atenção à distância em um esporte no qual, até então, a única cor aceita era o branco.

Assim, pouco a pouco, em um dia, um dia qualquer, esquecemos a Wilson de madeira, que foi colocada em cima de um guarda-roupa. Um dia, alguém a tirou da prensa, sabe-se lá por quê. Um dia descobrimos que a estrutura tinha se entortado. Um dia, começamos a usar a Jack Kramer nas brincadeiras infantis: às vezes era uma espada, às vezes uma bandeja, às vezes uma pá para tirar o pão do forno de uma padaria inventada. Um dia, meu pai ficou sem ar no meio de uma partida e teve que se segurar na cerca para não cair no chão. Um dia, pouco tempo depois, teve um ataque cardíaco.

Meu irmão herdou sua habilidade nesse esporte. Eu, a admiração pela beleza elegante das raquetes de madeira.

De látex ou de borracha

O fato de apenas as mulheres serem obrigadas a usar touca de natação para entrar em uma piscina foi a primeira discriminação de gênero que enfrentei na minha vida. Não importava o comprimento de nossos cabelos, a cabeça feminina deveria estar submersa em látex ou borracha. Os homens, por outro lado, não tinham a mesma obrigação; nem o comprimento do cabelo importava no caso deles. "É uma questão de higiene", minha mãe respondia quando eu perguntava por que era preciso usar touca para mergulhar na piscina do Clube de Burzaco, aonde íamos todos os verões. "Caso contrário, a água ficaria cheia de fios, e os filtros ficariam entupidos." Ficava surpresa com minha mãe, que sempre fora tão combativa em relação a outras causas e tem cabelos muito curtos, não ter entendido o verdadeiro problema a que eu aludia com minha pergunta. O problema era apenas com o cabelo das mulheres. Ou com a cabeça das mulheres. Os cabelos dos homens, durante minha infância e adolescência, não pareciam causar qualquer dano à água com cloro, que precisava ser mantida o mais translúcida possível até a troca semanal, toda segunda-feira.

Quando chegávamos ao clube, tomávamos uma ducha – que era uma exigência regulamentar, mas nós a cumpríamos apenas pela metade –, vestíamos nossos maiôs e, antes de sair do vestiário, colocávamos as toucas em frente ao espelho. Havia duas técnicas diferentes: inclinar a cabeça para a frente, prender o cabelo em um coque alto, segurá-lo com uma mão e colocar a touca com a outra; ou colocar a touca e depois empurrar os fios que ficaram para fora, pela borda e

---

Publicado no diário *Clarín* e revisado para esta edição.

para dentro. No entanto, depois de colocarmos aquilo na cabeça, não tirávamos até sair da piscina, quando o salva-vidas soprava o apito às 17h30 em ponto. Ou melhor, um pouco depois, quando íamos ao vestiário para trocar de roupa: quem tinha cabelo comprido sabia que era melhor lidar com o emaranhado de fios molhados em particular.

Costumávamos comprar as toucas de natação na "Chichita", uma loja de esportes que nunca descobri se tinha outro nome comercial. Na minha casa, todos usavam o apelido de sua proprietária: Chichita. Havia dois grupos bem diferentes de toucas: as de látex e as de borracha. As de látex eram mais macias, mais confortáveis, se adaptavam melhor ao formato da cabeça, eram em cores pastel – brancas, amarelas-patinho, rosa ou azul-bebê – e eram mais caras. Para que durassem, era necessário secá-las bem antes de guardar e, se possível, espalhar talco por toda a superfície. Se a umidade conseguisse afetá-las, a deterioração incipiente se manifestava em um setor que ficaria pegajoso de um dia para o outro. E esse processo, sabíamos, era irreversível. A partir de então, a touca de látex poderia durar dias, mas, em sua agonia, ela grudava em fios de cabelo que a acompanhavam quando era removida. Minha mãe, aconselhada por Chichita, comprou as de borracha para mim porque eram mais baratas e duravam mais. E eu não gostava nem um pouco delas. Eram duras, o cabelo ficava mais molhado porque não aderiam à cabeça como as de látex, a alça que as prendia ao pescoço era difícil de ajustar e, devido às cores da borracha, era possível vê-las a distância.

Esther Williams e suas filhas não usavam esse tipo de touca. Elas prendiam o cabelo em cachos decorados com flores e, às vezes, até usavam uma espécie de enfeite ou coifa. Mas fosse o que fosse, o que usavam na cabeça não se parecia com látex ou borracha. Não era um acessório agregado, porém uma parte de sua roupa que combinava perfeitamente com o maiô e as flores que costumavam flutuar na água em que realizavam suas coreografias. Meu pai era fã de seus filmes da Metro-Goldwyn-Mayer e me obrigava a assisti-los sempre que passavam na TV. Eu estava convencida de que ele estava apaixonado por Esther Williams em segredo. Em uma véspera de Natal, quando ainda não tínhamos brigado com minha família paterna e estávamos todos compartilhando a mesa, uma de minhas tias colocou uma touca de banho na árvore para mim. Abri o pacote e fiquei sem palavras. Não conseguia fingir, nem mesmo murmurar um agradecimento. "Comprei na Capital", disse ela, deixando clara a suposta qualidade do produto. A touca da minha tia não era nem de látex nem de borracha. Hoje, pode-se dizer que era uma "touca de grife". Para mim, na década de 1970, era a touca mais incrível do universo. Não tinha alça de ajuste, pois supostamente se encaixava na cabeça com perfeição. Mas isso não era o pior; toda a superfície branca estava coberta com flores aplicadas, feitas de um material semelhante a borracha. As pétalas de cores diferentes se agitavam no ar quando minha mãe a mostrava aos parentes e disse: "Que beleza, nunca vi nada igual. Não há nada parecido na Chichita". Eu também nunca tinha visto nada parecido.

Eu me imaginei descendo do vestiário com minha touca, indo em direção à piscina, sob os olhares espantados de minhas amigas e as gozações dos meninos. Eu me perguntava se a touca da minha tia duraria mais ou menos do que as de látex. Para me tranquilizar, especulei que, com cuidado, talvez as flores pudessem ser arrancadas. Antes de me entregar, minha mãe olhou para meu pai e disse: "É como as que Esther Williams usa".

Meu pai lhe dirigiu um olhar indecifrável, fez um aceno com a cabeça que não era exatamente de concordância, deu um tempo, e então disse: "É melhor fazermos um brinde, já é meia-noite".

Cerimônias familiares

Todos os anos, no quintal da casa dos meus avós, aconteciam duas cerimônias bem diferentes: a distribuição das perdizes e lebres que meu avô caçava com os amigos e a carda da lã de todos os colchões.

A cerimônia da perdiz era masculina. Depois de um ou dois dias fora de casa, os homens traziam do mato as sacolas de juta cheias de animais mortos, levavam para o pátio, esvaziavam o conteúdo no piso de ladrilhos e, por fim, distribuíam as lebres e perdizes uniformemente em montinhos, um para cada caçador. Embora eu participasse da caçada antes, ajudando meu avô com os cartuchos, o que acontecia depois era "coisa de homem", não só por causa dos animais mortos e das armas, mas também porque meu avô e seus amigos, até o momento em que se despediam, contavam piadas de mau gosto misturadas com álcool que ninguém queria que uma menina ouvisse.

Por outro lado, a cerimônia do colchão a cada primavera era um assunto de mulheres. Era uma questão de recuperar a lã endurecida, pressionada pelo peso dos corpos que haviam dormido sobre ela. Outros vizinhos chamavam um fabricante de colchões para cuidar da tarefa, o homem trazia sua máquina de cardar e, em poucas horas, resolvia o problema. Mas minha avó, uma imigrante espanhola acostumada a períodos de verdadeira miséria, não se permitia pagar por nada que ela mesma pudesse fazer. Cándida sabia como cardar a lã dos colchões, era boa nisso e gostava de fazê-lo. Era necessário escolher um dia ensolarado, porque lavávamos o grosso tecido de flores

---

Publicado no diário *Clarín* e revisado para esta edição.

azuis que continha a lã, e ele precisava secar, se possível, antes do final da tarde.

 Logo pela manhã, levávamos os colchões para o quintal entre todas as mulheres presentes: minha avó, minha mãe, às vezes uma tia ou uma amiga da família que vinha ajudar, e eu. Minha avó descosturava as laterais, arrancava os botões que prendiam o colchão para que a lã não se movesse lá dentro e o esvaziava. Lavava o pano e o colocava ao sol. Quando voltava ao quintal, batia a lã com uma vara de vime, mexia um pouco e batia de novo. Sendo tão pequena, era estranho vê-la batendo com tanta força na montanha de lã. Assim que os golpes não conseguiam separar muito mais a lã, todas nos ajoelhávamos em um círculo e, com as duas mãos, separávamos os pedaços mais rebeldes. A lã empilhada não apenas ficava maior, mais fofa e mais suave, também perdia a cor cinza que havia sido impregnada pela poeira acumulada durante um ano. Quando o pano de flores estava seco, minha avó enchia o colchão novamente com a lã renovada. Eu passava os tufos de lã, e ela os empurrava até o fundo. A essa altura do dia, minha mãe já havia nos deixado, argumentando que tinha muitas outras coisas para fazer. Eu não entendia o que poderia ser mais importante do que cardar lã, mas no fundo gostava de que nos deixasse sozinhas e o final da cerimônia pertencesse apenas à minha avó e a mim. Com as mãos manchadas com aquelas sardas que vêm com a idade, minha avó costurava as laterais do tecido mais uma vez. Usava uma agulha grossa e curva. Em seguida, costurava os botões, que no início do dia havia deixado em um copo de vidro para que não se perdessem, atravessando toda a largura para prender o botão oposto no mesmo momento.

 Quando cada colchão voltava a ser o que era, nós o levamos para a cama correspondente. Então ela dizia: "Vamos", e eu mergulhava. Era o nosso teste de qualidade, e minha avó me deixava deitada um tempo, até que por fim perguntava "E aí?", e eu fazia um sinal de aprovação do trabalho realizado.

 Na minha casa, não havia colchões de lã como na casa da minha avó. Certa vez, reclamei com minha mãe. A resposta dela foi: "Não faz sentido colocar colchões de lã para crianças que fazem xixi na cama". Baixei a cabeça e não perguntei novamente, mas jurei a mim mesma que um dia eu cresceria e teria meu colchão de lã para cardar a cada primavera. Os anos se passaram e, embora eu tenha parado de fazer xixi na cama, nunca tive um colchão de lã. Tive de espuma ou de molas, de acordo com a orientação dada por amigos ou médicos. No entanto, não há nenhuma cerimônia para esses colchões que reúna avós e netas no quintal de uma casa, basta virá-los, lavar a capa e trocá-los a cada certa quantidade de anos. Muitos poderão pensar que isso é um avanço, que uma tarefa complicada foi eliminada. Acho uma pena que não seja mais necessário que as avós e netas cardem a lã com as próprias mãos.

Perdizes

Guardo como se fosse um tesouro uma foto de meu avô materno e seus amigos. Não é uma boa foto, dá para perceber que foi colorida artificialmente, está desgastada, com marcas de pelo menos duas dobras centrais e uma na ponta inferior direita. Meu avô está de pé na fileira de trás. É o segundo a partir da esquerda. Ao lado do homem que está segurando uma garrafa que parece champanhe, mas é provável que seja cidra: meu avô e seus amigos não bebiam champanhe. Não consigo reconhecer o restante dos homens. Não sei se cheguei a saber quem eram. Também não sei quem eram os donos dos três cães de caça que estavam posando ao lado deles. Talvez um fosse do meu avô. No entanto, o cachorro de que me lembro era diferente, branco com manchas pretas. Também não sei de quem era a caminhonete que estava atrás dos homens, com o toldo verde aberto para exibir orgulhosamente o produto de sua caça à câmera.

Uma vez por ano, às vezes duas, meu avô ia caçar com seus amigos. A cerimônia era reservada apenas a homens, nenhuma mulher podia acompanhá-los. Muito menos eu, que era uma criança. Tudo o que acontecia desde o momento em que meu avô subia na caminhonete até a tarde em que voltava era um mistério sobre o qual ninguém falava, então eu não podia fazer nada além de imaginar. Por outro lado, meu avô me deixava participar dos preparativos antes de sua partida, o que incluía carregar os cartuchos com chumbo grosso e pólvora. Ele os levava para a cozinha em uma caixa, colocados em pequenos compartimentos como se fossem tubos de ensaio vazios bem-organizados.

Publicado no diário *Clarín* e revisado para esta edição.

Também deixava um saco plástico com pólvora e outro saco plástico com balas de chumbo sobre a mesa. E, em uma caixa menor, os pistões de bronze que finalizariam o encaixe quando a bainha estivesse cheia. Esta era a função que meu avô havia me designado: colocar o pistão no lugar, fazer o acabamento e guardar o cartucho pronto de volta na caixa. Eu não tocava na pólvora nem nas balas de chumbo, mas me sentia importante porque meu papel encerrava aquela etapa e abria caminho para a próxima, a verdadeira aventura.

    Antes de ele partir, eu costumava pedir ao meu avô dados precisos para compor com minha imaginação o que eu nunca veria. Para onde iam, para qual vilarejo, para o campo de quem, se entravam com autorização ou como intrusos, se teriam de pular cercas, o que acontecia se o proprietário do campo os descobrisse, se já haviam sido descobertos, se a caçada começava à noite ou ao amanhecer, se os cães faziam bem o trabalho deles ou se eram apenas companhia. Com esses dados e em sua ausência, eu podia vê-lo: meu avô caminhando no meio do pasto crescido ou de uma plantação de trigo ou de girassóis; melhor, girassóis – meu avô caminhando no meio de uma plantação de girassóis, na frente de todo o grupo, com passo firme, guiando-os, marcando a trilha, iluminado pela pouca luz daquele amanhecer, toda a luz para ele, o resto dos homens na penumbra, as calças do meu avô enfiadas nas botas grossas e gastas, a arma em posição de repouso, mas a postura atenta, ele avança a um passo mais longo do que o normal, até que uma perdiz levanta voo e o cachorro late, meu avô levanta a espingarda, apoia no ombro, fecha um olho para apontá-la para o céu, move a espingarda da esquerda para a direita a fim de acompanhar o voo da perdiz que se afasta, e então ele atira. Acerta o alvo. A perdiz cai. O cão corre atrás dela. Meu avô o segue. Quando o alcança, tira a perdiz de sua boca. O cão a entrega. Meu avô a coloca na sacola de juta pendurada em suas costas. E novamente o cachorro e meu avô olham para a frente, atentos, esperando que a próxima vítima decida voar.

    O retorno, dois ou três dias após sua partida, permitia que eu fosse testemunha mais uma vez. E então passava do imaginário para o vivido, da ficção para a crônica. A caminhonete estacionava na rua. Eu acordava assim que os ouvia do meu quarto. Eles falavam alto, rindo, parecendo que tinham acabado de voltar de uma festa em que haviam bebido demais. Levavam as bolsas de juta para o pátio da casa dos meus avós. Abriam todas e deixavam cair as perdizes e lebres mortas sobre os ladrilhos. Contavam. Faziam pilhas com a mesma quantidade. Em seguida, cada homem pegava uma bolsa de juta vazia e colocava nela a própria parte. A caminhonete continuava seu caminho. Meu avô entrava na cozinha com a bolsa e a entregava para minha avó. Ela o repreendia: "Aqui não, Adolfo, deixe isso na lavanderia". Só à tarde, quando terminava seus afazeres domésticos, ela podia se ocupar, arrancando as penas das perdizes e o pelo da lebre que eram a parte do meu avô. Depois de um trabalho delicado com esses cadáveres, minha avó os deixava prontos para serem cozidos e misturados com o escabeche que comeríamos no domingo seguinte, com toda a família reunida em sua mesa.

Degustei com prazer as perdizes que estavam flutuando no óleo, junto com pedaços de cenoura, cebola e folhas de louro. Quando era hora de comê-las, tentava esquecer os cartuchos, as balas de chumbo, as bolsas de juta vazias, o cachorro correndo atrás delas antes do tiro, a pilha de perdizes mortas no pátio da casa dos meus avós. Inventava para aqueles dias secretos, depois da partida e antes das risadas, atenuantes, circunstâncias, acidentes, até mesmo feitiços, os quais haviam levado meu avô a matar aquelas perdizes que agora eram escabeche. E concluía com um tom de moral que, depois de mortas, é melhor comê-las do que jogá-las fora.

A lebre, por outro lado, não. Nunca consegui comer uma lebre. Uma lebre é muito parecida com um coelho, e as meninas que leem *Alice no País das Maravilhas* não comem coelhos. A menos que possamos inventar uma boa história para justificar isso primeiro.

Mestres

Ao longo do caminho que percorremos para nos tornarmos quem somos, diferentes pessoas compartilham seu conhecimento conosco. No entanto, somente em alguns casos chamamos de "mestre" aqueles que nos iniciam ou nos acompanham nessa jornada.

Raymond Carver reconhece John Gardner como um deles. Quando já era um escritor mais conhecido do que seu mestre, Carver escreveu o prefácio do livro *On Becoming a Novelist*[*] de Gardner, no qual conta como o conheceu, por que se inscreveu em seu curso de escrita criativa e o que os outros alunos que haviam sido seus pupilos tinham a dizer sobre ele. Além disso, e talvez o mais interessante, ele menciona diferentes ensinamentos que reconhece como fundamentais, alguns relacionados à literatura, outros ao ofício ou a como enfrentar a questão concreta de se sentar e escrever. Entre os primeiros, transcrevo uma indicação de leitura que pode ser reconhecida nos incomparáveis contos de Carver: "Os autores em voga na época eram Hemingway e Faulkner. Mas, no total, eu havia lido no máximo dois ou três de seus livros. De qualquer forma, eles eram tão conhecidos e comentados, que não poderiam ser tão bons, não é mesmo? Lembro que Gardner me disse: 'Leia todo o Faulkner que puder encontrar e depois leia tudo do Hemingway para limpar sua escrita de Faulkner'".

Quanto aos ensinamentos do ofício, a seguinte história me parece notável por ser real e concreta: "Gardner soube de minhas dificuldades para encontrar um lugar para trabalhar. Sabia que eu tinha família

---

Publicado em *Télam* e revisado para esta edição.

[*] *Para ser um romancista*, em tradução livre.

e que não havia espaço em minha casa. Ele me ofereceu a chave de seu escritório. Agora vejo que essa oferta foi decisiva. Não foi casual, e eu a aceitei, creio eu, como uma ordem, pois era disso que se tratava. Todos os sábados e domingos eu passava parte do dia em seu escritório, onde ele guardava as caixas dos próprios manuscritos".

Os mestres valiosos têm certas características capazes de diferenciá-los dos demais que nos ensinam: rigor, exigência, amor pela transmissão de seus conhecimentos, mas, acima de tudo, generosidade. Não serve de nada ser ensinado por alguém que sabe mais do que qualquer outra pessoa sobre aquela matéria, se ele ou ela for mesquinho ao transmitir seu conhecimento ou incapaz de aceitar que a outra pessoa é diferente dele ou dela. Um discípulo que não precisa copiá-lo, mas que deve encontrar o próprio caminho.

Ao longo de minha formação, reconheço, entre outros, três mestres fundamentais: em roteiro, María Inés Andrés; em literatura, Guillermo Saccomanno; em dramaturgia, Mauricio Kartun. Dos três, tenho muitas lembranças, conselhos, anotações e uma infinidade de frases soltas que me vêm à mente de tempos em tempos. Apenas como exemplo, cito uma de cada um deles.

No caso de Guillermo Saccomanno, escolho uma indicação de leitura. Ele me recomendou *Em busca do tempo perdido*, de Proust, enquanto escrevia os últimos capítulos de *As viúvas das quintas-feiras*. Uma indicação que pode parecer estranha, já que um texto não tem nada a ver com o outro. No entanto, ele explicou tudo com muita clareza: "Para que o enredo não o arraste; você está em um ponto da escrita em que, por querer contar o que está acontecendo e resolver os pontos abertos da história, esquecerá os detalhes mais importantes: como essas pessoas vivem, como são suas cortinas, como arrumam a mesa, o que comem, que relógio usam, o que você pode encontrar na lixeira delas. Detalhes do cotidiano. Isso é o mais importante a ser contado, o enredo policial se revelará por si mesmo". E, embora sem a maravilhosa morosidade de Proust para narrar os detalhes de sua casa em *No caminho de Swann*, guardei a indicação de Saccomanno em minha mente até o ponto-final de *As viúvas das quintas-feiras*.

Mauricio Kartun me ensinou a não ter medo dos sentidos e até a abusar deles, se necessário. Ele me marcou quando leu uma cena de "Un mismo árbol verde", uma peça que escrevi quando estava estudando na EMAD e ele era um dos meus professores. Na cena, uma menina assistia, escondida atrás de uma poltrona, às forças de repressão arrombarem a porta de sua casa em plena ditadura militar e levarem sua irmã. Kartun me disse: "Todas as portas foram quebradas mais ou menos da mesma forma, com a mesma prepotência, com a mesma impunidade que você está narrando. Você precisa procurar algo específico na cena, algo peculiar a essa família e a nenhuma outra. Qual era o cheiro da casa naquela manhã?". Foi graças à intervenção dele que na cena – protagonizada por uma família de origem armênia – apareceu o cheiro de menta: estavam cozinhando dolma naquele dia. Como a mãe também estava passando uma camisa quando a violência estatal invadiu a casa, o ferro foi deixado sobre o tecido, e o cheiro de menta foi se misturando ao cheiro de tecido queimado. "E, desde então, quando como dolma, espero ansiosamente que o cheiro de tecido queimado apareça por trás do sabor de menta", diz Anush, o protagonista.

Devo milhares de recomendações a María Inés Andrés, uma excelente roteirista e diretora de televisão. No entanto, há uma, sobre o ofício e as questões de gênero, que destaco por ter recebido em uma época em que certos assuntos não estavam em pauta. Enquanto estudava com ela, eu estava sempre grávida ou tinha acabado de ter um filho – meus três filhos nasceram perto um do outro naquela época. Seu curso funcionava como um ponto de encontro em que autores que precisavam de assistentes ligavam para oferecer trabalho. Eu, porém, nunca estive em condições de me oferecer como candidata por estar grávida ou no período pós-parto. Alguns meses após o nascimento da minha terceira filha, o roteirista Ricardo Rodríguez ligou para María Inés e pediu que ela recomendasse um assistente. Ela me contou e disse com firmeza: "Você vai". "Mas estou amamentando", respondi. "Problema dele", respondeu ela. "Eu já disse a ele que você é a pessoa indicada, deixe que Rodríguez resolva isso. Vai até lá, diga a ele que você tem uma filha recém-nascida que precisa ser amamentada, que está muito interessada no trabalho, então veja o que ele pode fazer para resolver o problema. Senão, você não começa mais." E assim comecei, nunca teria ousado colocar a coisa dessa forma para a pessoa que estava me oferecendo um emprego se ela não tivesse me incentivado a fazer isso, dando-me permissão. Para minha surpresa, Rodríguez me disse imediatamente: "Pode trazer a bebê, sem problemas". Fui ao escritório dele por vários meses com minha bebê, amamentando-a entre as cenas, até que pude deixá-la em casa.

Parar, sentir, agir poderiam ser as palavras que intitulam cada uma das histórias acima. Acho que o fato de parar, sentir e agir também me define.

3.
De filhos, mães e outros amores

Filhos em trânsito

Chega um momento na vida, e acho que é fatal e que não pode ser evitado, em que tudo é questionado: o casamento, os amigos, especialmente os amigos do casal. O filho, não. O filho nunca está em dúvida.
Marguerite Duras,
Escrever

Você vai à praia, como fazia vinte ou trinta anos atrás, com pouca bagagem: uma toalha, um livro, óculos escuros e bronzeador. Agora você adiciona o telefone e troca o bronzeador por um protetor solar com fator alto. Procura um lugar para estar, aquele de que você gosta. Não precisa mais escolher com base nos outros. Sorri aliviada. Estende a toalha. Olha para os guarda-sóis ao redor e fica feliz por, finalmente, só ter que pensar em si mesma. Não é mais preciso carregar um balde pequeno, uma pá, uma prancha, uma bola, uma toalha para cada criança, cartas, dados, bolsa térmica com refrigerantes e sanduíches. Agora é você e sua alma. Talvez você, sua alma e seu companheiro, mas ele sabe cuidar de si mesmo, ou é o que queremos. Você se acomoda olhando para o mar, abre o livro, pronta para passar um momento relaxante. Mas, como se estivesse seguindo o reflexo condicionado de Pavlov, o choro de uma criança à sua esquerda a coloca em alerta. De qualquer forma, você se concentra no aqui e agora e percebe que não há nada com que se preocupar. Esse menino não é seu, esse choro não é seu. Você desativa o alarme interno, não precisa cuidar dele. Nem da outra criança que, alguns minutos depois, grita

---

Publicado no diário *Clarín* (2017) e revisado para esta edição.

para que alguém a acompanhe até o mar. Nem da garotinha que vem correndo da beira do mar para reclamar com o pai porque o irmão jogou areia em seus olhos. Nem da cara de poucos amigos do adolescente cuja mãe não consegue convencê-lo a tirar a camiseta, colocar bronzeador e sair de debaixo do guarda-sol.

Tudo isso não é mais seu problema. Você pode ler, caminhar, olhar para o mar, o que quiser. Outra vez, você tenta mergulhar na leitura. No entanto, algo não deixa. Ontem à noite, às três horas da manhã, você foi acordada por uma mensagem de um de seus filhos, aquele que saiu de férias para Cusco, pedindo que cancelasse a extensão do cartão de crédito porque a carteira dele havia sido roubada. "Você está bem? Como foi?", você respondeu. Esperou dez minutos acordada porque a resposta não veio. Cancelou o cartão. Depois de um tempo: "Piranhas, mamãe, roubaram várias pessoas no mesmo lugar". Você não entendeu, era bem tarde e estava com muito sono: "Piranhas?". E ele só respondeu uma hora depois, quando você estava caindo no sono novamente. "É assim que chamam esses roubos aqui." Você insistiu: "Você está bem?". Nada. Você avisou que a ocorrência havia sido feita e acrescentou algumas perguntas: o que mais foi roubado, se ele tem documentos, se tem dinheiro suficiente para continuar a viagem. Seu filho ainda estava off-line. "Ele já é grande", você repetiu para si mesma durante a noite sem dormir, "tem que saber como resolver isso." Mas de manhã, na praia, por precaução, antes de começar a ler, cercada de gritos e reclamações de outras pessoas, você acrescenta mais duas ou três mensagens dizendo como lidaria com a situação. E aproveita para verificar se seu outro filho, aquele que foi para San Luis, está conectado e vê que a última vez que ele fez isso foi há três dias. Diz para si mesma que provavelmente é porque ele não tem sinal ou ficou sem bateria. Não custa nada carregá-la, mas ele vai fazer isso. E, antes de desligar o telefone, verifica o último bate-papo com sua filha, a mais nova, que foi fazer um mochilão nos Sete Lagos com três colegas da faculdade: ela também não está on-line. Não é possível saber há quanto tempo não está on-line porque há muito tempo removeu a função do telefone que indica se viu ou não uma mensagem e quando. Você respira outra vez, olha para o mar, depois para os guarda-sóis ao seu redor e sente saudades da época em que bastava carregar a prancha e algumas outras coisas.

Cada estágio do relacionamento entre mãe e filho tem seus encantos e suas vicissitudes. E, para alguns deles, estamos menos preparadas do que para outros. Ninguém avisa, por exemplo, como será difícil essa fase dos "filhos em trânsito". Esse tempo indeterminado que pode começar em algum momento após o término da escola secundária e dura até que eles decidam que querem morar sozinhos e sejam capazes de bancar isso. Quando começam a chamá-la de "velho" ou "velha", mesmo que você não se sinta assim. Um dos meus filhos me colocou na lista de contatos de seu telefone como "Javie". Achei que era um erro, que havia confundido meu número com o de algum Javier, até que percebi que Javie era "vieja" com as sílabas invertidas. Já se foi o tempo em que éramos "ma" e "pa"; agora somos "Javie" e "Jovie". No entanto, eu não tinha consciência disso na época, porque todo o resto, aparentemente, permanecia o mesmo.

Tudo continua igual, também no tempo presente. Eles moram em nossa casa, mas não convivem conosco, apenas coabitam. Estão, mas não estão. Tentam viver suas vidas sem nossa interferência, e nós tentamos controlá-los usando a muleta "enquanto você morar nesta casa". Françoise Dolto explica isso muito bem: "Podemos satisfazer as necessidades econômicas deles, mas não seus desejos". Nem suas esperanças, nem o que esperam de sua vida iminente. E o que de fato nos inquieta, o que nos perturba, é que, finalmente, precisamos admitir que eles irão embora. Já estão indo, mesmo que amanheçam a metros de distância de nós todos os dias. Estão apenas em trânsito. O sentimento é ambivalente, às vezes queremos que se mudem e às vezes queremos que nunca deixem a casa. Vimos isso no filme de 2008 de Daniel Burman, *Ninho vazio*, com Cecilia Roth e Oscar Martínez. O título se refere ao período posterior, quando os filhos tinham ido embora e o casal ficara sozinho. Na realidade, porém, o presente narrativo é o momento anterior a essa partida. Leonardo, um dramaturgo de prestígio, e Marta, uma socióloga que nunca terminou seus estudos, voltam de um jantar para a casa onde ainda vivem – ou coabitam – com seus filhos. E a encontram da mesma forma que todos nós a encontramos: sapatos espalhados pelo caminho, a cozinha em desordem, a sala de estar com restos de bebidas, batatas fritas, cigarros e outros resíduos da noite. Leonardo abre a porta do quarto de sua filha e vê que ela não está lá. Marta diz que a garota avisou que talvez não viesse dormir. Ele, porém, não fica aliviado com o "tinha avisado que talvez..." e decide passar a noite na poltrona, tentando escrever uma nova peça de teatro. Esperando por sua filha. A fase dos filhos em trânsito é basicamente isto: uma espera insatisfeita. E você não espera apenas que eles voltem à noite: espera por um telefonema, pela confirmação de que virão ou não para o jantar, por uma resposta sobre se passarão a véspera de Ano-Novo com a família ou com os amigos. Quer que façam um pequeno movimento para deixá-la tranquila, e eles, como se quisessem educá-la a esperar, não fazem isso.

A temporada de férias é quando, caso você não tenha percebido antes, a situação dos filhos em trânsito fica muito mais evidente. Porque esse é o momento em que eles podem optar por não ficar conosco. Mas como a decisão é tomada no próprio tempo, que não é o nosso, durante o período anterior você espera que talvez alguém queira ir com você e, por via das dúvidas, aluga um apartamento que excede as necessidades de suas férias. "Ainda não sei o que vou fazer, falta mais de um mês para o verão, mamãe", dizem eles, surpresos com sua ansiedade. Você finge paciência. À medida que as semanas passam e eles não fazem outro plano, você fica animada com a ideia de que eles virão. Mas não, alguns dias antes de partir, o programa deles está pronto e você fica feliz porque eles estão felizes, mas se amaldiçoa porque esperou em vão mais uma vez.

Finalmente, de frente para o mar, com o murmúrio das ondas misturado ao choro do menino que quer entrar na água e ninguém o acompanha, você percebe que está pensando como sua mãe, falando como sua mãe, queixando-se – da forma como a deixava incomodada quando era sua mãe que fazia isso. Então, sim, você abre o livro disposta a não ser sua mãe e a não permitir que eles monopolizem sua atenção mesmo ausentes, enquanto se pergunta: "Até quando?". Você respira, verifica o celular mais uma vez e entrega a bola que rolou na sua toalha para a criança que está brincando ao seu lado. Sorri para a mãe, que parece não aguentar mais e mal consegue fazer uma careta. Fica olhando exatamente onde a onda quebra. E continua esperando.

Mulher aos 50

A ideia da morte sempre me incomodou. Na verdade, mais do que a ideia da morte, o que me preocupa desde muito cedo é a consciência absoluta da finitude: isso, um dia, vai acabar. Durante muito tempo, contentei-me em multiplicar minha idade por dois e concluir: calma, ainda não chegou na metade da vida. Nos últimos anos, porém, não tenho conseguido fazer as contas, a menos que, como o Magiclick, eu tenha vindo ao mundo com uma garantia de 104 anos.

São os cinquenta que marcam o verdadeiro ponto de inflexão. Alguns acreditam que estão cruzando um limiar para outra vida quando completam 30 ou 40 anos. Mas não, é apenas um erro de juventude. São números redondos e isso causa um impacto, mesmo que não seja real, pois nessa idade ainda há muito pela frente. Quando uma mulher chega aos 50 anos, ri da mulher que foi e das preocupações que, por fim, sabe que não mereciam tanta dedicação. Ri por um tempo, não muito, porque imediatamente conclui que agora, sim, este, os dos cinquenta, é o verdadeiro umbral. Só então surgem sinais claros de que algo de fato mudou. Ou de que algo precisa mudar. Ou de que nada nunca vai mudar. Escolha a própria aventura, se puder.

Tendemos a nos irritar com algumas modificações que são mais perceptíveis do que outras. O corpo, por exemplo, fica muito mais evidente. E não apenas com ondas de calor, suor, ressecamento vaginal, mas também com questões estéticas que deveríamos considerar naturais, mas é difícil. Até mesmo minhas amigas mais abençoadas, aquelas que nunca se preocuparam em fazer dieta e que, na nossa idade,

---

Publicado no diário *Clarín* (2012) e revisado para esta edição.

continuam usando jeans apertados, biquínis ou blusas que deixam o umbigo à mostra, de repente carregam uma espécie de camada de carne enrolada na cintura que conseguem esconder quando estão de pé, mas que emerge, impertinente, assim que se sentam. "É hormonal, por causa da idade, não dá para fazer nada", diz uma delas. "Você já vai ver", diz outra. E você vê, é claro que vê. A mudança não se limita à cintura. As mamas estão a caminho de formar um bloco único e indiferenciado, em que é difícil determinar o peito esquerdo e o direito. As mãos estão manchadas de sardas que não são causadas pelo sol, mas pela idade. Se o cabelo ficar grisalho e incomodar, pode ser tingido, mas o que não é fácil de esconder é que o cabelo está ficando cada vez mais ralo, mais fino e opaco. Os olhos são divididos entre os operados, que sempre parecem espantados, com sobrancelhas levantadas e uma expressão como se a dona tivesse sido pega enfiando o dedo em um pote de doce de leite, e aqueles outros, os que não passaram pelo bisturi, cujas pálpebras caíram irremediavelmente.

É claro que nem todas temos as mesmas marcas da passagem do tempo, nem nossos corpos são máquinas que se comportam de maneira predefinida. Cada uma está fazendo o que pode. E sofre ou aceita de acordo com as próprias fraquezas e forças. Certa noite, uma amiga da minha idade estava se arrumando em frente ao espelho para um jantar que iríamos compartilhar com outras mulheres. Seu filho adolescente a observava deitado na cama, assistindo a um filme ou fingindo assistir a um filme. Ela não fazia muita coisa, apenas ajeitava o cabelo, desabotoava o último botão da camisa, abotoava-o novamente, olhava para si mesma meio virada para um lado e depois para o outro, como muitas de nós fazemos na frente do espelho. De repente, o adolescente lhe disse: "Mãe". "O quê?", respondeu minha amiga. "Você já pensou que tem a mesma idade da Madonna? É incrível, não é?" A frase foi lapidar, inoportuna, chocante, cruel e precisa: é incrível. Minha amiga saiu com o pior dos humores. E seu humor contagiou o resto de nós. Naquela noite, todas nós sabíamos que tínhamos a mesma idade da Madonna. Ou foi o que achamos. No dia seguinte, uma das integrantes mais obsessivas do grupo veio com a informação exata: "Não temos a mesma idade, ela é dois anos mais velha". Em outras palavras, podemos chegar em um estado melhor; mas, se a genética não ajudou, será mais caro, mais trabalhoso e teremos que dedicar muito mais tempo.

No entanto, deixando de lado o aspecto físico, o que realmente marca o umbral desta década é a tomada de consciência ou não da própria vida, revisá-la ou não, aceitá-la ou não. E a vida em si nos inclui como indivíduos, mas também nossa família, nossos amores (maridos, namorados, amantes), nossos amigos, nosso trabalho. Estamos onde queremos estar? Estamos com quem queremos estar? A resposta pode ser "sim" e, nesse caso, valorizaremos mais aquilo que conquistamos e que hoje constitui nossa vida, continuaremos a pagar por isso, trabalharemos para que não se quebre, desfrutaremos disso. A resposta pode ser "não", e então o motor será ativado a fim de procurar um lugar mais propício para passar os anos restantes. O que é indiscutivelmente imperdoável é, a essa altura, não ousarmos nos perguntar se temos a vida que queremos ter, não nos permitirmos questionar se somos felizes ou não e, em vez disso, olhar para o outro lado para não entrar na situação difícil de ter que decidir se continuamos como estávamos ou se damos uma guinada no leme.

"Se alguém tivesse me perguntado, quando fiz 50 anos, se estava satisfeita com minha vida até então, teria respondido que estava razoavelmente satisfeita com minhas realizações pessoais e profissionais. Não é que eu não quisesse me aprofundar por medo de descobrir um lado sombrio de minha personalidade, mas sempre acreditei que, se algo funciona, é melhor deixar que continue assim." O filme *A outra*, de Woody Allen, lançado no final da década de 1980, começa com esse monólogo interior. Gena Rowlands deu vida à protagonista que o realizou, Marion Post, uma professora universitária de filosofia que tira um verão sabático para escrever um livro há muito adiado. O apartamento ao lado do seu estúdio, porém, está sendo reformado, e o barulho da construção a impede de se concentrar na escrita. Por esse motivo, decide alugar temporariamente outro lugar em um prédio onde seu vizinho é um psiquiatra. Então, não são mais os ruídos dos pedreiros que a impedem de trabalhar, mas a voz de outra mulher, Hope (interpretada por Mia Farrow), que chega até ela pelos tubos de ventilação do prédio. Hope é uma mulher jovem, grávida, que não está apaixonada pelo marido e não quer ter o filho que está esperando. Ao ouvir as observações dessa "outra mulher" para seu psiquiatra, Marion, aos 50 anos, percebe que nunca se permitiu repensar a própria vida, uma vida que ela não desfrutou, na qual sempre fez o que esperavam que deveria fazer. Dessa forma, ao longo do filme, desmente o monólogo com o qual começa. A outra mulher mencionada no título é a que fala do outro lado da parede, mas é também essa outra mulher que a própria Marion começa a procurar dentro de si, alguém que ela não sabia que existia até agora. E uma das primeiras conclusões a que chega como resultado do questionamento da vida que levou até aquele momento é que a imagem que ela tem de si mesma é bem diferente da imagem que os outros têm dela. Assim, tanto trabalho e esforço para ser quem os outros queriam que ela fosse (seus pais, seu marido atual, seu primeiro marido, seus colegas) nem sequer valeram a pena. Ouvir a facilidade com que Hope fala com o analista sobre seus medos e sentimentos permite que Marion, pela primeira vez, pense nos seus.

O filme de Allen é maravilhoso, mas se há algo que me interessa na história que ele conta é a transmissão de certo saber passado de mães para filhas. E a não transmissão de outros. As mães costumam passar para as filhas informações, experiências, dados e até erros, tanto sobre questões cotidianas como existenciais. Funciona quase como um legado. Podemos dar a elas uma receita ou explicar a maneira mais eficaz de tirar uma mancha de um vestido de seda, mas também podemos recomendar um livro, um filme, pensar em como resolver um problema juntas. Entretanto, o que é mais difícil de transmitir, se houver, é a experiência de desilusão matrimonial. Por quê? Porque essa história envolve o pai. E, embora às vezes você queira gritar, sabe que é melhor que a criança descubra por conta própria. Mordemos os lábios, começamos a falar e ficamos caladas. Pior ainda, se finalmente não conseguirmos evitar e falarmos sobre o pai delas com decepção ou raiva, no dia seguinte nos sentiremos péssimas. Nós nos punimos porque acreditamos que o fato de lhes dizer que nos arrependemos de ter nos casado pode fazê-las pensar que estamos questionando a existência delas. Mesmo que não seja isso, mesmo que Marguerite Duras já tenha dito: "Chega um momento na vida, e acho que é fatal e não pode ser evitado, em que tudo é questionado: o casamento, os amigos, especialmente os amigos do casal. O filho, não. O filho nunca é questionado". Apesar do fato de que se pode até questionar, talvez, a maternidade. Sabemos que é muito difícil explicar, ainda mais para nossa filha entender, até que ela esteja em nosso lugar. É por isso que guardamos esse saber, não o passamos adiante. Esse tipo de conversa não é possível, ou nunca poderá ser uma conversa sincera.

Na metade do filme, há uma cena fundamental em que Marion lê o poema de Rilke "Torso arcaico de Apolo". O livro em suas mãos pertencia à sua mãe, que havia falecido fazia pouco tempo. A chave da cena está nos dois últimos versos: "... pois ali ponto não há que não te mire. Força é mudares de vida".

O livro, exatamente nessas duas linhas, apresenta uma mancha. Marion a estuda e percebe que são marcas de duas lágrimas secas. Então, por fim, ela sabe: sua mãe chorou quando chegou a esses versos. E ela não consegue explicar como nunca tinha percebido antes que aquela mulher – que ela achava que conhecia tão bem – era infeliz, como não sabia que ela queria mudar sua vida, embora não tivesse permissão, que o lugar no qual estava não era onde queria estar. Sua mãe não conseguiu dizer, mas deixou isso expresso naquelas duas lágrimas.

Há também uma cena semelhante em *As pontes de Madison*, de Robert James Waller, quando a filha de Francesca – a protagonista interpretada por Meryl Streep no filme de Clint Eastwood – lê os diários de sua mãe recém-falecida e descobre que, durante seu casamento, ela se apaixonou perdidamente por Robert Kincaid (interpretado pelo próprio Eastwood), um fotógrafo da National Geographic que por acaso passou pela cidade de Illinois para tirar fotos de suas pontes. Francesca não vai com ele, apesar de seus sentimentos. Decide manter a família, na qual será cada vez menos feliz, mas reserva para depois de sua morte o desejo de estar com o homem que amou. É por essa razão que conta isso aos filhos em um diário, para que eles possam realizar seu último desejo: jogar suas cinzas das pontes de Madison, onde foram jogadas as de Robert Kincaid alguns anos antes. O que mais me emociona nessa cena é a reação da filha de Francesca. O menino fica com raiva da mãe, mas ela não. Ou melhor, sente raiva, porém por outros motivos: não porque sua mãe teve um amante, mas por não ter lhe contado. Ela mesma está em uma crise conjugal, presa a uma vida que a deixa infeliz e da qual não consegue escapar. "Por que não me contou antes? Por que eu não sabia?", reclama, falando com esses diários, como se saber disso lhe tivesse dado a permissão necessária para mudar a própria vida.

Minha mãe ficou viúva aos 50 anos. Após a morte de meu pai, nunca conhecemos um namorado nem soubemos detalhes de sua vida sentimental, se é que existiu. Não tive a sorte de encontrar seus diários como os filhos da protagonista de *As pontes de Madison*. Pouco antes de completar 50 anos, me divorciei. E, pouco depois dessa idade, espero me apaixonar mais uma vez. Metade das minhas amigas se separou por volta dos 50, a outra metade não. Não há instruções sobre como ser feliz. Apenas perguntas e possíveis respostas. Íntimas, muito pessoais e, na melhor das hipóteses, escandalosamente sinceras.

Mas é agora, antes que nossas pálpebras caiam e não possamos mais ver.

Cada mãe à própria maneira

Muitas das personagens de meus romances são mães. Estou mais interessada nas mães que erram do que nas que acertam. As que duvidam, as que ficam bravas com a maternidade. Aquelas que se cansam, que chegam ao limite. As que se atrevem a dizer isso. Aquelas que podem questionar o papel materno sem sentir que isso põe em dúvida seu amor pelos filhos. As que os amam acima de tudo. Estou interessada em mães não abnegadas. Mães que não sabem. Aquelas que querem desesperadamente seus filhos e, com o mesmo desespero, os enviariam para passar uma temporada na Índia. Ou na China, que é mais distante. As que não podem deixá-los chorar a noite toda, mesmo que um livro famoso prometa oito horas completas de sono se seguirem suas instruções ao pé da letra. As que não sabem a letra. As que saem dos trilhos. Aquelas que querem matar quando saem dos trilhos. As cheias de culpa. As politicamente incorretas. As que se arrependem. As que deixam que seus filhos se deitem em suas camas no meio da noite. Aquelas que se perguntam o tempo todo se fizeram a coisa certa. Aquelas que mal criam. As que conseguem entender outra mulher que não quer ser mãe. As mães que conseguem se colocar no lugar daquelas que decidem fazer um aborto, mesmo que tenham escolhido outra opção para si mesmas. Aquelas que já escolheram esse caminho.

Publicado no jornal *Perfil* e revisado para esta edição.

São essas as mães que me interessam, pois, como Tolstói apontou em *Anna Karenina*: "Todas as famílias felizes são iguais. As infelizes o são cada uma à sua maneira". O mesmo vale para mães, mulheres em conflito, vivas, fazendo as coisas da maneira que podem, à sua maneira. Procurar ser feliz por tentativa e erro, no exercício de uma tarefa para a qual não há formação ou diploma.

Ai, o amor: notas sobre uma nova educação sentimental

Há alguns anos, participei de uma festa na qual foi entregue um prestigioso prêmio literário na Argentina. Como de costume, antes de abrir o envelope e revelar o vencedor, houve discursos, homenagens e um número musical. Sentada em minha poltrona, ouvi com prazer a cantora, que se movia graciosamente pelo palco enquanto soltava sua voz privilegiada. No entanto, quando chegou a última música, algo começou a me incomodar. A melodia era muito bonita, mas, de repente, senti um desconforto corporal impreciso que gradualmente se tornou mais e mais definido, a dor no estômago subiu até o meio do peito e acabou se tornando um nó na garganta. E, enquanto o desconforto invadia meu corpo, a seguinte frase se repetia em minha cabeça: "Eu não quero isso, não quero isso para mim".

Com a obsessão pela causa e efeito que se desenvolve com anos de psicanálise – e talvez também com a literatura policial –, tentei identificar a frase da música que havia provocado essa emoção em mim. No entanto, antes de conseguir, a apresentação terminou, vieram os aplausos, os músicos se despediram e foi anunciado que o envelope com o nome do vencedor seria aberto de imediato. Não tinha ouvido o título da música, mas soube que era de Alfredo Zitarrosa, com a letra

---

Publicado no diário *Clarín* (2011) e revisado para esta edição.

de Idea Vilariño. Brindes, parabéns ao ganhador do prêmio – que acabou sendo um amigo meu –, bate-papo com uns e outros, despedidas.

Foi apenas quando eu estava dirigindo os quarenta quilômetros que precisava percorrer para chegar em casa que a música e a dor de estômago apareceram novamente, mas não a frase. Em minha cabeça, só conseguia cantarolar, sem definir as palavras que estavam me machucando. Quando cheguei, mergulhei na internet até encontrá-la. Dizem que, quando Zitarrosa leu o poema de Vilariño, ficou tão emocionado que pegou um violão e começou a cantá-lo. Dizem que ela pediu que gravasse com o nome: "La canción y el poema". O refrão é o seguinte:

> *Quisiera morir — ahora — de amor,*
> *para que supieras*
> *cómo y cuánto te quería,*
> *quisiera morir, quisiera... de amor,*
> *para que supieras...**

Então, além da dor no estômago e da vontade de chorar, foi acrescentada a frase que havia aparecido para mim algumas horas antes: "Eu não quero isso, não quero isso para mim". Nem morrer de amor, muito menos morrer de amor para que aquele que é amado fique sabendo. Tem que saber enquanto está viva, não morta. E, se o que diz e faz não é suficiente, se precisa de tal ato de sacrifício – morrer de amor – para saber, então não saberá. Quero viver no amor, viver apaixonada, mas não morrer de amor. Não quero isso para mim, para minha filha, para minhas amigas ou para as filhas que minha filha terá um dia, se ela quiser. E é claro que nada disso tem a ver com o valor poético dos versos de uma das maiores poetas uruguaias, mas com um aviso, um alarme que dispara como um reflexo condicionado diante do perigo.

O conceito de feminino, de amor, de quanto e como uma mulher deve amar e demonstrar que ama é formado por modelos sociais existentes, mandatos familiares e tradição, no melhor e no pior sentido. E

---

* Gostaria de morrer – agora – de amor,/ para que você soubesse/ como e quanto te amava,/ gostaria de morrer, gostaria... de amor,/ para que você soubesse

isso chega até nós de diferentes maneiras, também por meio do que a cultura popular, a televisão, o cinema e a literatura nos apresentam. É por isso que você precisa estar atenta. Isso se chama "Educação Sentimental"; o nome foi tirado do romance de Gustave Flaubert com o mesmo título. Nesse caso, o protagonista não é uma mulher, mas um jovem, Frederic Moreau, que se apaixona por uma mulher casada, mais velha que ele. No entanto, Marcel Proust achava que Flaubert deveria ter dado esse título a seu romance mais famoso, *Madame Bovary*, cujo personagem principal era uma mulher que lia desesperadamente romances românticos enquanto estava entediada com a própria vida, que não se assemelhava em nada à de suas leituras.

A educação sentimental do protagonista do livro de Flaubert é baseada na decepção. O "amor" vale porque é "não correspondido". O que educa sentimentalmente o jovem é a frustração, o vazio, a perda. A educação sentimental, para Flaubert, é rigorosa, implacável, cruel. É assim que se aprende. Foi o filósofo e crítico literário George Lukács que o definiu como o romance psicológico da desilusão. No entanto, também concordo com aqueles que dizem que o protagonista, mais do que desiludido, é alguém que se adapta, que se acomoda. A que precisa se adaptar? À organização social de seu momento histórico. É válido nos acomodarmos a modos de vida que são ruins para nós? Uma resposta literária: Madame Bovary queria fugir e não conseguia.

A socióloga israelense Eva Illouz também aborda essa questão em seu livro *Por que o amor dói*, no qual ela tira a responsabilidade individual pelo fracasso amoroso, desvincula-o da psicanálise, dos problemas pessoais e dos traumas da infância, ao procurar as origens da dor e do fracasso nas forças sociais e institucionais da modernidade que determinam como amamos e como escolhemos um parceiro. Entre os responsáveis, Illouz lista textos literários, revistas femininas, sites e entrevistas. Cinema, televisão, séries. Imitação da vida das celebridades que vemos nas redes sociais, acrescento. A socióloga cita Catherine, de *O morro dos ventos uivantes*, como um exemplo da tradição literária que retrata o amor como um sentimento de dor excruciante. E, em um tom mais irônico, *Madame Bovary*, de Flaubert, abandonada pelo amante quando finalmente estava pronta para fugir com ele. Sofrimento e mais sofrimento. "Para dizer a verdade, poucas pessoas em nossa época estão isentas dos tormentos do amor e dos relacionamentos íntimos", diz Illouz. "Isso pode assumir muitas formas, como beijar muitos sapos ou rãs no caminho para encontrar nosso príncipe ou princesa; embarcar em pesquisas na internet de proporções titânicas; ou voltar para casa desacompanhado depois de sair para um bar, festa ou encontro às cegas. Por outro lado, quando os relacionamentos enfim se formam, esses tormentos não desaparecem, pois o tédio, a ansiedade ou a irritação começam a aparecer." E, para aqueles que não aceitam a teoria de Illouz de que, no amor, somos moldados mais pela sociedade do que pelos condicionamentos individuais, ela nos lembra com veemência: "Assim como no final do século 19 parecia revolucionário afirmar que a pobreza não era o resultado de moralidade duvidosa ou falta de caráter, mas da exploração sistemática, hoje é imperativo argumentar que os fracassos de nossa esfera privada não são o resultado de uma fraqueza psíquica, mas que os caprichos e sofrimentos de nossa vida emocional são moldados por certas ordens institucionais".

"La canción y el poema", de Zitarrosa e Vilariño, voltou a aparecer para mim há algum tempo, quando os casos de mulheres queimadas por seus parceiros começaram a ressurgir várias vezes, fora de todas as estatísticas. Especialmente quando ouvi especialistas dizerem que, em muitos desses casos, se a mulher conseguia falar enquanto era levada ao hospital, em vez de apontar o culpado ela se preocupava em repetir: "Foi um acidente". Isso confirma que, se for morrer, que seja por amor e demonstrando quanto e como ama.

No filme espanhol de 2003 de Icíar Bollaín, *Pelos meus olhos*, Pilar, a protagonista, sofre uma tremenda violência física e psicológica nas mãos de seu marido, Antonio. E, paradoxalmente, quando decide dar a ele uma nova chance é que ela oferece partes de seu corpo, daí o nome do filme: "Eu lhe dou meus seios, dou minha boca, dou meus olhos". Que maior sacrifício poderia existir do que dar parte de seu corpo a outra pessoa? Parece bonito, poético, mas não ajuda na educação sentimental se for tomado de modo literal. Essas frases educam sentimentalmente para uma entrega extrema, tão extrema, que a pessoa perde sua vida com ela. Talvez uma reescrita mais saudável fosse: "Posso te dar meus beijos, minhas carícias e meu olhar, posso beijá-lo, olhá-lo e acariciá-lo, quantas vezes nós dois quisermos; mas minhas mãos são minhas, minha boca é minha e meu corpo é meu, embora eu o ame". É claro que isso não soa tão poético, mas hoje não estamos falando de poesia, e sim da construção de um imaginário que pode prejudicar.

Roland Barthes fez uma das melhores contribuições para a compreensão do que a "voz" do amor, suas palavras e suas frases implicam em *Fragmentos do discurso do amor*. E, para entender esse discurso, ele recorre a Werther, o jovem personagem de Goethe que comete suicídio por amor e depois produz um efeito de contágio em outros jovens reais de sua época. No entanto, ele também recorre a Platão e seu *Banquete*, a Santo Agostinho, a Baudelaire, Proust e Nietzsche, a Freud, Lacan e Winnicott. Ao Zen e à etimologia das palavras. Barthes desmonta cada frase, cada metáfora repetida no discurso amoroso. "A linguagem é uma pele: eu esfrego minha linguagem contra o outro. É como se tivesse palavras como dedos, ou dedos na ponta de minhas palavras. Minha linguagem treme de desejo."

A linguagem é provavelmente um dos melhores pontos de contato para duas pessoas apaixonadas, desde que possamos escolher bem e com liberdade o que queremos dizer; as palavras que queremos para nós entre aquelas que a outra pessoa nos diz.

Bigode na contraluz

Compete por minhas mãos. Sabe que não se movem para ele, que não o procuram, que não o esperam, muito pelo contrário. Estão atentas a outra tarefa, a escrita. Mãos que vão e vêm sobre as teclas, como se estivessem respondendo a uma coreografia. Sente ciúmes? Não sei, mas compete pela carícia.

Empurra a máquina. Se coça contra ela. Deixa seus pelos espalhados por todo o teclado. Marca o território. No entanto, o que ele quer não é o teclado, são minhas mãos.

Fica no lado direito, onde está a mão mais ativa. A tática é sempre a mesma: abaixa a cabeça, a enfia debaixo do meu braço, procurando espaço com rotações e movimentos suaves. Insiste. Mas meus dedos continuam batendo nas teclas como se ele não estivesse lá, o ignoram, ou fingem ignorá-lo, fazem de conta que ele não está lá, mesmo que seu focinho molhado me toque durante uma tentativa frustrada de aproximação.

Mesmo assim, ignorado, ele não desiste. Finalmente, meu gato consegue colocar a cabeça no arco formado pela palma da minha mão e meus dedos dobrados em uma atitude de espera para escrever. Quando está ali, ele esfrega a cabeça em mim. Jack-jack, esse é o nome dele. Jack-jack dá uma, duas, três cabeçadas. Se minhas mãos estiverem de bom humor, se tiverem se esforçado bastante, param de digitar e o acariciam na nuca, no espaço entre a cabeça e o peito, onde o pelo é mais branco do que em qualquer outra parte do corpo. Se não estiverem, minhas mãos o afastam, expulsam, rejeitam aquela cabeça

---

Publicado em *Escritores del mundo* (2011) e revisado para esta edição.

de gato que insiste em ser acariciada, enquanto trabalham, digitam, apagam, corrigem, googleam. Estão procurando um poema de Borges, mas não sabem qual. Não sei qual. Um que acho que me ajudará no que escrevo. No entanto, depois de passar por várias páginas de um dos volumes de suas obras completas, paro em outro, acho que por acaso, mas não, minhas mãos param por força da coincidência.

> *A un gato*
> *(...)*
> *Tuya es la soledad, tuyo el secreto.*
> *Tu lomo condesciende a la morosa*
> *Caricia de mi mano. Has admitido,*
> *Desde esa eternidad que ya es olvido,*
> *El amor de la mano recelosa.*
> *En otro tiempo estás. Eres el dueño*
> *de un ámbito cerrado como un sueño.* *

Minhas mãos param como se fossem comandadas pelo poema. De acordo com seus biógrafos, Borges teve dois gatos, Odin e Beppo. Jack-jack não sabe. De repente, o poema faz com que minhas mãos sintam um respeito pela insistência do meu gato que não existia antes. Um respeito literário. Ficam em atitude de espera. Por fim, digitam: "Tuya es la soledad, tuyo el secreto", e mais um verso: "El amor de la mano recelosa". O gato se aproxima mais uma vez. Os dedos agora se movem mais lentamente, como se estivessem esperando; fingem digitar enquanto esperam por ele. Há uma pausa desnecessária para que o gato se aproxime um pouco mais, se agache, coloque a cabeça no arco da minha palma, da minha mão, dê uma cabeçada, uma, duas, três vezes, me molhe com seu focinho úmido. Minhas mãos acariciam a cabeça dele e coçam sua garganta. Ele se deixa ser coçado, fecha os olhos e estica a cabeça para cima para que eu continue fazendo isso, para que eu não pare. Liga o motor viciante de seu ronronar.

---

* Tua é a solidão, teu é o segredo./ Tuas costas condescendem à lenta/ Carícia da minha mão. Admitiu,/ Desde essa eternidade que já é esquecimento/ O amor da mão receosa./ Você está em outro tempo. É o dono/ de um domínio fechado como um sonho.

Até que, finalmente, com seu desejo satisfeito, quando ele decide, se enrola de lado, sobre a luz verde do computador que ilumina seu bigode na contraluz, como um guardião sereno, mas atento, custodiando a tarefa que minhas mãos retomarão assim que aceitarem seu abandono.

Eu aprenderei

Minha mãe costumava repetir uma frase, mesmo quando a doença de Parkinson dobrava suas costas e a impedia de se mover: "Eu me arrependo de três coisas na minha vida: nunca ter usado um biquíni, nunca ter tido um amante e nunca ter aprendido a dirigir". Nessa ordem, como se aprender a dirigir tivesse sido, em sua fantasia, ainda mais difícil de realizar do que ter um amante. E como se houvesse certa relação entre as três coisas. Talvez sim. Nunca a indaguei sobre o biquíni ou o amante, mas perguntei várias vezes por que ela não aprendeu a dirigir. "Não sei", dizia e ficava olhando para o vazio como se realmente soubesse. Tenho minha teoria: não aprendeu a dirigir porque tinha pavor, por motivos diferentes, dos dois homens que poderiam tê-la ensinado, meu avô materno e meu pai.

Dirigir é um processo de iniciação, alguém (parente, amigo ou professor) tem que nos ensinar. Nós nos entregamos a essa pessoa que nos dá o carro dela, em geral um bem muito caro, sobretudo para os homens. E essa entrega nem sempre é feliz. No filme *Happy-Go-Lucky*, de Mike Leigh, que foi lançado na Argentina em 2009 como *La felicidad trae suerte* [*Simplesmente feliz*, no Brasil], Poppy, a personagem principal, graças ao seu otimismo fora do comum, suporta as aulas de direção dadas a ela por um instrutor de direção mal-humorado. "Vaidade versus segurança!", grita o homem quando reclama que Poppy vai às aulas de direção usando botas de salto alto. O instrutor passa da repetição de um mantra para a gritaria desaforada e até mesmo para a agressão física. Poppy aguenta tanto, que o

---

Publicado no diário *Clarín* (2011) e revisado para esta edição.

homem fica confuso e acha que ela sente algo por ele. Errado: para muitos de nós, tolerar esses maus-tratos foi o preço que tivemos de pagar para aprender a dirigir. Esse "contrato", porém, veio com uma vingança escrita em letras miúdas: "Já vou aprender e não precisarei mais de você".

Vamos começar com o caso da minha mãe. Pelas histórias contadas na família, meu avô não era a pessoa mais indicada para ensinar ela ou qualquer outra pessoa a dirigir. Não porque não tivesse paciência ou boas maneiras, mas porque era teimoso. Meu avô era um motorista teimoso, daqueles que não estão dispostos a mudar seus rituais de direção ou seu carro favorito, mesmo que o progresso apareça em seu caminho. E o de aparecer em seu caminho foi literal: durante muito tempo, meu avô não se conformou em dirigir na mão direita depois que essa orientação foi imposta na Argentina, abandonando a britânica, que vai pela esquerda. Os poucos vizinhos que tinham carro na época se jogavam nas calçadas quando o viam chegar. Anos mais tarde, quando minha mãe estava pronta para aprender a dirigir, ele enfim tinha adotado a mão direita, mas permaneceu fiel ao seu Ford T, que estava longe de se tornar uma relíquia de colecionador e que não podia ser ligado simplesmente com a manivela. Na década de 1960, cansado de que aquele carro fosse mais teimoso do que ele e só desse partida quando quisesse, meu avô o trocou por uma televisão e adotou a bicicleta.

Meu pai era um tipo diferente de motorista. Um motorista irascível, daqueles que acham que dirigem melhor do que qualquer outra pessoa e não toleram os supostos erros dos outros. Para piorar a situação, não tinha nem a paciência, nem os bons modos de meu avô. Minha mãe, que quase se afogou quando ele a ensinou a nadar no Club de Regatas de Avellaneda, por mais cautelosa que fosse, nunca tentou aprender a dirigir com ele. Quando fiz 18 anos, porém, queria dirigir e estava disposta a suportar qualquer coisa. Meu pai tinha um Renault 4 na época, com a alavanca de câmbio ao lado do volante. Foi com esse carro que aprendi a dirigir. Aguentei insultos e gritos que gelavam meu sangue. Deve ser por isso que, há alguns dias, quando um amigo me mostrou um vídeo na internet de um pai paquistanês ensinando seu filho a dirigir, chorei incontrolavelmente, em vez de rir como ele pretendia. Era um pai/motorista irascível como o meu, em outro país, em estradas muito diferentes, com um ônibus muito mais difícil de pilotar do que aquele Renault 4, que dá um tapa "corretivo" na cabeça do filho a cada erro. Mais de uma vez, petrificada por algum grito corretivo de meu pai, estive a ponto de desistir. Mas sou teimosa como era meu avô: um dia eu dirigiria sozinha e me libertaria daqueles gritos.

Durante o aprendizado, descobri truques para sobreviver à tentativa. Alguns funcionaram, outros não. Como uma das coisas que mais incomodavam meu pai era o carro "tossir" ao passar da marcha neutra para a primeira a fim de dar a partida, aprendi a deixar sempre a perna esquerda na embreagem. Isso permitiu que a saída fosse mais suave. Até que meu pai percebeu o truque: "Você não sabe que a embreagem é uma fita e que se desgasta?", ele gritou e bateu na minha perna para que eu a soltasse imediatamente, assim como o paquistanês bate na cabeça do filho no vídeo. Aposto que hoje sou uma das pessoas que tiram o pé da embreagem mais rápido, mesmo que os novos modelos não se desgastem mais.

As mulheres da minha geração foram ensinadas a lidar com os homens. Os mesmos que reclamam que dirigimos "mal". Há algum tempo entrei em um táxi, e o motorista, depois brigar com um motorista de ônibus para ver quem viraria a esquina primeiro, virou-se e me disse: "Se eu tiver que escolher quem dirige pior, não sei se escolho motoristas de ônibus, mulheres ou coreanos". Uma combinação de discriminação para a Inadi. No entanto, a relação instrutor-aprendiz mudou de gênero e, hoje, muitas de nós somos aquelas que ensinam nossos filhos, homens ou mulheres, a dirigir. Sinto que isso trará alguma modificação na forma como nossa sociedade dirige, ou assim espero. Na verdade, enquanto ensinava meu filho, não me preocupei em alertá-lo sobre o desgaste da embreagem, mas em sempre ceder a vez aos outros, deixá-los passar se quiserem, não discutir de carro para carro, esperar calmamente que um pedestre atravesse a rua sem apressá-lo com a buzina e algumas outras gentilezas que eu gostaria que tivessem tido comigo. Uma aposta cujo resultado ninguém sabe qual será. Talvez, mesmo que eu não grite com ele enquanto aprende a dirigir ao meu lado como meu pai fazia, mesmo que eu não dê golpes corretivos como o pai no vídeo faz, meu filho me considere uma motorista chata, até mesmo insuportável. Talvez ele decida que já se cansou de tantas recomendações, avisos ou apenas precauções, e diga para si mesmo em silêncio: "Já vou aprender e não precisarei mais de você". A lei da vida.

Mulher aos 60

Há cerca de dez anos, escrevi um texto chamado "Mulher aos 50" para a seção "Mundos Íntimos" do jornal *Clarín*, dirigido por Daniel Ulanovsky Sack. Já faz algum tempo, digo a mim mesma que tenho que criar o texto da década seguinte. Até agora, fui impedida não pela preguiça de escrever o novo, mas pelo medo de ler o que já foi escrito. Em geral, não releio o que já publiquei porque fico irritada comigo mesma quando encontro frases de que não gosto, palavras que não usaria hoje, erros, repetições, passagens chatas e até mudanças de ideias. Tinha medo de que reler aquele artigo me deixaria enraivecida. De fato, quando encontro alguém que me diz: "Li seu artigo sobre mulheres aos 50", eu sofro. De imediato, eu me pergunto se ela o leu há muito tempo, e isso me alivia; ou se leu há pouco, e isso me angustia a ponto de me torturar, tentando adivinhar não de quais partes a nova leitora gostou no texto, mas de quais ela não gostou.

Isso aconteceu comigo recentemente em Guadalajara, onde foi realizada outra edição da Bienal Vargas Llosa. Vários escritores e escritoras se encontravam lá, com os quais compartilhamos mesas, conferências, refeições e karaokês. A querida escritora espanhola Olga Merino me disse, em um dos primeiros cafés da manhã, quanto havia gostado do meu artigo sobre mulheres aos 50 e com que frequência tinha voltado a ele – na frente da também querida escritora mexicana Cristina Rivera Garza. O uso do mais-que-perfeito me tranquilizou. Se tinha lido havia muito tempo, talvez não tivesse detectado os prováveis erros ou arrependimentos de hoje. No dia seguinte, porém, também no café da manhã, Cristina me disse: "Procurei seu artigo sobre mulheres aos 50. Eu o li". E, ao acenar com a cabeça, embora sem dizer nada, ela me deu um belo sorriso que não acalmou minha inquietação, contudo a reafirmou, imaginando que detectara os vários problemas do texto e não ousava falar sobre eles.

A verdade é que quase nunca reescrevo artigos do passado, exceto para cortá-los ou corrigir erros gritantes, antes de serem republicados. E esse foi o caso porque estava previsto que "Mulher aos 50" seria um dos incluídos neste volume, mas também porque o tempo passou e agora estou uma década mais velha. Então, tomei coragem e lá fui eu, ou aqui vou eu.

A primeira coisa que devo reconhecer é que o que apontei na época como uma de minhas maiores obsessões e ansiedades, a morte, continua sendo uma delas. Nisso sou coerente, a finitude da vida é algo que me perturba desde muito cedo. Quando criança, por volta dos 5 ou 6 anos de idade, certa tarde minha mãe me pegou chorando em sua cama e, quando me perguntou o motivo, respondi entre soluços: "Porque um dia eu vou morrer". Ela quis me tranquilizar, convencendo-me de que isso não aconteceria por um longo tempo: "Você é uma criança, isso só vai acontecer quando ficar bem velhinha". Não consegui explicar que não estava chorando porque achava que ia morrer no dia seguinte, mas algum dia, dali a muitos anos. A maldita finitude. Desde então, faço malabarismos para esquecê-la ou diminuí-la. Não tento mais me tranquilizar multiplicando minha idade por dois – como fazia até os 50 anos – para ver se ainda falta tanto para viver quanto já vivi. O número que obteria não daria o resultado desejado. De qualquer forma, sempre gostei de matemática e continuo tentando acalmar minha ansiedade com outros cálculos probabilísticos. Agora defino os anos que suponho ter pela frente – às vezes mais, às vezes menos, dependendo do otimismo do dia –, comparo-os com a idade de alguém próximo a mim – um filho, um sobrinho, uma amiga – e, então, traduzindo o número em carne e osso, digo a mim mesma que sim, que ainda falta, não sei se é muito, mas bastante. Mesmo que não acredite totalmente.

Continuo pensando, como naquela época, que os 50 anos são a idade-limite em que você precisa decidir se vai ou não mudar certas coisas: o amor, onde mora, seu emprego. Aos 60 anos, essas alterações também podem ser feitas, se necessário, é claro. Não estou dizendo, de forma alguma, que não podemos mais mudar, nos dedicar a outra coisa, terminar um relacionamento insatisfatório e nos apaixonar mais uma vez. No entanto, exigiremos mais da nova casa, da nova ocupação ou do novo parceiro antes de tomar uma decisão, porque nessa idade temos clareza do que queremos, porém, acima de tudo, do que não queremos. E, se por fim fizermos isso, será com menos energia para enfrentar o que está por vir e com a raiva de ter percebido que o problema que exigia essa mudança já existia em nossos 50 e adiamos a decisão esperando uma solução que nunca chegou.

No entanto, o que mais me faz discordar do que escrevi são as questões relacionadas ao corpo. Ou melhor, às exigências estéticas sobre o corpo. Porque não nego, é claro, que aos 50 anos – e por causa dos hormônios – o corpo muda abruptamente, às vezes de forma brutal, e isso tem um impacto sobre nós. A menopausa provoca mudanças que são óbvias, perturbadoras e impertinentes. Umas são importantes e precisam ser atendidas, outras são incômodas e o hábito as diminui de maneira gradual. Há algumas que podem, até mesmo, ter consequências graves, como a trombose cerebral da qual me recuperei sem sequelas, causada pelo uso de contraceptivos de estrogênio prescritos por um médico como parte de uma terapia de reposição hormonal para fazer o corpo acreditar que não era tão velho quanto era. Por outro lado, visto de longe, aquele pneu na cintura que fez uma calça jeans que usei a vida toda não servir mais não parece tão importante. Muito menos cabelos grisalhos, que eu não pinto mais. Nos meus 60, esses detalhes estéticos, que pareciam ser responsáveis por um verdadeiro drama, perderam sua relevância e intensidade. No entanto, a mudança não se deve apenas ao fato de que os anos que vivi me fizeram olhar para a questão de uma maneira diferente, com mais dignidade, mas ao fato de que ela mudou o mundo, de forma bastante categórica e, neste momento, para melhor. As mulheres mudaram isso, mulheres de todas as idades, e continuamos a mudar, também em termos de ficarmos amigas de nossos corpos e quebrar o condicionamento estético que nos foi imposto durante séculos. Algumas já conseguiram, a despeito de sua idade; outras, ainda não. No meu caso, sou grata pelo fato de o movimento de mulheres ter se esforçado tanto para nos libertar da tirania de um corpo moldado de acordo com estereótipos que nos oprimem.

Agora, revisando aquela mulher que fui, o que dizer da mulher que sou? O que a mulher de 60 anos quer? Sei que haverá desejos diferentes para outras pessoas de minha geração, mas a mulher que sou, aos 60 anos, tem uma obsessão bastante clara diante da finitude da vida: multiplicar os mundos e as vidas possíveis. Se eu não puder adicionar mais anos de forma vertical, quero ampliar horizontalmente.

Como? Viajando e lendo, quase com compulsão. Se sempre viajei e sempre li, agora preciso fazer isso, só que mais. Quero mais lugares para conhecer fora dos circuitos habituais, mais amigos para visitar nas cidades onde moram, mais desconhecidos com quem conversar no trem, mais passeios para me perder. Diz Rebecca Solnit em *Um guia para se perder*: "Perder-se, uma rendição prazerosa, como se você estivesse envolvido em braços, desaparecido, absorvido no presente de tal forma que todo o resto fica embaçado. Na concepção de Benjamin, perder-se é estar totalmente presente, o que significa ser capaz de mergulhar na incerteza e no mistério. E não se trata de acabar perdido, mas de se perder, o que implica uma escolha consciente, uma entrega escolhida, um estado psíquico acessado por meio da geografia". Sempre que estou em uma nova cidade, ando por horas. Mesmo que tenha um lugar para chegar, o percurso é aleatório, eu me desvio do que está marcado – não mais por mapas de papel, mas por aplicativos no meu telefone. Em outras ocasiões, ando sem rumo, parando para olhar sacadas e janelas. Tento descobrir detalhes que me contem uma possível história: um suéter deixado em uma cadeira, um vaso de flores negligenciado, um animal de estimação atento aos movimentos da rua, um brinquedo esquecido. Esses detalhes me levam irremediavelmente a pensar em quem mora lá, mas também a me imaginar morando lá. Fico imaginando quanto custaria alugar um apartamento ou um quarto com uma varanda como aquela, e me convenço de que poderia morar naquela cidade por um tempo. Um tempo que pode ser semanas ou até meses. E mais uma vez a matemática retorna, e a multiplicação de possíveis lugares por possíveis tempos que prolonguem minha vida. No entanto, agora horizontalmente, sem somar anos que não posso "comprar", mas camadas de vida. Como naqueles jogos em que se prolonga a existência comendo um morango, ou uma moeda, ou um símbolo indeterminado que pisca anunciando que, se quisermos mais, devemos seguir aquele caminho. Viajar, estou convencida, é comer muitos desses morangos, ampliar a vida para os lados, acrescentar substância, profundidade, ter a sensação de que o tempo é medido de forma diferente, que quebramos o paradigma.

Ler também é viajar, mas, além disso, a leitura quebra o paradigma do tempo finito de outra forma, pois nos leva a mundos nos quais os anos se sucedem, página após página, com outras regras: pode pular séculos, retroceder no tempo, propor datas futuras que ainda não podemos imaginar. Em um romance, um dia pode durar quase mil páginas, como em *Ulisses*, de Joyce, ou um século pode ser contado em cerca de quinhentas, como em *Cem anos de solidão*, de García Márquez. O tempo narrativo não apressa os eventos; atrasa o texto o tempo que for necessário, por quantas palavras forem necessárias, ou o comprime para ganhar intensidade. Parafraseando George Steiner em *Linguagem e silêncio*: Faulkner versus Hemingway. O tempo narrativo multiplica nosso tempo real, a hora, duas ou três horas que passamos lendo, até se tornar infinito.

Aos 60, portanto, tenho consciência de que as mudanças fundamentais que tive de fazer já foram feitas há muito tempo; não pinto mais meus cabelos brancos e a finitude da vida continua a me perturbar. No entanto, toda vez que alguém sugere uma viagem, faço minha mala. E sempre que alguém me recomenda um livro, eu o recebo com entusiasmo. Volto a Solnit: "Deixar a porta aberta para o desconhecido, a porta que leva à escuridão. É daí que vêm as coisas mais importantes, de onde estamos vindo e para onde estamos indo".

Gosto do elogio que Solnit faz à escuridão, essa reavaliação em oposição à luz que nos mostra coisas mais previsíveis. Nessa escuridão estão o tempo e o infinito. E lá estamos nós, talvez, para sempre.

4.
De outros interesses e preocupações

A noite em que as vi

Eu sabia sobre elas, é claro. Na minha casa, durante a ditadura, as pessoas falavam sobre suas rondas e a dor do desaparecimento de seus filhos. No entanto, uma coisa é saber, e outra coisa é ver. Naquela noite, em um show no estádio do River, eu estava cercada por 70 mil pessoas que tinham vindo para ouvir o cantor britânico Sting. Era dezembro de 1987. O clima político se tornara estranho, os ditadores da Junta Militar ainda estavam na prisão, mas as leis de Ponto Final e Obediência Devida tinham sido aprovadas. No entanto, naquele momento, estávamos tentando pensar em outra coisa, estávamos em um show de rock, pulando, dançando ao som de um inglês loiro que todos admirávamos.

E, de repente, em algum momento, a noite mudou. As luzes do estádio diminuíram de intensidade. A música que estava tocando ficou muito lenta, um pouco triste, doce. Ficamos esperando, esperando não sabíamos o quê. Em seguida, Sting, até então o protagonista da noite, cedeu seu lugar sem deixar de irradiar sedução e fez com que subissem ao palco, dando-lhes a mão, uma a uma, para ajudá-las a se acomodar em um lugar estranho a elas, um lugar que tiveram que aprender a usar para serem vistas. Lá, com seus lenços brancos, fizeram sua ronda, marcharam em círculo, como tinham feito tantas vezes na Praça de Maio, enquanto Sting cantava "Ellas bailan solas". Dançam com os mortos, aqueles que não estão, amores invisíveis; nunca param de dançar.

E eu, finalmente, as vi. E dancei com elas. E chorei.

Como choro agora com essa lembrança.

O direito de ser feliz

Eu estive lá. Fui uma daquelas pequenas manchas azuis e brancas que compunham a maré humana, uma dos 5 milhões de pessoas que esperavam o retorno da Seleção Nacional de Futebol ao país após o triunfo na Copa do Mundo de 2022 no Catar. Esperei em vão, na Avenida Lugones, porque eles não passaram por ali. Também fui uma das muitas pessoas que não se importaram com o fato de não terem chegado. Mais do que a alegria de vê-los à distância, foi o fato de estar lá, de que soubessem que milhões de indivíduos queriam agradecer. Tratava-se de unir-se à maré humana, comemorar, cantar, dançar, nos reconhecer nas ruas vestidos de azul e branco, felizes com a estranha sensação de estarem todos e todas do mesmo lado.

Desde o início da manhã, distribuímos mapas da rota. As informações mudavam em questão de minutos e a decisão sobre onde era o melhor lugar para esperar por eles mudava a cada mensagem. "Alguém sabe onde está o ônibus?" era repetido de mesa em mesa no bar onde paramos para beber, na rua, nas redes. E, surpreendentemente, ao confirmar que os jogadores nunca conseguiriam chegar porque seu progresso era mínimo, não ficamos frustrados, mas houve um consenso de que isso era lógico, que era melhor que não avançassem mais. A preocupação não era mais que não chegariam, mas outras: "Será que esses rapazes (os campeões mundiais) estão usando protetor solar?", "Será que ninguém pode dar chapéus para que não fiquem com insolação?", "Será que estão bem hidratados?", "Como vão tirá-los de lá?", "Será que os helicópteros

---

Publicado no jornal *Tiempo Argentino* (2022) e revisado para esta edição.

são seguros?", "Deixem o Messi se deitar na grama e tomar mate com a Antonela!", "Deixem que eles vão para suas cidades, com suas famílias!".

Tinha muitas objeções à realização da Copa do Mundo em um país onde há sérias restrições aos direitos de pessoas LGBTI+, mulheres e trabalhadores. Minhas objeções não desapareceram quando assisti a todos os jogos, quando senti taquicardia em uma jogada, quando comemorei os gols, quando fiquei de costas para não olhar os pênaltis, quando saí para regar as plantas – minha cabala para que as coisas, em termos de futebol, corressem bem. Também não desapareceram com a terceira Copa do Mundo em casa. E muito menos com as declarações de argentinos com diferentes responsabilidades cívicas que pareciam ser porta-vozes do Catar tentando minimizar essas circunstâncias. Nem "está escrito em algum lugar que não se pode, mas tudo bem", nem "tenho muitos amigos gays que me dizem que está tudo bem" é suficiente para mim. Nada do que eu pensava sobre esse assunto mudou. No entanto, também estou ciente de que, em um mundo capitalista e patriarcal no qual as regras do jogo são estabelecidas por aqueles que estão no comando – que são sempre os outros – e apesar de todas as lutas que travamos para mudá-las, não devemos permitir que roubem nossa alegria. Ninguém, nem jornalista, nem político, nem troll, nem o vizinho amargo da casa ao lado que sempre tem uma objeção inoportuna à mão, embora nunca tenha saído às ruas para lutar por um direito.

Somos um povo sofrido e dividido, com muitas questões a serem resolvidas, com defeitos e virtudes que deixarei para outra ocasião. No entanto, há um fato indiscutível em nosso DNA: somos um povo do futebol. E não gostamos apenas do esporte: jogamos bem e ganhamos campeonatos. Em um mundo com enormes desigualdades e violações dos direitos das pessoas, onde a palavra cultura ou religião é usada para endossar tudo, desde que uma mulher não possa se educar até o corte do clitóris ou a prisão por ter um parceiro que não seja heteronormativo. Em um país que não pertence aos círculos de poder, mas em que há aborto legal seguro e gratuito, lei transgênero, casamento igualitário e no qual recebemos imigrantes sem quase nenhuma restrição.

O futebol é paixão e é uma catarse necessária. Quando a equipe nacional joga, há um desejo e uma alegria compartilhados. Não tenho dúvidas de que devemos continuar lutando para mudar o mundo. Não tenho dúvidas de que não podemos apoiar que nenhuma nação que restringe os direitos das pessoas possa ter permissão para limpar sua imagem usando o futebol. Conscientes disso e do fato de que o dono da bola é, contudo, outra pessoa, quando ele a joga no campo e ela rola, torna-se impossível que nosso DNA não indique que temos de chutá-la. Então, que a nossa seleção, essa, esses meninos, esse técnico, essa equipe técnica, vão lá jogar e nos façam felizes. Enquanto essa felicidade durar. Porque não temos muitas coisas, mas temos direito.

Pensar diferente

Fico impressionada com a necessidade veemente de convencer os outros de certas opiniões ou ideias. Não estou me referindo a questões em que o destino de um país, de uma coletividade ou de um indivíduo está em jogo. Falo do cotidiano, quando o que se discute é qualquer coisa, menos a vida de alguém. Por exemplo, se dizem: "Adorei tal livro ou filme", a outra pessoa não apenas dá uma opinião contrária – o que é lógico em qualquer conversa –, mas tenta convencer seu interlocutor de que não é correto que ele tenha gostado. E, nessa discussão, o que está em pauta não é se a obra julgada é de qualidade ou não, mas algo muito mais subjetivo, como o gosto, o desejo ou o pensamento alheio.

A mesma coisa acontece, embora com maior intensidade, quando as questões políticas são debatidas em uma roda de amigos. Novamente, emite-se uma opinião política que não é tolerada pelos demais e frases do tipo são disparadas contra ele: "Você não pode pensar assim", "Você não pode ser enganado assim", desqualificando não apenas a maneira diferente de pensar, mas também a pessoa. Isso se segue por uma série de argumentos na tentativa de convencer o insurrecional. Até que a conversa explode, um dos participantes se levanta da mesa e vai embora. Ou, ao contrário, entra em um impasse que alguém rompe falando sobre o clima.

Entretanto, como eu disse antes, trata-se de ouvir e respeitar a opinião dos outros sem tentar convencer ninguém do contrário, desde que uma vida não esteja em risco. E, às vezes, está mesmo. No filme *Doze homens e uma sentença* (1957), dirigido por Sidney Lumet, um

---

Publicado em *Télam* e revisado para esta edição.

júri precisa decidir se um jovem matou ou não seu pai. Cabe a Henry Fonda, jurado número 8, fazer o restante do grupo perceber que talvez, além das provas apresentadas como contundentes contra o réu, houvesse vários pontos a serem considerados no julgamento que lançavam dúvidas sobre sua culpa. A princípio, o esforço para convencer os outros parece ser infrutífero, mas, pouco a pouco, alguns membros do júri vão revendo seu parecer, deixando clara sua posição diante da vida, sua personalidade e a própria ética. Algumas pessoas mudam apenas porque estão cansadas e querem acabar logo com isso, especulando que é melhor dizer "sim" para que todos possam ir para casa de vez. Há os que não permitem isso: "Se você vai mudar seu voto, tem que ser porque está convencido, não por estar cansado". A verdade é que o placar inicial de 11 a 1 foi revertido e o jovem foi considerado inocente. Ou "not guilty", o que não é exatamente a mesma coisa e talvez também sirva para refletir sobre os usos da linguagem, dependendo do idioma em questão.

Há muitos anos, quando eu ainda trabalhava como contadora, fui convidada para um curso sobre tomada de decisões e liderança. O curso tinha um nome mais bombástico, do qual não me lembro mais. Também não me recordo se havia outras mulheres além de mim. Pelo menos não no meu grupo: éramos oito homens, todos engenheiros, e uma mulher, eu, contadora à beira do divórcio profissional. Um texto foi lido para nós, um caso sobre um conflito em uma empresa e a solução encontrada. Em seguida, recebemos um questionário com dez perguntas. A ideia era que todos respondessem individualmente e, depois, chegássemos a um acordo em grupo. O tempo todo eu tive a sensação de que nenhum dos meus colegas se importava muito com o que eu pensava. Sorriam para mim, pareciam me ouvir, mas sempre acabavam votando nas respostas dos outros, nunca nas minhas. Quando os resultados foram apresentados, o instrutor chamou a atenção para um caso muito particular, justamente o do nosso grupo: tivemos a pior resposta em grupo e a melhor resposta individual (a minha) entre todos os participantes do curso.

Além do fato de que talvez eu não tenha nascido para liderar, vários fatores devem ter se juntado naquele dia para me impedir de convencer meus colegas a aceitarem qualquer uma das minhas respostas. Um desses fatores, não tenho dúvidas, foi a conhecida questão de gênero: esses engenheiros estavam convencidos de que uma mulher não poderia saber mais do que eles. Outro fator, minha preguiça; eu não tinha a energia de Henry Fonda para convencer seus colegas de grupo. No entanto, certamente o motivo mais importante era a relevância ou não do que estava em jogo: no caso de *Doze homens e uma sentença*, era a vida de alguém; no caso do grupo que tinha de tomar as decisões certas nesse curso, era apenas um exercício que propunha, de qualquer forma, uma luta de egos, mas não mais do que isso.

A questão é que, em uma sociedade, entre a vida e os egos, há muitas questões que são discutidas e tentam chegar a um consenso convencendo o outro. Desde a legalização do aborto, a discriminação contra minorias, a morte assistida, a exploração irracional de nossos recursos ou como o problema da pobreza será resolvido, até questões de estilo, teor e peso diferentes, como as roupas que uma deputada deve usar, se esta ou aquela atriz fez cirurgia plástica ou a vida sexual de uma figura pública. Se pudéssemos refletir sobre quais questões ignorar e a quais dedicar nossa energia, talvez pudéssemos chegar a um consenso que nos desse a mesma satisfação que Henry Fonda sentiu quando ouviu "not guilty".

O declínio do primogênito

Há certas palavras que, com o tempo, mesmo que signifiquem a mesma coisa, perdem substância, valor ou carga. A palavra primogênito, por exemplo, ainda aparece no dicionário como "o filho que nasce primeiro". Não há muitas explicações além da referência ao morgado espanhol e a possibilidade de usar a forma feminina do vocábulo – primogênita –, apesar de que nos tempos antigos a primogenitura era um direito reservado aos homens. Era o filho primogênito que herdava fortunas, reinos, títulos de nobreza e outros privilégios. E, embora hoje em dia as fortunas sejam gastas em vida ou distribuídas, e os títulos de nobreza tenham sido abolidos ou custem mais em impostos do que o prestígio que conferem, a tradição, o modelo de "família-padrão" e até mesmo fatores político-econômicos (como na China) fizeram muitos casais quererem que seu primeiro filho fosse um menino. Eu mesma, primogênita mulher, fiquei desapontada ao saber que esse era o caso quando perguntei à minha mãe como ela havia escolhido meu nome, ao que me respondeu: "Não, nunca pensei em um nome de menina. Tinha um nome de menino em mente e você se chamaria Claudio, então tive que mudar a última letra e pronto". Suspeito que vários de meus infinitos anos de psicanálise devem ter se originado dessa pequena história.

Ser primogênito hoje, ao contrário de tempos mais distantes, é mais um ônus do que um benefício. Quando damos à luz nosso

---

Publicado em *La mujer de mi vida* (2008) e revisado para esta edição.

primeiro filho, não precisamos apresentar um título, nem recebemos qualquer garantia de que saberemos como ser mãe. Não há outra escola para estudar que não seja a vida e não existe opção a não ser tentar e errar com o próprio filho ou filha. E, embora cada um desses passos seja dado com amor e boa vontade, pouco a pouco o relacionamento cai, com diferentes graus de intensidade, no que Ingmar Bergman chamou em seu filme *As melhores intenções* e Alice Miller em seu livro *No princípio era a educação*. Assim, a cobaia suporta estoicamente todas as nossas incompetências, enquanto aprendemos com ela, sobre ela ou à custa dela. No entanto, ainda pior do que o teste de aprendizado sobre um inocente é o fardo que colocamos em sua mochila: como ele será, o que ele será, quem ele se tornará, todas as perguntas respondidas de antemão a partir de uma série de expectativas de realização, os próprios sonhos não realizados e os padrões narcisistas dos pais, que fazem a criança nunca se sentir à altura do desafio ao qual, sem consultá-la, ela foi submetida.

A literatura produziu grandes primogênitos, alguns dos quais tiveram sucesso, outros não. Talvez um dos exemplos mais bem-sucedidos de um fracasso nessa questão específica entre pais e seu primeiro filho tenha vindo do teatro em *A morte de um caixeiro-viajante*, de Arthur Miller. Willy Loman, o personagem principal, tem dois filhos: Biff e Happy – nomes que já fazem diferença no que é projetado sobre esses irmãos. Biff, o primogênito, é um fracassado que sente que nunca cumpriu o que se esperava dele, mas que também está convencido de que foi exatamente a tentativa vã de cumprir esse mandato que o tornou infeliz. Há uma cena no primeiro ato da peça que evoca a infância de Biff, em que Miller mostra de forma simples um diálogo entre pai e filho que termina sendo exemplar. Um garoto que tenta satisfazer seu pai e um pai que espera que seu filho tenha sucesso, acima de tudo, para contar a história.

Willy: O que dizem sobre você na escola, agora que foi nomeado capitão? (...)
Biff: Neste sábado, papai, neste sábado... em sua homenagem, vou me lançar através das defesas e marcar um belo gol.
Willy: Você sabe que precisa ser aprovado.

Biff: (...) Fique atento, pai, quando me vir tirando o capacete, é sinal de que vou pular. Você verá como vou arrastar tudo o que estiver na minha frente e alcançar a linha.

Willy: Oh! Tenho que contar isso em Boston.

Tentativas e erros, mais tentativas e erros, mais tentativas e erros, e chega uma noite, muitos anos depois, em que Biff confessa ao voltar à casa para dormir em seu antigo quarto ao lado de Happy, depois de inúmeras tentativas fracassadas de avançar em sua vida. Fala para seu irmão mais novo sobre o futuro que acha que seus pais traçaram para ele e usa a seguinte frase devastadora para explicar o que está acontecendo: "Não sei o que eles queriam que eu fosse". É a precisão da escolha do verbo de Miller – querer – que é tão devastadora. Poderia ter optado por fazer seu personagem dizer "não sei o que esperam que eu faça", ou "não sei quem esperam que eu seja", ou "não sei o que esperam de mim", mas nenhuma dessas alternativas teria sido tão crua na boca daquele filho primogênito. Um filho primogênito sem nenhuma herança além dos sonhos de outros que ele nunca será capaz de realizar, nem vai querer. Um significado da palavra primogênito que o dicionário, apesar de tantas frustrações, ainda não inclui.

La Negra Sosa

Em seu documento de identidade argentino, ela constava como Haydée Mercedes Sosa. Sua família a chamava de Marta; esse era o nome que sua mãe gostaria de ter colocado, mas seu pai disse que cometeu um erro ao escrevê-lo. No mundo, era conhecida como "A voz da América Latina". E para nós, aqueles que a amam, aqueles que a admiram, ela foi e será: La Negra.

Descendente de calchaquíes, franceses e espanhóis, ganhou um concurso no rádio aos 14 anos, no qual entrou sem o conhecimento de seus pais. A partir de então, a carreira não parou mais até sua morte, em 2009. La Negra nasceu em uma família humilde, seu pai era um trabalhador da indústria açucareira, e sua mãe, lavadeira. Transformou as próprias origens em um compromisso, e é por isso que dizia que não cantava porque queria, mas porque devia. No que fazia, além do prazer, havia militância, tenacidade e coerência. Assinou o Manifesto do Novo Cancioneiro, mas, ao contrário de muitos outros que pertenceram a esse movimento, La Negra sempre o honrou. O manifesto tinha como objetivo buscar a ampla integração da música popular – tanto regionalmente quanto na América Latina. No entanto, acima de tudo, incentivar o espírito crítico do público para que o folclore não fosse apenas um passatempo, mas que tomasse consciência de seu valor cultural, de suas ligações com o passado e o presente do povo. É por isso que ela era tão meticulosa na escolha de suas músicas e tão aberta a tomar elementos de outros ritmos populares, como rock, tango e pop.

Mercedes Sosa foi talvez a maior cantora argentina – era assim que ela preferia se chamar, em vez de intérprete. O compromisso com suas ideias e com todos nós esteve presente em cada gesto seu. Teve que se exilar na Espanha depois que os militares invadiram um de seus shows, mas voltou ao nosso país assim que pôde. Jurou que não cantaria no Chile até que Pinochet deixasse o poder, e assim o fez; mas, com Joan Baez, levou as músicas de Violeta Parra ao mundo, apoiando a campanha do NÃO das forças democráticas, para que os militares chilenos não permanecessem no poder.

A vida não foi fácil para nossa Negra Sosa, nem pessoal nem profissionalmente. O exílio deixou sua marca, minou seu espírito e sua saúde. Foi paciente, apesar da dor, e não se deixou abater. Sempre cantou como queria, o que queria e onde queria. Sua liberdade e sua música são o maior legado dela. Não dá para separar um do outro. La Negra foi e será total.

A seita da bicicleta *indoor*

De vez em quando, sou atormentada pelo pensamento de que, se eu não me exercitar, algo terrível acontecerá comigo, com meu corpo e com minha saúde. A sensação de catástrofe antiesportiva me atormenta, sobretudo quando viajo a trabalho. Instalada em hotéis, sinto que durante esses dias, além de comer pior do que nunca, me movimento cada vez menos. Às vezes, eu me forço a não usar o elevador e a subir e descer as escadas. Em outras, deito-me na cama e, afundando no colchão enquanto assisto à televisão, movo as pernas fazendo bicicletas ou como tesouras, em uma tentativa inútil de algum esforço abdominal. Cheguei a levar uma pequena corda de pular em minha mala, embora nunca a tenha usado.

    Até que um dia, há mais de quinze anos, descobri um novo mundo, ou pensei ter descoberto um novo mundo. Tinha viajado ao Peru para a Feira do Livro de Lima e estava hospedada em um hotel em Miraflores, onde ficaria por uma semana. Cheguei em um domingo, um dia incrível para se estar sozinha em qualquer cidade do mundo. Visitei o hotel e vi que havia uma academia aberta ao público no andar térreo. Em diferentes aparelhos, um número considerável de pessoas fazia suas rotinas com energia. Vesti a roupa adequada e desci com um livro, pronta para andar na esteira, pois sempre caminho lendo. Entre as diferentes opções que vi ao meu redor, o que realmente parecia ser um sucesso era uma aula de bicicleta ergométrica que ocorria em uma

---

Publicado no diário *Clarín* (2009) e revisado para esta edição.

sala adjacente, de onde chegava uma música animada. O local não só estava cheio, mas as pessoas pareciam, não sei que outra palavra usar, felizes. Quando terminei com a esteira, fui procurar saber do que se tratava. A recepcionista deu um nome ao sucesso: spinning ou ciclismo indoor. Perguntei qual era a diferença entre fazer a bicicleta fixa e ela sorriu com minha inocência: "Não, não, isso é outra coisa". Tentou dar algumas explicações que não entendi, mas, pelo que disse, pude concluir que o spinning era/é uma atividade em grupo, e que a força do grupo, somada à música e às indicações do professor, "faz a diferença". "A força do grupo", repetiu. Imaginei que se tratava de algo como uma seita da bicicleta e imediatamente comecei a inventar uma história cujos personagens principais eram os membros dessa seita, que se deslocavam em bicicletas indoor por cidades como Lima, La Paz ou Buenos Aires – bicicletas que tinham um mecanismo capaz de, em caso de emergência, fazer com que se movessem para fora da academia, ainda em seu eixo e de uma maneira muito particular – e que andavam pelas cidades desenhando um V, como fazem os patos quando voam, os mais fortes na frente quebrando o vento; os mais fracos atrás.

Não consegui continuar minha história, porque a recepcionista me interrompeu com um aviso: "Mas, se você estiver interessada, deve se inscrever agora, pois há muita demanda". Olhou para um papel no qual havia marcado com uma cruz o local de cada bicicleta: "Ah, não, desculpe, não tenho nenhuma livre, porque esta", e bateu em uma das cruzes com a unha, "também está reservada. É que todo mundo quer". "Obrigada", disse eu, e comecei a sair. No entanto, a garota me impediu: "Sabe, há uma, na última fileira, contra a parede, que tem uma reserva de palavra, mas acho que posso dar para você, se estiver decidida". "Sim", respondi, embora não estivesse decidida nem interessada, nem queria entrar na seita, mas o fato de saber que uma bicicleta indoor era uma mercadoria tão escassa despertou meus instintos mais básicos.

Lá estava eu, na hora marcada, como Gary Cooper. Em vez de carregar um revólver e um distintivo de xerife, porém, eu levava, também de acordo com as instruções da recepcionista, uma pequena toalha e uma garrafa de água. Esperei até que quase todos tivessem sentados em suas bicicletas antes de subir na minha. O professor ficou ao lado da dele com um sorriso. Era bonito, jovem e atlético, o que deve ter contribuído para a energia que foi exibida em toda a sala, com risadinhas histéricas e alongamentos mais exagerados do que o necessário. Imaginei que alguém – fosse ele, fosse um de seus assistentes – viria me dar instruções sobre a altura do banco, a inclinação do guidão ou a maneira como eu deveria ajustar os pedais. Nada. Senti que, devido ao lugar que ocupava ou à minha atitude, eu era invisível para os outros. Gostei de ser invisível. "Prontos, amigos?", perguntou o professor. E enquanto todos ao meu redor começavam a pedalar no ritmo da música, eu tentava subir na bicicleta, colocar os pedais e descobrir onde diabos eu deveria me segurar. "Espero que ninguém desmaie hoje", disse o instrutor, e todos riram. "Alguém desmaiou?", perguntei à pessoa mais próxima a mim, mas ela não respondeu. Pouco depois de caminhar, ou pedalar, tinha três certezas: se não desmaiasse e conseguisse terminar a aula, no dia seguinte minhas articulações dos joelhos estariam rangendo, minha cintura doeria e eu teria hematomas nas nádegas, quase chegando à virilha, onde o corpo se encaixa no banco. Entre uma pedalada e outra, o professor animava a tropa: "Vamos lá, amigos, como estão hoje?". "Beeeemmm", todos respondiam, menos eu. "Com vontade de pedalar?" "Siiiiiim!" "Com muita vontade de pedalar?" "Siiiiiim!" "Com vontade infinita de pedalar, amigos?" Parece que ele finalmente recebeu um "sim" que o deixou satisfeito, então indicou: "Marcha normal, nos aquecemos e depois colocamos uma carga". Eu tentava imitar o que as pessoas ao meu redor estavam fazendo: pedalava tentando acompanhá-las; quando elas se abaixavam, eu me abaixava; se moviam um botão vermelho sob o assento, eu me abaixava e fingia movê-lo; quando meus companheiros se apoiavam no antebraço, eu me apoiava no meu antebraço. E, como todo mundo, estava suando. O que não conseguia imitar era o sorriso. "Agora um pouco de velocidade, antes de subirmos a montanha", gritou o professor. Eu estava mais perto de ir embora do que de escalar qualquer montanha, mas todos se abaixaram para girar o botão novamente, e foi isso que fiz. O da minha esquerda limpou a testa e o pescoço, e eu, que estava acostumada a imitar tudo o que os outros faziam, fiz o mesmo. Ao colocar a toalha de volta em seu lugar, deixei cair a garrafa de água, que girou pelo chão e foi parar ao lado da bicicleta do professor. "Quem perdeu a água, amigos?" Nenhum amigo respondeu, muito menos eu. Minhas forças estavam chegando ao limite, olhei para o relógio e nem dez minutos haviam se passado! "Agora é hora da montanha, a carga máxima, vamos, vamos, vamos..." Olhei ao redor em busca de um cúmplice: todos ainda pareciam felizes. Mas será que ninguém explicou a essas pessoas o que custa ser feliz?! Não disseram que a vida é finita?! Será que não leram Clarice Lispector, Thomas Bernhard, Fernando Pessoa?! Desisti, *gave up*, senti-me confortavelmente no banco e pedalei sem carga, devagar, desafiadora. Pela primeira vez, parecia que o instrutor estava me vendo: "Se não conseguir, não se esforce, cada um segue o próprio ritmo, ouça o que seu corpo está pedindo". Alguns olharam para um lado e para o outro em busca do desertor cujo corpo clamava por misericórdia. Tive vontade de levantar minha mão e dizer: "Sou eu, e daí?".

Não voltei a fazer spinning naquela semana no Peru. Eu me contentei em subir e descer as escadas. A segunda tentativa de fazer exercício com bicicletas ergométricas foi há alguns anos e, nesse caso, a atividade tinha um atrativo: era o spinning aquático, as bicicletas estavam submersas em uma piscina, com peso extra nas bases para que não flutuassem. A experiência não foi muito diferente da peruana. Só que dessa vez o suor, em meio a tanta água, não incomodou. Também não passei da primeira aula.

Tentei pela terceira vez há um mês. Trouxeram bicicletas indoor para uma academia perto da minha casa. Disse aos meus filhos: "Hoje começo spinning". Os três ficaram felizes. "Viu? Mamãe começa spinning hoje", repetiam um para o outro. Eles foram ensinados desde cedo que esporte é saúde, e estão preocupados com a saúde desta mãe. Embora eu deva admitir que a reação foi uma mistura de alegria e surpresa, com incredulidade. Quando chegou a hora de ir, eles se despediram de mim como se estivesse indo para a guerra, mas de forma disfarçada. "Vai dar tudo certo", disse o do meio, e isso não me tranquilizou. A rotina da aula foi semelhante à que eu já conhecia: aquecimento, marcha com carga, velocidade, subir a montanha, velocidade, diminuição do ritmo, alongamento. No entanto, o que me surpreendeu dessa vez foi que havia apenas três integrantes da seita, apesar de que, quando liguei para me inscrever, fui informada de que, se eu não reservasse uma bicicleta para o mês inteiro, não poderiam garantir minha continuidade. "Há muita demanda", a pessoa que me atendeu me avisou, assim como a recepcionista peruana havia feito na primeira vez. Eles me fizeram escolher o local da minha bicicleta pela internet como quem escolhe a posição de uma barraca em um resort à beira-mar ou um túmulo em um cemitério. "Bicicleta quatro", confirmaram mais tarde por e-mail, o que me deu uma sensação ruim, pois nunca gostei do número quatro. Como disse, no dia da aula éramos tão poucos, que o instrutor fez os dois assistentes subirem nas bicicletas: sua esposa, que estava encarregada de coletar o dinheiro, e um garoto de cerca de 15 anos, que parecia ser seu filho. Havia mais funcionários da academia nas bicicletas do que alunos interessados em fazer uma aula de spinning. Suspeitei de que a seita estava em baixa, que eles não podiam mais pedalar pela cidade marchando em V como fazem os patos, que outra seita (hidroginástica, ginástica passiva, pilates, treinamento aeróbico fracionado, tratamento ortomolecular) teria diminuído seu número de membros.

Lembrei-me então, enquanto pedalava, dos patos no primeiro episódio de *Família Sopranos*, e pensei que Tony Soprano deveria ter tentado, além do Prozac e da terapia, o spinning. Mas não Vito Corleone. Vito não sobe em uma bicicleta ergométrica nem ferrando, Vito não se importa com patos ou esse tipo de esporte. Mais carga. Ele, porém, cobraria a comissão das academias. E Tony também cobraria. Eles concordavam nisso e até iriam juntos para apertá-los. Eu não subo nenhuma montanha. Ou enviariam alguém. Não subo porque não tenho vontade. E porque Tony me protege. Sim, é isso mesmo, enviariam alguém enquanto esperam comendo macarrão em um restaurante italiano. Que sua esposa suba. E os pressionariam até que pagassem. Eles os espremeriam, sim, e como fariam isso bem. Tony e Vito vão cobrar muito, muito mesmo, vão tirar até a última moeda de você, vão levá-lo à falência e você terá que vender as bicicletas para honrar suas dívidas, e eu vou fazer você vender primeiro, antes que as outras, a número quatro, aquela em que estou. Espero que fechem e os condenem a pedalar até o infinito, que se transforme em patos, que arranquem suas penas.

Então eu desmaiei.

Futebol, violência e literatura

Viajo muito a trabalho e aprendi há bastante tempo que as melhores histórias estão fora do programa. Se fosse escrever um diário de viagem, eu me deteria nesses momentos, aqueles que não são mencionados em uma reportagem de jornal, aqueles que não são contados em um relatório de um jornalista. Na semana passada, tive que viajar para Rosário e vi com meus próprios olhos mais uma vez. Estava claro o que eu tinha que fazer, quantas reuniões de trabalho me aguardavam, quantas entrevistas, palestras e fóruns. A agenda era apertada e não deixava espaço para o acaso. Eu fui, fiz e trabalhei.

No entanto, o acaso é teimoso e, quando o dia estava terminando, fui convidada para um coquetel no Círculo, o majestoso teatro que era conhecido como "a Ópera" em uma época e como "A caverna dos ladrões" em outra. O coquetel era nas catacumbas. Cheguei com o escritor Antonio Santa Ana e a livreira Silvina Ross. Todos participaram do FILA (Festival Internacional de las Artes, que começou este ano com um foco temático no grande Roberto Fontanarrosa). Nós éramos, tecnicamente, os "penetras". Gabriela Mahy, motor por trás do projeto, dava as boas-vindas aos convidados e participantes. Reconheci Gabriela Acher, Laura Esquivel, Felipe Pigna, Sara Facio, Yuyo Noé, Adolfo Nigro. Os canapés e drinques iam e vinham sem solução de continuidade e, entre as bandejas, o grande editor Daniel Divinsky disse: "Vamos jantar?".

Publicado em *Télam* (2011) e revisado para esta edição.

A notícia se espalhou, alguns convidaram outros; houve aqueles que se juntaram no caminho; houve também os que se perderam no caminho. Estávamos andando pelas ruas de Rosário, certos de que íamos para Davis, nos antigos silos à beira do rio, mas depois de andar alguns quarteirões alguém disse: "E se formos para El Cairo?", e mudamos de rumo. Você não pode ir a Rosário para uma homenagem a Fontanarrosa e não ir a El Cairo.

Na mesa dos galãs, estavam os galãs. Colocaram uma mesa comprida para nós. Eu me sentei, estrategicamente, no meio. Em uma ponta estavam Rep, Juan Sasturain e Daniel Rabinovich. Na outra, o escritor colombiano Santiago Gamboa, o mexicano Juan Villoro e Daniel Divinsky. No meio, Antonio Santa Ana, Kuky Miller, o jornalista e escritor colombiano Daniel Samper Pizarro e eu. Alguém me disse mais tarde, quando contei sobre aquele jantar: "Gostaria de ser uma mosca para ouvir o que conversaram". *O que conversamos?*, eu me perguntei. Um pouco de literatura quando Gamboa analisou o trabalho de um colega que tinha acabado de ganhar um grande prêmio. Muito de violência, quando perguntei a Villoro sobre a situação em seu país, o México, já que em poucos dias viajo para Saltillo, a poucos minutos de Monterrey, uma área às vezes assolada pela violência do tráfico de drogas. E muito futebol. Nessa mistura de futebol, violência e literatura, estavam a graça da noite e a certeza de que somos todos latino-americanos.

Na hora da sobremesa, Rabinovich dava explicações a Rep e Sasturain sobre a última derrota do Independiente, mas logo depois eles estavam falando sobre a violência no Líbano. Enquanto, na ponta de Gamboa, do premiado escritor eles passaram, sabe-se lá por qual mecanismo da conversa, para Messi. E Samper passou de Messi para cidades com corridas de touros. Vários falaram sobre como é ser latino-americano e ter vivido por muito tempo em outra parte do mundo: Samper em Madri, Gamboa na Itália e na Índia. Falamos sobre a peça de Villoro que estreou em Buenos Aires, sobre o Rosario Central, sobre a queda da violência na Colômbia e o aumento dela no México – na época, não parecia urgente falar sobre a violência em Rosário, embora certamente já fosse –, sobre os sapatos apertados de Kuky, sobre Fontanarrosa, é claro, e mais uma vez sobre Messi.

E assim, como uma bola sendo passada de um jogador para outro, a palavra foi se movendo da literatura para a violência e para o futebol repetidas vezes. Até que Samper disse a frase da noite: "O Palomo Usuriaga teve uma morte natural. Não deve haver nada mais natural do que morrer depois de levar dezenove tiros". Um verdadeiro microconto protagonizado pelo jogador colombiano, que uniu futebol, Club Atlético Independiente – o time do meu amor –, violência e literatura. Porque Palomo foi morto por um traficante de drogas que estava apaixonado pela mulher dele, um ótimo final para o herói de um romance. É uma pena que se tratasse da vida. E da morte.

O bar do Gallego

Ler Cortázar na adolescência, além de outros prazeres e preocupações, me deu a certeza de que eu poderia estar dentro do conto que lia, eu poderia ser um dos protagonistas ou personagens secundários daquela história, poderia viver naqueles mundos. Um dos contos que fizeram com que eu me sentisse incluída na ficção foi "Continuidade dos parques". Eu tinha certeza de que um dia estaria lendo um romance e que o que eu estivesse lendo não seria nada mais do que minha vida em tempo real. E, embora em "Continuidade dos parques" quem lê possa ser assassinado, eu ainda sonhava em fazer parte dessa aventura ou de uma semelhante. Na casa da minha adolescência não existia poltrona de veludo verde, mas havia uma com encosto bem alto, confortável para se recostar e exercitar o hábito da leitura. Era a mesma poltrona na qual meu pai se sentava para ler o jornal ou tirar um cochilo rápido. Estava estrategicamente localizada de costas para a porta, de modo que, se alguém entrasse na sala por trás do leitor, sua leitura ou seu descanso não seriam interrompidos porque ele não o perceberia, como acontece com o protagonista de "Continuidade dos parques".

Apesar da intensidade da minha fantasia, nunca aconteceu de estar lendo em tempo real algo que estivesse acontecendo comigo.

Até alguns dias atrás, em Palermo Hollywood. Alguém havia recomendado que eu lesse o romance *El divorcio*, de César Aira, e eu o tinha comigo para o caso de ter tempo enquanto esperava por um amigo. Decidi tomar um café, porque cheguei cedo para o encontro. Escolhi fazer isso em um dos poucos bares da região que resistiam com um estilo

---

Publicado em *La mujer de mi vida* (2010) e revisado para esta edição.

próprio, um bar que havia definido seu estilo muito antes de acrescentarem o sobrenome ao nome Palermo: Hollywood. O bar/restaurante não tinha nome à vista, nem na fachada, nem no cardápio, nem em nenhum outro lugar, mas seus frequentadores o chamavam de "o bar do Gallego". Porque o proprietário, de fato, era o Gallego, um homem já de certa idade, baixo, com alguns fios de cabelo branco em volta da careca, e que não parecia muito preocupado em agradar os clientes, apenas que o bar/restaurante estivesse funcionando como deveria.

Sentei-me a uma mesa quadrada de madeira com pernas finas, do tipo que só existe em bares como este, com cadeiras do mesmo estilo. Um balcão de alumínio e fórmica – sem nenhuma sofisticação – servia de apoio para as bebidas que saíam da geladeira industrial que estava debaixo dele. Os garçons, homens de paletó que conhecem o ofício por terem trabalhado com isso durante anos, entravam e saíam, fazendo piadas com os clientes que eles obviamente conheciam. "Pessoas do bairro", disse um garçom quando me entregou o cardápio, para justificar o excesso de confiança com que tratou outro cliente. Olhei em volta: um ventilador de parede desconectado, um aquecedor elétrico que não parecia ser capaz de fornecer calor quando necessário, um quadro emoldurando a página de um jornal de vários anos atrás com uma notícia ocupando todo o espaço: "Um empresário quis comprar a esquina de Gallego em Palermo por 1 milhão de dólares e Gallego não vendeu". *O Gallego é bonitão*, pensei.

Pedi meu café e um refrigerante, abri o romance de Aira e comecei a ler. Ao meu lado, um homem se levantou da mesa onde havia acabado de beber algo, deu dois passos e caiu no chão. Olhei com preocupação para o garçom que se aproximou do homem caído. "Não se preocupe", ele me disse, "bebeu muito, só isso." O garçom pegou o cliente e o colocou de volta em sua cadeira. As primeiras páginas do romance de Aira: um norte-americano recém-divorciado decide vir passar um tempo em Buenos Aires. Continuei lendo. Aira me contou sobre a filha dele, por que ela precisava vir a Buenos Aires, como ela encontrou um lugar para ficar. No entanto, o importante para mim, o que cumpriu minha fantasia de continuidade dos parques, foi ler na página 9: "uma manhã eu estava justamente em uma das mesas na calçada do bar do Gallego (...)

O Gallego era um pequeno e simpático restaurante tocado por seu proprietário histórico, fundador e *alma mater*, um velho imigrante espanhol desde sempre com o apelido de Gallego". E depois: "... era um homenzinho de estatura muito baixa: um centímetro a menos e ele teria sido um anão. Apesar de seus 80 anos, era muito ativo e estava em excelente forma física". Fiquei impressionada e comovida. É essa a palavra? Comoção? Olhei para a página, olhei para o Gallego atrás do balcão. Era ele, tinha que ser ele. Continuei lendo. O Gallego de Aira vai até a calçada para abrir o toldo verde a fim de que o sol não incomode os clientes que estão sentados ali. Olhei para o toldo, que não era verde, mas vermelho. O Gallego do romance abre o toldo e, assim que o faz, a máquina de contar histórias de Aira começa a funcionar com força total. Sem dúvida alguma, eu estava naquele bar. A ficção funciona assim, se o toldo real fosse verde, eu teria duvidado, mas o toldo era vermelho, porque a ficção não copia a realidade, ela a reinventa.

Deixei meu café por um momento e saí para verificar se existia o simpático albergue temático onde se hospedava o Kent divorciado do livro de Aira. E existia, mas na verdade não era um albergue simpático, porém um alojamento discreto com uma placa improvisada que dizia: "quartos disponíveis". Eu havia entrado, como se estivesse em um portal, no romance. Voltei ao Gallego, o garçom estava prestes a pegar meu café; ouvi o fim de sua reclamação: "... fingiu ser simpática, mas saiu sem pagar". "Relaxe, estou aqui", disse eu, e me sentei novamente. Pedi outro café, abri o livro e continuei lendo. O tempo, assim como o tempo do romance de Aira, parou, e eu aproveitei aquele instante infinito para ler tudo, para me afundar naquelas imagens inesquecíveis de uma máquina de contar ilimitada que, por fim, realizou minha fantasia como leitora.

Meu amigo? Ficou bravo por um tempo porque eu não fui me encontrar com ele. Admito que não fui gentil, não expliquei a ele depois, mas como explicar a alguém que eu finalmente havia encontrado a continuidade dos parques?

Não morri amanhã

Há algumas semanas, no domingo à meia-noite, deitada na cama pouco antes de apagar a luz e dormir, dei uma última olhada nas redes sociais e no meu e-mail. Grande erro se você quiser dormir. No entanto, lá estava eu, lendo um tuíte de alguém que não conheço e que dizia: "@Claudiapineiro Fiquei assustado pq entrei na Wikipédia e vi que você tinha morrido, mas quando percebi q era 1 data futura, me acalmei".

Ele se acalmou e eu fiquei inquieta. Após o primeiro choque, entrei em minha página da Wikipédia, algo que nunca havia feito antes, e lá estava o texto: "Morreu em 26 de novembro de 2015, às 16h45". Ainda era abril de 2015, portanto a data, embora declarada no passado, estava no futuro. Em meio à perturbação inicial, de imediato veio à mente o conto "O perseguidor", de Julio Cortázar, e sua famosa frase que desconstrói o tempo como o conhecemos, dita por Johnny Carter, o músico de jazz protagonista da história: "Isso vou tocar amanhã (...) Isso já toquei amanhã. É horrível". Ali, no futuro, estava o pior problema. Não no anúncio de uma morte que, se tivesse ocorrido antes, poderia ser desmentida pelo simples fato de eu ainda estar respirando. Um presente futuro para Johnny, um passado futuro para mim.

Assim que pude sair de Cortázar para voltar ao problema concreto e depois de incomodar minha família, na qual ninguém entende muito de internet, fui pedir ajuda às próprias redes. Escrevi um tuíte que cito de memória: "Alguém colocou em minha página da Wikipédia que eu morri em 26 de novembro de 2015. Sabem como

---

Publicado no jornal *El País* (2014) e revisado para esta edição.

posso corrigir isso?". Imediatamente comecei a receber ajuda de amigos no Twitter, a maioria dos quais não conheço. Uma pessoa me explicou como editar na Wikipédia, outra se ofereceu para fazer isso – e de fato fez. Vários foram ainda mais longe, o que acabou sendo inquietante. Um amigo virtual me enviou o IP que identifica o computador a partir do qual minha futura morte foi anunciada. Outro usuário do Twitter me passou a latitude e a longitude de onde esse computador estava localizado com base no mesmo IP. Alguém fez o upload de uma foto do Google Street View mostrando a entrada do prédio onde o computador estava localizado. E naquela hora da madrugada a ajuda de meus amigos e, principalmente, a companhia deles, havia resolvido a questão. Um tuiteiro brincou, dizendo que o homem mais velho, de cabelos grisalhos e com a bengala na foto, tirada pelo Google sabe-se lá quando, deveria ser o "assassino".

A verdade é que, em poucas horas, o sistema – ou seja, todos nós – tinha colocado seus anticorpos em ação e o problema formal havia sido resolvido. Por outro lado, a outra pergunta, o fato de alguém ter se dado ao trabalho de anunciar minha morte, ficou na minha cabeça por mais algum tempo e me permitiu refletir sobre algumas ideias. A mais importante é que o mundo virtual em que vivemos – um mundo que eu valorizo e do qual participo ativamente e até de forma exagerada – está demonstrando todos os dias um de seus maiores riscos: esquecer que há uma pessoa do outro lado. É aí que reside o paradoxo. Criamos um sistema fabuloso de comunicação e troca de informações, mas nem sempre entre as pessoas. Aquele que anunciou minha futura morte não pensou em mim, naquela mulher que, aconchegada na cama pouco antes de dormir, lê que vai morrer em um futuro próximo. Não se tratava de um ato privado, mas de um ato público. Quem escreveu minha biografia na Wikipédia usou essa página como se fosse um muro para pintar grafites que queriam que todos vissem. No entanto, do outro lado estava eu. E vários outros. Meu amigo desconhecido do Twitter que ficou preocupado com minha morte, aqueles que me ajudaram, meus filhos, amigos ou desconhecidos que se inquietaram e até mesmo aqueles que me agrediram: "Isso é o que você ganha por vaidade, por ir ver o que dizem sobre você na Wikipédia". Quem anunciou minha morte não tem motivos para saber que tive um problema de saúde grave este ano, que fiquei hospitalizada em terapia intensiva por mais de uma semana e, menos ainda, que a alta médica final coincidirá com a data que ele inventou como o dia da minha morte. Não tem como saber isso. As redes nos tiraram do lugar de pessoas para nos transformar em outra coisa. Um nome de fantasia, um pequeno ovo no lugar onde deveria estar nosso rosto.

O anonimato é o grande calcanhar de aquiles do sistema virtual. No passado, havia alguns anos – parece que foi na pré-história –, quando alguém queria insultar outra pessoa, cuspir em seu rosto, dar um soco ou até mesmo enfiar uma faca na sua cara, tinha que ficar na frente dela e olhar para esse indivíduo. Fazer contato visual, mesmo que por um momento. Naquele breve instante antes da agressão, tanto o agressor quanto o agredido eram pessoas. Hoje, neste mundo virtual, não. Não sabemos quem é o agressor. Perdemos a consciência de que o agredido também é alguém que pode sofrer com nossas ações. Deixar de olhar para o outro antes de machucá-lo, abraçá-lo ou tocá-lo é, na minha opinião, um dos maiores riscos da rede.

Embora eu, como diria Johnny de Cortázar, não tenha morrido no próximo dia 26 de novembro de 2015, às 16h45. Ou é o que espero.

5.
Dos anos que vivemos em perigo

Vozes e sons da pandemia

Devo à covid-19 uma habilidade que desenvolvi em alguma de minhas muitas noites de insônia: escutar o que antes só ouvia. Ouvir é perceber sons involuntariamente. Escutar implica a disposição de prestar atenção aos sons, a intenção de entender. Sem dormir e na escuridão do meu quarto, uma noite comecei a escutar. No início, o silêncio. Poucos dias após o decreto do isolamento obrigatório, Buenos Aires, esta agitada cidade que nunca dorme, tinha se apagado de vozes e ruídos. A ausência absoluta de sons irrompia na noite, com mais contundência do que nunca.

  Aos poucos, assim como os olhos se acostumam com a escuridão e, no escuro, começamos a ver formas e sombras, meu ouvido se acostumou com o silêncio e surgiram rupturas no vazio absoluto. A respiração de quem dormia na cama comigo, minha respiração, a gota que caía de uma torneira. O carro que passou sobre o asfalto doze andares abaixo de onde eu estava. O choro que me fez levantar e sair do quarto para procurá-lo. Andei pelo apartamento tentando descobrir de onde vinha o gemido. Do apartamento do andar de baixo? Da varanda adjacente? Escutei os passos de meus pés descalços. Fui até minha mesa e me sentei em frente ao computador.

  Escutei o barulho das teclas quando digitei o nome de uma música no mecanismo de busca: "The Sound of Silence". As opções apareceram na tela; não escolhi a versão de Simon e Garfunkel, mas uma do

---

Publicado no jornal *Página 12* (2020) e revisado para esta edição.

Disturbed de 2015. Coloquei o vídeo com o som baixo, para não acordar ninguém. "Hello darkness, my old friend". A voz gutural de David Draiman cantou dolorosamente, em uma oitava mais baixa do que a versão original, sobre imagens que poderiam muito bem ser as de um mundo pós-pandêmico. No entanto, minhas palavras caíram como gotas de chuva silenciosas/ E ecoaram/ Nos poços do silêncio. Fui procurar um livro em minha biblioteca. Mais uma vez escutei meus passos descalços, o livro deslizando sobre a madeira, as folhas que eu mesma virei até encontrar o parágrafo que estava procurando, sublinhado a lápis havia muitos anos: "Falar, abraçar a singularidade e a solidão privilegiadas do homem no silêncio da criação, isso é algo perigoso. Falar com o máximo vigor da palavra, como faz o poeta, é ainda mais. Assim, mesmo para o escritor, e talvez mais para ele do que para os outros, o silêncio é uma tentação, é um refúgio quando Apolo está próximo", disse George Steiner em *Linguagem e silêncio*.

O silêncio foi uma tentação.

Os dias se passaram e eu continuei escutando. O elevador que subia e descia no meio da noite. A sirene distante de uma ambulância. O motor de um carro que não ligava e se afogou. O jornal que alguém, provavelmente usando luvas e máscara, passou por baixo da minha porta.

Escutei uma batida, contínua, periódica, sustentada. Já tinha ouvido isso antes da pandemia. Dessa vez, porém, eu a escutei: uma bola quicando repetidamente, completando um ciclo que recomeçaria ao terminar. Imaginei um adolescente, entediado, desesperado, cansado dos adultos com quem estava trancado, descarregando contra aquela parede a raiva que o estava envenenando. Escutei os vizinhos reclamando, perguntando quem era, apostando uns nos outros, pedindo que parasse. O silêncio, mais uma vez. E a bola volta ao ciclo, rebelde.

Escutei o áudio de uma amiga escritora que mora em Berlim, presa na Patagônia. No áudio, ela lia um texto de Vivian Gornick: "O que o feminismo significa para mim". Não me mandou o texto escrito, preferiu lê-lo para que eu escutasse. Encaminhou para que outros amigos e amigas também o escutassem. Ela nos deu seu tempo e sua voz. O áudio não era público, mas privado; não era destinado às redes. Um presente, uma joia. "Entendi o que as feministas visionárias entenderam há duzentos anos: que o poder sobre a própria vida só vem por meio do controle estável do próprio pensamento", disse Vivian Gornick na voz de minha amiga. E eu escutei. Escutamos.

Escutei minha respiração, profunda, enquanto fazia uma rotina de ioga. E palavras que não conhecia: *Namasté*. Escutei o som que minhas vértebras fizeram quando se acomodaram. E o ruído que meu corpo emitiu, involuntariamente, em uma torção. Escutei tigelas vibrarem quando alguém as tocava para provocar o som.

E um grilo. O zumbido dos mosquitos. Escutei o bater de asas de um bando de pássaros. A caneta passando sobre a folha de papel. A água repicando na pia, enquanto eu lavava as mãos várias vezes.

Escutei aplausos nas sacadas. Escutei o hino nacional de um apartamento do outro lado da rua. Escutei panelas sendo batidas. Escutei "Viva Perón". Escutei meus passos, da varanda até a biblioteca. E o som de outro livro sendo movido pela prateleira de madeira: *Writing in the Dark*,* de David Grossman. Depois, o das páginas, quando as viramos uma a uma até chegarmos ao parágrafo que estamos procurando, aquele em que Grossman fala sobre escrever em uma zona de catástrofe: "E quanto mais insolúvel parece ser a situação e quanto mais superficial a linguagem que a descreve se torna, mais borrado fica o discurso público que ocorre nela. No final, tudo o que resta são as acusações eternas e banais entre inimigos ou entre adversários políticos do mesmo país. Tudo o que resta são os clichês com os quais descrevemos o inimigo e a nós mesmos, ou seja, um repertório de preconceitos, medos mitológicos e generalizações grosseiras, nos quais nos fechamos e prendemos nossos inimigos. Sim, o mundo fica cada vez mais estreito".

Escutei nossa própria zona de desastre.

Escutei a música que minha filha escuta.

E ela escutou a minha.

Dançamos ao som de "Proud Mary", cantada por Tina Turner.

Escutei um áudio de um amigo da juventude que mora em Bréscia: "Caminhões passam com cadáveres empilhados uns sobre os outros, eles os trazem de Bérgamo". Escutei um áudio da minha amiga escritora que mora em Madri: "Minha mãe morreu no hospital. Vão avisar

---

* *Escrevendo na escuridão*, em tradução livre.

quando puder remover as cinzas. Eu e meu irmão nem poderemos nos abraçar". Escutei meu tradutor italiano lamentar o escritor chileno que morava em Gijón, que acabou morrendo de covid. Escutei e vi um vídeo de Zoom em que meu editor suíço e sua equipe editorial cantaram parabéns para mim em alemão.

Escutei uma mulher gritando por qual motivo não havia água em seu bairro, nem lugar para isolar os doentes. E por que não tinham comida. Escutei seus colegas lamentarem sua morte por coronavírus.

Escutei meus passos novamente no meio da noite. O silêncio é uma tentação. As rodas da cadeira que puxei para me sentar em frente ao computador. O toque das pontas dos meus dedos nas teclas quando escrevi: "The Sound of Silence", Disturbed. O piano e a voz do cantor. Os tímpanos. Minha voz sobre a de Draiman, traduzindo o que ele cantava: Pessoas conversando sem falar/ Pessoas ouvindo sem escutar/ Pessoas escrevendo canções/ Que as vozes nunca compartilham/ E ninguém se atreve/ A perturbar o som do silêncio.

Chorei. Me escutei chorar sobre a última imagem do vídeo: uma arca carregando instrumentos musicais e sobreviventes de alguma catástrofe, em águas escuras e fumegantes, envolta no som do silêncio.

Varandas

Minha mãe, que havia estudado para ser especialista em comércio na escola Baldomero Fernández Moreno, em San Telmo, me ensinou, desde muito pequena: "há setenta varandas nesta casa, setenta varandas e nenhuma flor". Para mim, uma garota criada em Burzaco, em um bairro de casas baixas com algum tipo de jardim, o poema de Baldomero parecia uma reclamação absurda: eu tinha muitas flores, mas nenhuma varanda. Não havia nenhuma nas proximidades, nem na minha casa, nem na dos meus vizinhos, nem na das minhas amigas. Na primeira infância, queria uma varanda de onde Rapunzel jogava sua trança; anos depois, a varanda de Julieta, é claro. Costumava escalar os telhados da minha casa ou da casa da minha avó, subindo em degraus improvisados nas dobras do tronco de uma parreira velha ou nos espaços deixados por tijolos faltando. Gostava de olhar o mundo das alturas, inventar histórias lá e desfrutar da solidão de um lugar inacessível para os outros.

    O desejo de ter uma varanda tem me acompanhado desde então. Hoje eu tenho uma, uma varanda sem as flores que Baldomero exigia, mas com diferentes variedades de suculentas, aquelas plantas tão resistentes que não precisam de uma dona com o dedo verde para sobreviverem exuberantes. Minha varanda também tem vista para um parque com muito verde. Durante o dia, vejo árvores; à noite, vejo uma escuridão que se estende até onde as luzes da cidade aparecem novamente. Em um canto do parque há uma praça com um *playground*; sinto falta dos gritos das crianças que até pouco tempo atrás me assustavam.

Publicado no diário *Clarín* (2020) e revisado para esta edição.

Em épocas de isolamento, ter uma varanda é um privilégio, estou ciente disso. A possibilidade de comprar alimentos saudáveis, de ter acesso a itens de saúde e higiene para se cuidar ou de ter assistência quando necessário não deve ser um privilégio, mas um direito garantido. De qualquer forma, eu me pergunto se a luz que entra por uma janela, o ar de uma varanda ou a possibilidade de um raio de sol não deveriam ser um bem de que qualquer um de nós poderia desfrutar – de acordo com as regras do novo mundo, quem sobreviver a esta pandemia. Talvez seja algo que precisamos reconsiderar. Isso e muitas outras coisas.

Valorizo minha varanda, a que eu desejei desde criança e agora tenho. De lá, olho para a cidade imóvel. Gostaria de, no dia em que isso acabar, convidar meus amigos para olhar para ela; erguer nossos copos voltados para o parque à nossa frente e brindar com alegria que o pior já passou; ficar naquela varanda, sabendo que podemos descer quando quisermos ou que podemos escolher ficar lá, abraçados. Mesmo que o mundo seja outro, mesmo que o mundo que existia não exista mais. Eu me imagino com meus amigos contemplando esse outro mundo cujas regras ainda não conhecemos. Em minha varanda, eu recitaria para eles e para aqueles que quisessem ouvir, outro verso do poema de Baldomero, aquele que diz: "Se não amarem as plantas, não amarão a ave, não conhecerão a música, as rimas, o amor". Talvez esse verso possa ser um bom ponto de partida para começar a pensar nas novas regras.

O desconforto das perguntas sem resposta

"O coronavírus é um golpe no capitalismo ao estilo *Kill Bill*, que pode levar à reinvenção do comunismo." Esse é o título do texto de Slavoj Žižek incluído em *Sopa de Wuhan*, o livro para download gratuito que reúne artigos sobre tempos de pandemia escritos por filósofos e outros pensadores contemporâneos, compilados por Pablo Amadeo, professor de Comunicação Social. Algumas páginas depois, em "A emergência viral e o mundo do amanhã", Byung-Chul Han responde: "Žižek está errado, nada disso vai acontecer (...). O vírus não derrotará o capitalismo (...). Nenhum vírus é capaz de fazer a revolução (...). Esperemos que depois do vírus venha uma revolução humana". O filósofo esloveno e o nascido na Coreia do Sul se contradizem? Qual dos dois está certo? Ou estão finalmente dizendo a mesma coisa? Se eles escrevessem esses textos hoje, apenas algumas semanas depois, fariam as mesmas perguntas, chegariam a conclusões semelhantes? Ao examinar os outros textos incluídos no compêndio de pensamento contemporâneo mencionado acima, fiz essas perguntas a mim mesma em várias outras ocasiões. Passei da leitura de um pensador para outro, com a sensação de que não apenas tinham respostas diferentes – válidas, interessantes, pertinentes – para as mesmas perguntas, mas até mesmo respostas radicalmente opostas.

A mesma coisa acontece comigo quando ouço jornalistas, líderes ou amigos opinando sobre as consequências dessa pandemia. A partir

---

Publicado em *Infobae* (2020) e revisado para esta edição.

da situação extraordinária em que a covid-19 nos colocou, tentamos responder – com nossa voz ou com a de outras pessoas – a perguntas que, talvez, ainda estejam sem resposta. Ainda mais do que antes e por causa da irrupção do real absoluto, em tempos de coronavírus é impossível suportar o estado de incerteza. É preciso haver uma resposta para tudo, para o que está acontecendo e para o que está por vir. Dividimos os papéis: alguns são responsáveis por dar essas respostas, outros por exigi-las. Precisamos de uma resposta para qualquer que seja a pergunta, desde as originadas por uma inquietação existencial – Como serão as relações humanas após a pandemia? –, até mesmo aquelas decorrentes de preocupações concretas, específicas ou pessoais – Qual será o regime econômico para salvar as pequenas e médias empresas? Quando as aulas serão retomadas? Quando poderei ir ao oculista e recuperar meus óculos perdidos? E, se isso não acontecer, ficamos desconfortáveis e percorremos um arco que vai da reclamação à angústia, escolhendo ficar mais perto de um extremo ou do outro, de acordo com as características pessoais de cada um de nós. Fazemos o que podemos, mas precisamos de alguém que nos diga, com o máximo de certeza possível, o que vai acontecer.

Há dias, nesse isolamento que compartilhamos com grande parte da humanidade, tenho pensado em Ricardo Piglia. Lembro-me com tristeza do confinamento que sua doença – esclerose lateral amiotrófica – o forçou a suportar dentro do próprio corpo durante os últimos dias de sua vida. Acima de tudo, porém, reflito sobre o que o escritor definiu como "ficção paranoica". E me pergunto se essa pode ser uma ferramenta narrativa adequada para explicar o estado das coisas a partir dessa pandemia. Embora, ao buscar referências literárias, muitos associem o que estamos passando com a ficção científica, suspeito que o gênero mais adequado para descrever o mundo retraído, em alerta e aterrorizado pelo coronavírus, seja justamente aquela ficção paranoica enunciada por Ricardo Piglia em um seminário de 1991. Porque a ficção científica parte de um olhar sobre o presente tecnológico que leva ao futuro. No entanto, a ficção paranoica acrescenta conteúdo político, extrapola alguma característica "negativa" da sociedade atual em que vivemos – ou em que costumávamos viver – para levá-la para o cenário do amanhã. "Toda história vai do não saber ao saber. Toda narrativa envolve essa etapa", disse ele naquele seminário em que definiu esse tipo de gênero derivado do policial para uma sociedade contemporânea em que nem sempre é possível responder à pergunta-chave do gênero original: quem o ou a matou e por quê.

Vamos trazer esse conceito de ficção paranoica para a atual situação de pandemia. Os elementos são:

1. Uma subjetividade ameaçada: nós, os homens e as mulheres que habitam o planeta Terra em 2020.
2. O inimigo ou o perseguidor: o vírus da covid-19.
3. O enredo que assombra a consciência do narrador: todos nós tentando dar respostas que não temos, respondendo da maneira que pudermos; nossa consciência paranoica.
4. O delírio interpretativo: uma interpretação que tenta apagar o acaso, que busca decodificar a mensagem criptografada porque sentimos que temos a obrigação de decifrá-la.

Sugados pelo coronavírus em um romance de Piglia, nos tornamos uma máquina paranoica de produzir significado. E, se não encontramos, queremos que alguém nos dê as explicações necessárias para entender, para saber o que vai acontecer, para poder planejar, prever, antecipar. Exigimos que respondam, correndo o risco de forçar uma mentira. "Por um lado, temos o enigma, como um limite entre a sociedade dos homens e a dos deuses. Por outro lado, o monstro é o outro limite: o que é desumano, o que pertence à natureza", diz Piglia. E o que disse ecoa até hoje, quando nos amarra dentro dessa ficção paranoica viral com dois elementos: um, a ameaça, o inimigo, o complô de quem nos persegue, o coronavírus; o outro, "o delírio interpretativo, a interpretação que tenta apagar o acaso, que considera que o acaso não existe, que tudo obedece a uma causa que pode estar oculta, que há uma espécie de mensagem codificada dirigida a mim". Embora valha a pena observar que, para Piglia, "o delírio interpretativo também é um ponto de relação com a verdade".

Às vezes imagino que estou escrevendo o roteiro de uma série em que um chefe de Estado precisa responder a um grupo de jornalistas em uma coletiva de imprensa na qual ele relata a situação de seu país em meio à pandemia causada pelo coronavírus. Em minha cena, diante dessa pergunta, que poderia ser qualquer pergunta, após uma leve hesitação, meu personagem, o chefe de Estado, em uma explosão de sinceridade brutal, olha para o jornalista, suspira e responde: "Não tenho a menor ideia". E o público, em vez de atacá-lo, o aplaude, a princípio timidamente, até que os aplausos aumentam, e acabam aplaudindo-o de pé. Mas, é claro, essa cena seria rejeitada pelo produtor porque não resistiria à plausibilidade de nossa ficção paranoica: não dá para acreditar que um personagem tão importante reconheça que não tem resposta, mesmo diante de uma situação extraordinária e sem precedentes como a que estamos vivendo. Seria implausível, pois chefes de Estado reais, não aqueles inventados por roteiristas, além de combater o avanço da pandemia, cuidar da saúde do povo e sustentar os países que governam, devem demonstrar tranquilidade à população. E, em nome dessa tranquilidade, não haveria a possibilidade de que respondessem o que eu gostaria que meu personagem respondesse: a verdade, apenas para nos deixar no desconforto de aceitar que há perguntas que, apesar de tudo, não podem ser respondidas hoje.

Don't Stop Me Now

Não é fácil viver em quarentena, vamos admitir. Nós continuamos vivendo, claro, e tentamos manter nosso moral e nosso espírito o mais alto possível. Eu, como muitos outros, me esforço e posso até fazer uma *live* no IG recomendando livros ou lendo um parágrafo de uma obra de um autor que admiro, sem mostrar os chinelos que estou usando. No entanto, neste texto quero me permitir ser sincera, porque na quarentena eu também choro, acordo, fico com raiva, cozinho, varro, lavo, passo aspirador, fico com raiva e choro de novo.

    Passo o isolamento obrigatório em Buenos Aires, em um apartamento em frente a um parque, talvez o mais bonito e mais verde da cidade. Compartilho esse isolamento com meu companheiro e minha filha. Sou consciente de que a companhia e o local são privilégios que nem todos têm, mas não vejo meus outros dois filhos há mais de um mês, e essa distância física é uma das coisas com as quais tenho mais dificuldade de lidar. Procuro fotos deles na nuvem, de quando eram crianças, de quando íamos às praias, ríamos e nos abraçávamos. Eu as envio, e eles me enviam mensagens carinhosas de volta, embora eu tenha a sensação de que essas imagens não significam para eles o mesmo que para mim. Sei que há algo nesses encontros, cheiros e sabores do passado que nunca mais voltarão. Meus filhos, por outro lado, se tivermos sorte, desfrutarão dessas ou de outras praias.

    Leio, mas acho difícil ler. Tenho uma biblioteca com muitos livros. Posso escolher autores, gêneros e estilos. No entanto, não faço uma escolha verdadeira. Movo os exemplares, abro, deixo meus olhos caírem

---

Publicado em *El País* (2020) e revisado para esta edição.

em qualquer página, folheio para a frente e para trás, fecho. A ficção não me atrai, só as palavras me atraem. Uma frase, uma linha. Mas me irrita acompanhar as aventuras de personagens que não sabem que o mundo está parado pelo avanço de um vírus que se tornou uma pandemia. Como fazem para viajar, se apaixonar ou descobrir um assassino se não usam máscara ou luvas de látex? Toda ficção parece implausível para mim hoje em dia, todos os personagens agem de forma absurda. O acaso, a força motriz de tantas narrativas, foi confinado ao quarto onde cada um de nós está isolado. As histórias desaparecem para mim, apenas as palavras permanecem lá. E isso não é pouca coisa.

Passei meu aniversário em quarentena. Assim como tantas pessoas. No entanto fiz 60 anos, e esse detalhe, em tempos de coronavírus, acrescenta uma dimensão dramática ao fato de ter consumido dois terços da minha vida: agora pertenço a um grupo de risco. É claro que eu não era uma pessoa tão diferente no meu último dia de 59. Claro que o perigo não aumentou drasticamente algumas horas depois da meia-noite daquele dia. A pandemia, contudo, nos tornou especialistas em números, curvas, tendências e probabilidades. E o número sessenta me perseguia em meus sonhos. Ainda mais quando muitos, inclusive amigos próximos mais jovens, disseram que nós, adultos mais velhos – ao que parece, somos os que correm mais riscos –, deveríamos ser deixados em isolamento, mas eles deveriam ter permissão para levar uma vida normal. Preconceito de idade em sua pior forma.

Apesar das circunstâncias, ou precisamente por causa delas, não quis que a data passasse despercebida. A única coisa que me atraía naquele dia era estar com pessoas queridas. Então, fiz um Zoom de aniversário (não sei se a Real Academia já aceitou a expressão "fazer um Zoom"). Amigos que são especialistas na plataforma me avisaram que, com tantos convidados, ia ficar complicado, que era preciso desligar os microfones, colocar uma senha, não colocar uma senha. Lá fui eu, como pude; enviei o convite virtual, coloquei um vestido de festa, meu marido vestiu um terno e começamos. Foi inesquecível, havia amigos da vida toda na tela, amigos que a literatura me deu, família. Pessoas queridas que moram em diferentes partes do mundo se olharam em pequenos quadrados e tentaram cantar um "Parabéns para você" bagunçado para mim. Eu me emocionei ao ver a alegria quando descobrimos que ali estava uma pessoa de quem sentia falta e acenava com as mãozinhas ou ria até as lágrimas virem aos olhos.

Para encerrar, tentei fazer com que cantássemos e dançássemos, cada um no próprio espaço virtual, a música de Freddie Mercury que é meu hino para esta pandemia: "Don't Stop Me Now". A tentativa não deu muito certo em termos artísticos, mas funcionou em termos emocionais. A música era uma mensagem em uma garrafa lançada ao mar, um desejo, um grito e uma súplica: "Não me impeça agora, Sr. Coronavírus, tenho 60 anos, mas também quero mais praias".

Respirar livros

Diz Neil Gaiman em *Deuses americanos*: "Na minha opinião, uma cidade não é uma cidade sem uma livraria. Ela pode se considerar uma cidade, mas, a menos que tenha uma livraria, não engana ninguém". Concordo com as palavras de Gaiman; porém, no caso da cidade onde moro, eu levaria o conceito ao extremo: não haveria Buenos Aires sem suas "muitas" livrarias. Sem todas elas.

Uma cidade respira em lugares diferentes. Assim como as praças são "pulmões verdes", nas quais respiramos oxigênio, as livrarias são órgãos de um tipo diferente, onde respiramos histórias, pensamentos, ideias e linguagem. Grandes ou pequenas, escondidas ou no meio de um shopping center, administradas por seus proprietários, por livreiros experientes ou por funcionários que estão apenas começando no ofício, bem-sucedidas ou sobrevivendo como podem, com ou sem café, com um jardim de inverno que fornece luz natural ou em um porão abarrotado de exemplares, quase na penumbra. Talvez porque as livrarias de Buenos Aires sejam esses outros pulmões de que precisamos, leitores e livreiros lutaram por elas e conseguiram que a venda de livros fosse declarada uma "atividade essencial" durante o isolamento compulsório devido à covid-19.

A mais famosa, a livraria Ateneo Grand Splendid, é uma das maiores do continente e é reconhecida internacionalmente por sua beleza. Está instalada no que já foi um grande cine-teatro há muitos anos. Seus livros ocupam não apenas o espaço reservado à antiga plateia, mas também os camarotes. Alguma vez, onde hoje há livros, se sentou uma

---

Publicado em *Tiempo Argentino* e revisado para esta edição.

senhora com um leque ou um homem com binóculos para assistir a um espetáculo. Agora os espetáculos são os livros. Sobre o que costumava ser o palco, há um café com uma pérola que nem todos descobrem: o antigo quadro de luz do teatro, que ocupa uma parede lateral do chão ao teto. Gosto de tomar um café ao lado desse quadro agora inativo, ler um livro sentada a uma mesa próxima e, de vez em quando, levantar a vista e imaginar que sou a iluminadora do teatro, que a atriz que interpretará a personagem principal do romance que estou lendo está prestes a entrar no palco e terei de iluminá-la.

No entanto, em Buenos Aires a atração por uma livraria não é apenas uma questão de fama; cada leitor escolhe a sua favorita. Talvez seja a Librería de Ávila, a mais antiga, que abriu no centro histórico da cidade no final do século 18; Jorge Luis Borges, Victoria Ocampo, Roberto Arlt, Adolfo Bioy Casares compraram livros lá. Ou a tradicional e fiel Librería Norte, fundada pelo grande livreiro Héctor Yánover em 1967 e ainda administrada por sua família. Ou a Eterna Cadencia, elegante e acolhedora, com um bar-restaurante onde o leitor ou a leitora pode folhear os livros que deseja comprar e descobrir que Martín Kohan ou Gabriela Cabezón Cámara estão almoçando na mesa ao lado. Ou a Librería del Pasaje, com uma sala que o convida a sentar-se em uma de suas poltronas e mergulhar na leitura. A lista de livrarias em Buenos Aires tende a ser interminável, é impossível citar todas as que visitei. Devo ainda acrescentar aquelas que não poderia citar porque não sei seus nomes, mas que me surpreendem ao andar por qualquer rua da cidade, que me convocam ao passar por suas vitrines com um livro impossível de encontrar ou com um autor recuperado do esquecimento por uma editora independente. Essas "livrarias de bairro", aquelas que não aparecem nas listas de livrarias que um turista deve conferir durante sua visita à capital, foram claramente o centro das atenções durante o isolamento causado pela pandemia de covid-19. São às chamadas "livrarias de bairro" que, com um e-mail, uma mensagem de WhatsApp ou um telefonema, recorremos em quarentena para que nos enviem, até nossa porta, o livro de que precisávamos com urgência, como quem precisa de oxigênio.

Há alguns dias, a Eterna Cadencia fez o upload de um vídeo em diferentes redes que chamou minha atenção. Os protagonistas da ação não eram visíveis, mas estava claro que se tratava da entrega de um livro. Se fosse um vídeo de um funcionário dos correios usando uma máscara e entregando um livro a alguém que o recebia, também usando máscara, teria sido uma das muitas imagens coletadas durante essa pandemia. No entanto, o caso era bem particular. Câmera, ação, o plano se abre com as mãos da pessoa que, cuidadosamente, desce de uma janela uma sacola de compras amarrada a uma corda. Quando a bolsa chega ao térreo, ela é recebida pelas mãos da pessoa que entregará o livro. Ela o coloca dentro e faz OK com o polegar direito para cima. Em seguida, começa o "içamento" do exemplar esperado. O vídeo foi postado com a legenda: "Entregando livros, de qualquer maneira!".

Entre as livrarias de Buenos Aires e aqueles que moram ou passam por essa cidade, há uma história compartilhada repleta de cenas como a anterior. Essa lista, a de histórias dos leitores de Buenos Aires e de suas livrarias, também tende ao infinito, mas me atrevo a traçar um denominador comum: cada cena compõe uma história de resistência. Foi nos anos sombrios da ditadura militar. Em crises econômicas brutais como a que passamos em 2001. Deve ter sido em épocas específicas de resistências mais íntimas. É agora, nos tempos de clausura da covid-19.

A resistência une leitores e livrarias: elas precisam de nós para sobreviver, nós precisamos delas para ter um lugar para respirar.

O oráculo das palavras

A famosa frase de Theodor Adorno, "Escrever poesia depois de Auschwitz é um ato de barbárie", me vem à mente, muitas vezes, nos dias de hoje. Fico imaginando como será escrever depois desta pandemia, depois da covid-19. Também me pergunto se alguém está escrevendo poesia ou histórias de ficção, neste momento, enquanto estamos sofrendo com isso. Penso naquele ou naquela que consegue, que escreve, e sinto admiração. Eu, por enquanto, não consigo. As palavras mal são suficientes para que eu rabisque textos sobre o que está acontecendo, mas elas não cruzam outras fronteiras, não conseguem se tornar disponíveis para a fantasia e construir ficção.

Estamos em um real absoluto.

O mundo que vemos pela janela é um mundo que não existe mais. Como uma estrela que morreu há muito tempo, mas que ainda vemos porque sua luz demora anos para chegar à Terra, o que enxergamos se foi. No entanto, e isso é o mais preocupante, ainda não sabemos como será o novo estado das coisas que virá, substituindo aquele cuja luz antiga é só o que chega até nós. Talvez seja muito diferente, talvez assustadoramente igual.

Neste momento de incerteza, todos estão tentando acalmar a ansiedade causada por tantas perguntas da melhor forma possível. A ciência, a única capaz de fornecer respostas válidas, está trabalhando em tempo integral sem encontrar todas as de que precisamos. Em particular, não é fácil aplacar as dúvidas existenciais, as filosóficas, as do porquê – um porquê de grande substância, que não se trata simplesmente de causa e

---

Publicado em *Anfíbia* (2020) e revisado para esta edição.

efeito. Alguns, em sua busca por respostas, recorrerão a religiões, pseudociências e magia. Suspeito de que existam oráculos diferentes em cada lugar onde há pessoas confinadas por esse vírus. Em todos os casos, porém, não importa qual oráculo seja escolhido, o que um oráculo prevê sempre precisa ser traduzido em palavras. A palavra é a luz daquela estrela que ainda nos alcança. E talvez não percebamos sua beleza porque ela chega até nós de muitas maneiras cotidianas: uma mensagem de WhatsApp, postagens em redes sociais, saudações virtuais, um concerto, uma leitura de textos.

Tenho meu oráculo. Eu o copiei do que tem o dramaturgo, diretor e professor Mauricio Kartun, embora tenha aplicado uma versão livre. Em uma aula, o professor nos contou que, depois de jantar com amigos, costumavam fazer perguntas às *Obras completas* de Shakespeare, como se estivessem fazendo perguntas ao *I Ching*. E que, acredite ou não, os textos de Shakespeare respondiam. Alguém fazia uma pergunta, jogava as moedas – com determinado código predefinido: volume, peça, página, parágrafo –, procuravam, e Shakespeare respondia. Nesta quarentena, recorri várias vezes ao oráculo de Kartun, minha versão. E vou continuar a fazer isso. A cada pergunta que me toma e para a qual não tenho resposta, eu me aproximo de um livro escolhido aleatoriamente, um dos muitos que tenho sobre a mesa para ler ou na biblioteca para reler, abro, percorro as páginas como se fossem um leque, do modo mais lento que posso, e paro em alguma palavra que me chama a atenção. E o livro, como o *I Ching*, como as *Obras completas* de Shakespeare, me responde. As palavras daqueles que escreveram antes, quando era possível escrever, não decepcionam: são a luz daquela estrela que chega ao meu lugar de isolamento. Substituem as respostas que ninguém pode me dar. Lá, no universo infinito que é a literatura, está o que estou procurando hoje e meu refúgio.

Não vou compartilhar minhas perguntas, cada um terá as suas, são íntimas, pessoais e intransferíveis. No entanto, quero compartilhar as respostas que recebi do meu oráculo hoje para cada uma delas. Foram surgindo desde quando acordei até o momento em que estou escrevendo estas linhas. Talvez, pelo fato aleatório de estar transcrevendo-as aqui, outras pessoas possam responder às próprias perguntas.

"Que tempos maravilhosos. Como gostaria de voltar atrás. Na casa da minha mãe há uma [fotografia] em que estamos todos enfiados em um Citroën. 'Como será que entraram tantos?', eu me pergunto."
Você está muito calada hoje, Ana Navajas, Rosa Iceberg Editora (Arte&Letra).

"Não gostamos de estar cercados pelo grotesco sem significado, somos animais que assumem a responsabilidade de encontrar forma no deformado. Ali está Velázquez em um talo de repolho. E os espigões aqui, uma fileira de dentes, uma fortaleza, dados? E este poste tem o esboço do Mar Morto, eu acho. As formas de vida mudam quando as observamos, elas nos mudam porque olhamos."
Tipos de agua, el camino de Santiago, Anne Carson, Vaso Roto Ediciones.

"Agora os pombos dão uma volta, duas, três vezes, e parecem cair em uma manobra rasante sobre os telhados do quarteirão. Em seguida, eles se endireitam e voam em linha reta em direção à estrada que passa ao lado da cidade e separa as últimas casas da vastidão do campo."
Yo la quise, Josefina Giglio, Edulp.

"É uma tarde de abril, cinzenta e quente, o ar carrega a doçura da nova primavera. O tipo de clima que induz a agitação de sentimentos sem nome escondidos em fendas insondáveis."
Afetos ferozes, Vivian Gornick, Sexto Piso (Todavia).

"O que é o dia, o que é o mundo quando tudo treme dentro de nós? O céu se torna vazio, as casas crescem, se juntam, balançam. As vozes se elevam, aumentam, são uma só voz. Chega! Quem grita assim? A alma está negra, a alma é como o campo em uma tempestade, sem luz, silenciosa como um homem morto sob a terra."
Janeiro, Sara Gallardo, Fiordo Ediciones (Moinhos).

"Não entendo. Isso é tão vasto que está além da compreensão. A compreensão é sempre limitada. Mas não compreender não pode ter fronteiras. Sinto que sou muito mais completa quando não entendo.

Não entender, na minha opinião, é uma dádiva. Não entender, mas não como um simplório. O bom é ser inteligente e não entender."
Descubrimientos, Clarice Lispector, Adriana Hidalgo.

O que a ciência, a religião e a magia dizem não é suficiente. O que um acadêmico, um escritor ou um filósofo diz não é suficiente. Precisamos de um coro de vozes. Todas as vozes cantando juntas. Textos encadeados, escritos por tantos, que perdem sua autoria individual para se fundirem no coletivo.

Continuarei a me fazer perguntas hoje. E continuarei procurando respostas em escritos de outra época.

Palavras que me abraçam e confortam como uma luz antiga que não sei mais de onde vem.

6.
Sobre a escrita

Sobre *Elena sabe*

Se alguém me perguntasse do que fala *Elena sabe*, qual é o tema principal desse romance, eu diria: o corpo.

É verdade que *Elena sabe* trata de questões como religião, relacionamento entre mãe e filha, burocracia e o sistema de saúde, o burnout daqueles que acompanham os doentes, as regras e políticas que restringem nossa vida (sobretudo a vida de mulheres e pessoas LGBTQIAPN+). No entanto, o tema que considero o principal desse romance é o corpo: quem é o dono do nosso corpo, quem toma decisões e o controla. E, finalmente, há algo mais quando não temos mais corpo?

O corpo de Elena é um corpo doente. O corpo de Isabel é um corpo forçado a ter um filho que ela não queria ter. O corpo de Rita é um corpo morto. As três, cada uma a seu modo, lutam contra o que significa ser uma mulher neste mundo. E cada uma faz o que pode, o melhor que pode.

Minha mãe sofria do mal de Parkinson. Morreu alguns anos depois de ficar sabendo. Embora ela não tremesse, era uma forma grave da doença que a forçava a se dobrar sobre si mesma, com uma rigidez cada vez mais aguda. Muitas pessoas, quando passavam ao lado, evitavam olhar para ela.

Como disse Susan Sontag em seu livro *A doença e suas metáforas*, tentamos não olhar para um corpo doente. Argumentamos que, ao não fazer isso, evitamos que a pessoa doente se sinta desconfortável. Mas, ao não olharmos para eles, tiramos seu direito de serem vistos, tornando-os

---

Escrito para o blog do International Booker Prize 2022, no qual a tradução de *Elena sabe* para o inglês foi finalista.

invisíveis. Escrevi *Elena sabe* para incentivar os leitores a olharem para o corpo de Elena e deixarem seus olhos lá por um longo tempo.

Todos que estamos dentro do mundo literário sabemos a importância de sermos selecionados para um prêmio como o Booker Prize e as portas que ele abre para nossos livros, para o autor escolhido, para o tradutor escolhido. No entanto, gostaria de ressaltar a importância disso para aqueles que, como eu, vêm das margens. É por isso que eu gostaria de dizer de onde escrevo. Moro na Argentina, um país latino-americano no canto esquerdo do mapa, muito embaixo, muito longe de onde esse prêmio é decidido. Um país com uma alta taxa de pobreza, com uma enorme inflação, que precisa pagar uma dívida externa astronômica. Sabemos que, ao longo dos anos, cometemos muitos erros. Conhecemos nossos pontos fracos, mas também sabemos que não somos um país central, e não por causa de um desenho arbitrário em um mapa. Não somos um país central porque não pertencemos ao lugar no mundo em que as regras do jogo são estabelecidas. É assim.

Apesar disso, meu país distante trouxe vários escritores e escritoras para esse prêmio. Nos últimos anos, desde que o Booker Prize foi concedido a um livro, e não a uma pessoa, quatro mulheres foram selecionadas: Samanta Schweblin, Gabriela Cabezón Cámara, Mariana Enriquez e eu. Nesse sentido, sinto que o que Deleuze e Guattari chamam de *minor literature* (literatura menor) pode ser aplicado: uma literatura escrita em um idioma principal por uma minoria. Nosso idioma principal é o espanhol. Nossa minoria: ser latino-americana e ser mulher. Viemos das margens, escrevemos nas margens. Estamos do outro lado da fronteira. Embora sempre estivéssemos lá, escrevendo em voz alta para sermos escutadas, por muito tempo isso não foi suficiente. Hoje, o mundo literário presta mais atenção em nós. Há mais livros publicados, resenhas e prêmios para autoras latino-americanas. No entanto, não há um boom, não somos um boom nem uma exceção. Talvez o motivo dessa mudança seja o fato de o movimento feminista ter conseguido, entre outras conquistas, um maior respeito para o trabalho das mulheres.

Todas nós, escritoras latino-americanas, escrevemos de forma diferente, sobre assuntos diferentes, de maneiras diferentes, mas, como diz Deleuze: "Nessa literatura 'menor', a literatura é algo que importa para as pessoas (...) ela acontece à luz do dia (...) absorve a todos como uma questão de vida ou morte". E, como diz o feminismo: o pessoal é político.

Quando escrevi *Elena sabe*, fiz isso sabendo que pertenço a esta minoria, aquela que escreve, como diz Deleuze, "como um cachorro cavando um poço, como um rato cavando sua caverna".

Talvez, se esse romance se passasse nos tempos atuais, em que o feminismo é mais forte e mais difundido, tivesse que levar em conta que hoje há muitas mulheres dando as mãos para que nossos direitos sejam respeitados. Talvez elas pudessem ter ajudado Elena, Rita ou Isabel. Talvez, se o romance se passasse nos dias de hoje, mas nos Estados Unidos, eu tivesse escrito que Isabel se veste de verde e sai às ruas para se juntar a outras mulheres vestidas de verde e gritar a plenos pulmões: "Meu corpo, minha decisão".

Por fim, e como já disse, como *Elena sabe* discute a importância de nossos corpos, não gostaria de terminar estas palavras sem apontar um uso da palavra "corpo" que temos ouvido todos os dias ultimamente: corpos civis, corpos executados, corpos queimados, corpos empilhados, corpos torturados; todos eles, corpos mortos. Espero que, assim como fizeram as mulheres, todas e todos nós que acreditamos na democracia, na paz e no poder das palavras para resolver conflitos, homens, mulheres, pessoas não binárias, idosos ou jovens, não importa onde vivamos no mundo, demos as mãos e, com a força de nossa união, possamos pôr fim à loucura da guerra, de todas as guerras.

O ponto de vista como último refúgio

Longe da moral com a qual as fábulas antigas terminam, não parece mais apropriado indicar quais conclusões devem ser tiradas de uma leitura, muito menos apontar o bem e o mal. Pois, por outro lado, o que são o bem e o mal? Essas definições são reservadas ao leitor, e nós, que escrevemos, devemos tentar evitar frases, julgamentos de valor, termos de ideologia explícita. Nem sempre fazemos isso, mesmo que queiramos, porque nós, autores, somos pessoas políticas no sentido mais amplo da palavra – mesmo aqueles que afirmam não ser –, e em cada história se esconde algo de nossas convicções. Entretanto, acredito que o melhor lugar para exercer esse direito, o direito de ter as próprias ideias, é o ponto de vista.

O ponto de vista não é uma voz, não é quem fala, é a janela pela qual convidamos o leitor a olhar, de onde queremos que ele veja o mundo. Ponto de vista e narrador não são a mesma coisa; um romance com um narrador em terceira pessoa, aparentemente onisciente, pode ser contado do ponto de vista de um personagem ou de outro. Amos Oz disse em seu discurso ao receber o prêmio Príncipe de Astúrias (agora Princesa de Astúrias): "A leitura de um romance é um convite para visitar as casas de outras pessoas e conhecer seus cômodos mais íntimos. Se você for apenas um turista, talvez tenha a chance de parar em uma rua, observar uma casa antiga no bairro antigo da cidade e ver uma mulher olhando pela janela. Então você dará meia-volta. Mas,

---

Publicado no livro *Como escribir. Consejos sobre escritura*, China Editora, 2023.

como leitor, você não apenas observa a mulher olhando pela janela, está com ela, dentro de seu quarto e até mesmo dentro de sua cabeça". A imagem dessa janela pela qual nós, leitores, estamos olhando me acompanha desde que escutei aquele discurso. Eu me atrevi a adotá-la como minha e fiz dela a pergunta-chave no momento de começar a escrever: por qual janela eu quero que o leitor olhe para ver a história que estou prestes a contar?

Entretanto, apesar de ser um dos últimos refúgios da ideologia, o ponto de vista não precisa coincidir com nossas ideias, com a maneira como julgamos o mundo. Um autor pode optar por contar uma história difícil do lugar que seja mais fácil para o leitor se identificar com ela. Um exemplo é o que Claire Keegan faz em *Pequenas coisas como estas* (Eterna Cadencia, 2021; Relicário, 2024). Nesse notável romance, a autora se propõe a olhar o que acontece em um convento onde as mulheres são escravizadas, através dos olhos de Bill Furlong, o homem que fornece carvão e lenha para as freiras que maltratam as alunas. Uma história muito difícil que teria efeitos absolutamente diferentes se tivesse sido contada do ponto de vista de uma vítima ou dos algozes. A escolha de Keegan nos permite fazer parte da história como testemunhas privilegiadas, assim como Furlong.

Outros textos e autores propõem o contrário, buscando colocar o leitor em um lugar mais desconfortável, o que aumenta o senso crítico do que estamos lendo. É o caso de Martín Kohan, por exemplo, em *Confesión* (Anagrama, 2020). Nesse romance, o autor nos leva por uma parte do texto pelas mãos de Mirta López, uma garota apaixonada por um jovem chamado Jorge Rafael Videla, que passa por sua janela todos os dias e que ela procura na missa aos domingos.

Pessoalmente, passo muito tempo escolhendo o ponto de vista de cada texto. Sinto que, se esse ponto for bem resolvido, o trabalho futuro será mais fácil e apresentará menos armadilhas. No entanto, ao escrever meu romance *Catedrais* (Alfaguara, 2020; Primavera Editorial, 2024), a escolha do ponto de vista me trouxe uma nova lição. Durante meses estive pensando quem devia contar a história de Ana Sardá, essa jovem criada em uma família de forte tradição católica, que tinha aparecido queimada e esquartejada em um terreno em Adrogué, trinta anos antes. Passei por várias alternativas, escolhia um personagem e não parecia suficiente. Escolhia outro personagem e me sentia da mesma forma. Até que percebi que precisava usar todos os personagens. No entanto, não se tratava apenas de ser um romance coral no estilo do *Rashōmon* de Akutagawa, em que diferentes testemunhas de um crime contam o que sabem. Em *Catedrais*, eu precisava de que cada personagem não fosse apenas uma voz, mas tivesse a oportunidade de nos convidar para entrar em sua janela e nos mostrar o mundo como ele ou ela o via. E nesse ato, na escrita desse texto, dar a oportunidade de que assumissem a pequena ou grande parcela de responsabilidade que tiveram, há tantos anos, na morte de Ana. Alguns deles são bem-sucedidos, outros não, mas tudo isso faz parte do enredo e da composição dos personagens. A janela ficou aberta – nesse caso, não apenas para o leitor, mas também para os personagens.

David Lodge diz em *A arte da ficção* (Ediciones Peninsula, 1998; L&PM, 2010): "Pode-se afirmar que a escolha do(s) ponto(s) de vista a partir do qual a história será contada é a decisão mais importante que o romancista deve tomar, pois influencia muito a reação dos leitores, tanto emocional quanto moral, aos personagens fictícios e suas ações". E, apesar de que eu trocaria a palavra "moral" por "ética", concordo com o que ele disse.

Se nós, escritoras e escritores, ao exercermos esse ofício que trabalha com palavras e linguagem, devemos ocupar um lugar político na sociedade a que pertencemos, um lugar de onde possamos dizer mais do que as histórias que escolhemos, sem moralismos ou golpes baixos, esse lugar, talvez, seja essa janela que abrimos diante do leitor para que ele possa olhar o mundo.

Céu de rascunhos

Quantas pessoas hoje, agora mesmo, neste momento, estão escrevendo um poema, um conto, um romance, uma crônica? Alguns não deixarão que ninguém o leia. Outros o mostrarão a um amigo e, em seguida, o texto será arquivado em seu computador à espera de uma nova revisão, outro final, um título. Haverá aqueles que enviarão seus textos para uma editora ou para um concurso. Por muito tempo, antes da era digital, circulavam encadernações em espiral pouco elegantes. Se fossem para concursos, em geral três; ou três para cada ocasião, desafiando o que as regras costumam dizer sobre não apresentar o mesmo original para mais de um concurso ao mesmo tempo. É assim que uma infinidade de cópias encadernadas em espiral passou e passa pela vida – os arquivos digitais geralmente são impressos e encadernados em espiral em seu destino. Eles podem ou não ser bons, publicáveis ou não, premiáveis ou não, ótima literatura ou não, mas, em todos os casos, escondem por trás da história um trabalho que valoriza o que está escrito.

Alguns concursos devolvem rascunhos. Nesse caso, e se forem retirados, é possível até encontrar marcas escritas da pessoa que teve a tarefa de ler o texto, marcas que podem ajudar a decifrar um caminho de leitura. Outros concursos especificam nos termos e condições que os rascunhos "não serão devolvidos". Então, a imaginação completa o que não foi dito na frase. Se não são devolvidos, onde estão todas essas cópias? Não acho que exista um céu de rascunhos; talvez um inferno de rascunhos soe mais literário. Ninguém tem tanto espaço para guardar

---

Publicado em *La mujer de mi vida* (2011) e revisado para esta edição.

rascunhos que não serão usados; portanto, presumivelmente, usarão algum método para descartá-los. Às vezes, imagino os rascunhos deslizando por aquelas máquinas trituradoras que transformam o papel em tiras que são colocadas em sacos e jogadas no lixo. Em outros momentos, imagino uma pira em que são queimados como nas piores épocas.

Se os rascunhos tiverem que sofrer algum tipo de destruição, eu gostaria de que se encontrassem com um personagem como Hanta, o triturador de papel em *Uma solidão ruidosa*, de Bohumil Hrabal, que faz seu trabalho com amor e se lembra de frases inteiras dos livros que é forçado a destruir, transformando-as em balas apertadas. "Há trinta e cinco anos venho prensando livros e papéis velhos, há trinta e cinco anos venho manchando letras, a ponto de parecer uma enciclopédia, mais uma entre as muitas das quais, durante todo esse tempo, devo ter prensado mais de trinta toneladas, sou um jarro cheio de água viva e água morta, basta que eu me incline um pouco para que os mais belos pensamentos transbordem, sou culto apesar de mim mesmo e não sei mais quais ideias são minhas, nascidas de mim, e quais adquiri lendo (...). Com cada bala eu enterro uma relíquia preciosa; o caixão de uma criança coberto de flores murchas; com uma borda de alumínio e cabelo de anjo".

Uma das muitas vezes que enviei rascunhos para um concurso, me deparei com um Hanta. A história que enviei não havia sido premiada e achei que não teria mais notícias. Os originais não foram devolvidos, então, por um tempo, esqueci as cópias espiraladas que havia levado ansiosa a um escritório onde os originais eram recebidos. Até que um dia um diretor de cinema me ligou e me convidou para uma reunião. Ele me perguntou sobre essa história e me disse que estava interessado em adaptá-la. Quando perguntei como ele a conhecia, ele respondeu: "Tenho um amigo que é leitor de concursos literários. Ele leu seu romance e imaginou que eu poderia fazer um bom filme com a história. Quando teve que devolver todos os originais, ficou com este e passou para mim". Como não respondi imediatamente, ele acrescentou: "Acho que fez algo que não é permitido, mas tudo bem, não?". Concordei sem evitar um sorriso.

Como você fez bem, meu Hanta.

A viúva das viúvas

Experimento uma camisa tamanho 42. Está pequena, o botão que fica no meio dos meus seios repuxa, parece que vai estourar. Seminua, abro um pouco a porta e procuro uma vendedora para que me passe um tamanho maior. Uma mulher que sai de outro provador olha para mim e diz: "Desculpe-me, eu te conheço, você não escreveu *As viúvas das quintas-feiras*?". Eu digo: "Sim", tento dar um sorriso e voltar a entrar no provador. A mulher me para, fala sobre o romance, de quem ela ganhou de presente, quanto tempo levou para lê-lo, e eu a ouço, de calcinha e sutiã, tentando cobrir minha barriga com minha camisa tamanho 42. Faltam poucos dias para as festas de fim de ano, vou ao cinema com minha filha. Ao lado do cinema há uma livraria onde montaram uma árvore de Natal usando a cor verde da capa de *As viúvas das quintas-feiras*, e na árvore de livros, em vez de uma estrela dourada, uma foto minha. Ficamos paralisadas, damos meia-volta e voltamos para casa sem ver o filme que estávamos planejando ver. Alguém na rua me diz que conhece Tano Scaglia, o protagonista de *As viúvas das quintas-feiras*, que mora em Luján. "Seus vizinhos estão bravos?", respondo: "Não", mas não acreditam em mim. Uma colega do ensino médio que não vejo há 27 anos liga para me parabenizar. Não diz: "Parabéns por ter escrito um livro". Não diz: "Parabéns por ter ganhado um prêmio". Diz: "Parabéns, você apare-

---

Publicado em *Gata Flora* e revisado para esta edição.

ceu na TV". Meu sobrinho vai para um jardim de infância, sala com cinco, estão falando sobre livros, escrevem livros, pintam livros. Meu sobrinho diz à professora que sua tia é escritora. Ele pergunta se pode me convidar para falar com seus colegas. A professora diz que sim. Eu vou, me apresento, respondo às perguntas das crianças entre 3 e 5 anos. As professoras, cordiais, os ajudam a falar cada um na sua vez, a levantar as mãos, a não repetir a mesma pergunta, a pedir "por favor" e dizer "obrigado", até que uma criança me pergunta: "Com qual de todos os livros que você escreveu você ganhou mais dinheiro?". Fico chocada por ter pensado nessa pergunta com tão pouca idade. Digo que com *As viúvas das quintas-feiras*. Assim que menciono esse romance, todas as professoras olham para mim. Uma se atreve e pergunta: "Você escreveu *As viúvas das quintas-feiras*?". Elas se esquecem das crianças, ficam empolgadas, fazem algazarra. A diretora vai à sua sala e traz um exemplar de *As viúvas* que pegou emprestado para que eu autografe. Parece que Tano Scaglia agora mora em Escobar, segundo me garantiu alguém que diz ter jogado golfe com ele. Um jornalista me pergunta: "Seus vizinhos ficaram bravos?". Digo: "Não". Ele insiste: "Tem certeza de que não ficaram bravos?". Respondo: "Que eu saiba, não". Ele insiste novamente: "Mas ninguém ficou bravo?". Eu me canso e desisto: "Bem, alguém deve ter ficado bravo". E ele ou o chefe dele diz: "Alguns vizinhos ficaram bravos comigo". O telefone toca às sete da manhã. Uma mulher foi morta em uma casa de campo em Córdoba, me perguntam o que eu acho. O que eu acho? Não entendo do que estão falando. Havia um minuto eu estava dormindo e agora me dizem que alguém foi morto, me perguntam se eu acredito em literatura premonitória. Fico com raiva, mas não me atrevo a deixar isso transparecer. Viajo para a Espanha para apresentar *As viúvas das quintas-feiras*. Me convidam para dar uma palestra em um povoado perdido na estrada da montanha que supostamente Mío Cid percorreu, o prefeito está me esperando e no auditório há cerca de cem pessoas, cada uma com seu livro. Me ouvem falar sobre os anos 1990 na Argentina, me ouvem falar sobre os condomínios fechados e as casas de campo. Explico o que é um condomínio fechado. Cada um me traz seu exemplar para que eu o autografe, me pergunto se o que estou fazendo é correto, se essas pessoas não fariam melhor lendo outra coisa. Me convidam para jantar, me tratam bem, sinto que estou roubando algo que não é meu. Estão felizes, agradecem, deixo que me abracem sem merecer. "Seus vizinhos ficaram bravos?" Alguém que leu *Tua*, meu primeiro romance, me para na rua e me pergunta: "É autobiográfico?". Penso comigo mesma, imaginando se o homem percebeu que, se minha resposta fosse "sim", ele estaria diante de uma assassina. Um amigo volta de Dallas de avião, viaja ao lado de um homem que lê *As viúvas das quintas-feiras*. Meu amigo diz a ele que me conhece, e o vizinho da poltrona responde: "Eu não a conheço, mas conheço o Tano Scaglia". Meu filho de 13 anos me pergunta: "É verdade que em seu romance um homem transa com um cachorro?". Engulo em seco, quinze anos de psicanálise me impedem de fugir do tema, explico que não é bem assim, que há um homem que se masturba na frente de um computador e um cachorro aparece, que há certas coisas sugeridas, mas que em nenhum momento o romance, ou seu autor, ou seja, eu, a autora, sua mãe, diz exatamente que o homem fez sexo com o cachorro. Eu digo "fez sexo" em vez de "transou" e isso soa estranho para mim; soa estranho para meu filho também. Pergunto como sabe sobre o cachorro se não leu o romance. Ele me diz que Laurita, sua colega de escola, contou para ele. Penso em Laurita e na mãe de Laurita e nas mães das amigas de Laurita que também são amigas de meus filhos. Penso se alguém algum dia me perguntará sobre essa cena: "É autobiográfico?". Pergunto ao meu filho se Laurita ficou incomodada ao ler sobre o homem e o cachorro, e ela diz que não, que adorou. Publico outro romance, não há condomínios, não há Tanos Scaglias. Uma mulher com Parkinson quer saber quem matou sua filha, Elena, a mãe, Rita, a filha. Fico feliz que não me perguntarão mais sobre os vizinhos. Alguém se surpreende com o fato de eu ter dedicado *Elena sabe* à minha mãe; acha que é duro, está errado, não nos conhece. Minha mãe ri no túmulo. Uma mulher me pergunta se o romance é autobiográfico, e eu digo que, se fosse, eu deveria ter aparecido enforcada em uma torre de sino, morta, e a mulher ri. Eu não. Uma amiga me traz uma cópia de *Elena sabe* para colocar uma dedicatória, e eu faço isso, mas cometo um erro e, em vez do nome dela, escrevo o nome da minha mãe. Um crítico reclama que o romance repete muito a baba e o lenço que a recolhe. Lembro de minha mãe e de seu lenço, sempre o mesmo, sempre cheio de baba, e me pergunto onde ele está, se o joguei fora ou se está seco e amassado em uma das caixas. Não consigo me lembrar. "Seus vizinhos ficaram bravos?" Uma mulher me pergunta por que sempre há uma pessoa morta em meus romances, e eu respondo: "Você também vai morrer um dia". "É autobiográfico?" O Tano Scaglia vive em La Martona, Cañuelas. Uma mulher me entrega uma cópia de *Elena sabe* para que eu autografe. Faço isso e entrego a ela, que me diz: "Eu tenho Parkinson". Gostaria de tirar a cópia de sua mão, mas a deixo ir embora sem fazer isso. Leio em uma revista que meus vizinhos ficaram bravos. Ligam da universidade, não da faculdade de Letras, mas da de Medicina. Querem saber como eu sei tanto sobre o Parkinson, e eu me pergunto se vou mentir ou dizer a verdade. Minha mãe ri. Meu irmão leu *Elena sabe*, mas não tinha lido *As viúvas* ou *Tua*. Ele me liga e conta: "Li o livro, um dia nos encontraremos e eu lhe direi o que achei dele"; esse dia nunca chega. Uma escritora me disse que outra escritora leu *As viúvas das quintas-feiras* enquanto estava no hospital, pouco antes de morrer, e me lembro dela e sinto uma tristeza infinita. Começo um novo romance: o protagonista é um homem, o antagonista é um homem, e me pergunto se alguém vai me perguntar desta vez: "É autobiográfico?". Eu me pergunto se finalmente será. Encontro um ex, ele me diz que leu *As viúvas*, não sabe que existe *Elena sabe*. Me pergunta se ganhei dinheiro com o livro. Me esquivo da resposta; ele insiste; eu me esquivo mais uma vez falando sobre porcentagens e preço de capa. Ele insiste, quer detalhes, quer o valor exato. Fico de saco cheio, exagero o valor para que não insista mais. Ele me pergunta: "Só isso?". Tano Scaglia foi visto em um condomínio na região de Garín. Uma amiga da minha mãe fica brava comigo. "Seus vizinhos ficaram bravos?" Apresento o livro em uma feira no subúrbio. Na primeira fila, uma senhora muito simpática concorda com a cabeça com tudo o que eu digo, parece atenta, entretida. No final da palestra ela pede para falar, pergunta meu nome e que livro eu vim apresentar. Me diz que está sentada naquela mesma cadeira desde o início da tarde, não importa qual escritor entre na sala. Ela se mantém sentada, ouve com atenção, depois faz perguntas e agradece. Meu filho quer saber se vendi o livro *Elena sabe* para o cinema. Digo que não, que vendi os outros dois romances anteriores. Ele me pede para não vender este, que quer fazer o filme ele mesmo quando crescer. Leio o início do romance de alguém que quer ser escritor. O início não funciona, digo a ele; ouve atentamente minhas críticas, anota, antes de sair me diz que vai me dar uma resenha do meu último romance que apareceu em um jornal. Digo para não se incomodar. Ele insiste, sei que é o resenhista que reclamou da baba. Apresento *Elena sabe* em uma livraria central. Quando a apresentação termina, alguém me entrega um buquê de flores. Penso que as flores foram enviadas a mim pela própria livraria. Quando coloco o buquê em minha casa, um cartão cai. Eu o leio, é de alguém que conheci há vinte anos e nunca mais vi. "É autobiográfico?" Minha mãe ri. O Tano Scaglia também.

Em *Vosso reino*, a ficção também é uma mentira

Eu escrevo ficção. E a ficção é mentira. Pode ser uma mentira plausível ou não, divertida ou não, que abra um debate na sociedade ou não. No entanto, sempre é mentira. Embora seja uma mentira que não pretende enganar – como fazem outros discursos – porque avisa que é mentira e se define no contrato fictício. Quem estiver do outro lado aceita ou não aceita esse contrato.

Com Marcelo Piñeyro, diretor de cinema com uma carreira e prestígio dos quais não preciso lembrar neste artigo, escrevi uma série em oito capítulos, *Vosso reino*, que pode ser vista na plataforma Netflix em mais de 190 países. É a história de um pastor evangélico que, após o assassinato de seu companheiro de chapa, está posicionado para se tornar o próximo presidente da Argentina. Embora tenha estreado há apenas duas semanas, teve um sucesso sem precedentes em termos de espectadores em nosso país e em muitos outros lugares. As pessoas falam de *Vosso reino* na rua, em bares, no rádio ou em programas de TV (entretenimento, política ou esportes). Foram dedicados a ela inúmeros artigos de todos os tipos na mídia gráfica, memes com frases e personagens da série, caricaturas, reels no IG ou no TikTok. A Netflix acaba de anunciar uma segunda temporada, e os fãs da série invadiram as redes pedindo mais detalhes sobre a data de estreia.

Vosso reino abriu um debate. Talvez esta seja uma de suas maiores e mais impensáveis conquistas: o fato de que, a partir do que essa

---

Publicado em *Diario.ar* (2021) e revisado para esta edição.

ficção conta, se abriu uma discussão na sociedade que nos permite pensar em voz alta sobre algo que estava latente, que precisava ser falado entre todos, discutido: a manipulação das pessoas por meio do poder das igrejas, de qualquer igreja. Não sei se é possível exigir muito mais da ficção. Um escritor, como qualquer outro artista, exerce sua tarefa com liberdade. A liberdade criativa é um direito que, felizmente, hoje não apenas não é questionado, mas, diante dos ataques, nossa sociedade defende como um valor que não estamos dispostos a perder. Entretanto, alguns exigem mais da ficção do que ela é. Ou, pelo menos, exigem de *Vosso reino*. Quase se pede que não seja ficção, que aqueles que a criaram aceitem certas "indicações" de todos os tipos que têm a intenção de impor limites à liberdade criativa. Que o pastor Emilio ou a pastora Elena não sejam aqueles que inventamos, mas outros, mais alinhados com os pastores descritos nas ciências sociais, por exemplo. Ou melhor, aqueles descritos por alguns dos especialistas consultados nas ciências sociais, cada um com seu campo de estudo limitado àquilo que definiram no momento de sua pesquisa, e que em geral deixa de fora alguma província, alguma igreja em particular, algum fenômeno religioso ou empresarial que não é de interesse para seu estudo. Ou que não convém.

Certamente, tudo bem que seja assim. Não sei nada de pesquisa em ciências sociais, portanto não tenho uma opinião sobre esses artigos, mesmo que esteja interessada neles e os tenha lido. Na ficção, não há campo de estudo ou conclusões tiradas de pesquisas feitas com base científica. Nem precisa haver, a menos que seu idealizador precise deles para inventar o mundo que deseja moldar. A ficção não propõe conclusões a que os pesquisadores de ciências sociais podem chegar, mas, como eu disse antes, um contrato ficcional: o espectador, o leitor, sabe que aquilo que está sendo contado é uma mentira e, diante da proposta, decide se entra ou não nesse mundo que alguém abriu para ele sem nenhuma outra pretensão além de contar uma história. Eu confio nele, nesse que está ali para decidir o que deseja que seja contado e o que não deseja. Eu confio e defendo a liberdade de criação de quem quiser contar uma história. Os escritores e as escritoras de narrativas, roteiristas, dramaturgos criam personagens, e esses personagens, para bem e para mal, são únicos; não respondem a uma média, mas a uma particularidade. Representar todos os diferentes tipos de pastor evangélico da Argentina, do Chaco à Terra do Fogo, em um único personagem seria uma tarefa que jamais passaria pela cabeça de nenhum roteirista que quer fazer bem o seu trabalho. Nem sequer nos ocorreria "mostrar" aqui e ali, em alguma cena sem necessidade dramática, que há uma infinidade de outros tipos de pastor diferentes de Emilio Vázquez Pena, para que ninguém possa dizer que não sabemos que sim, de fato, há outros. Porque, se fizéssemos isso, essa ficção não funcionaria, não abriria o debate, não permitiria a discussão, não deixaria que os especialistas da área dessem seu ponto de vista sobre a realidade que estudam e que não era debatida publicamente da maneira como é discutida após um fenômeno como esse. No início de *Anna Karenina*, Tolstói diz: "Todas as famílias felizes são iguais. As infelizes o são cada uma à sua maneira". E, é claro, a ficção está mais interessada em famílias e personagens que têm conflitos, claros-escuros, segredos e infortúnios.

Acho ótimo que *Vosso reino* tenha aberto um debate sobre certas igrejas e sua relação com o poder. Acima de tudo, que tenha começado a conversa sobre como alguns partidos de direita, desde os Estados Unidos até o sul do continente americano, uniram-se a algumas igrejas para obter benefícios que nada têm a ver com a genuína fé religiosa dos próprios fiéis, alheios a essa manipulação.

Porque, em última análise, é disto que fala *Vosso reino*: do poder. E esperamos que a discussão pública se estenda a outros poderes que também são discutidos na série. Os serviços de inteligência, por exemplo. Ou a política e os políticos. Ou a justiça. Ou quem comanda o mundo hoje. Recentemente apareceram threads maravilhosas de pessoas que sabem muito mais do que eu sobre todos esses assuntos. Um dos que mais me interessaram fala de irregularidades no sistema judicial argentino quando se trata de investigar casos de abuso e desaparecimento de menores, pais que reclamam por seus filhos e filhas em portas que ninguém abre, ou mesmo se fecham a pedido de alguém. Espero que nossa sociedade também permita esse debate, o do funcionamento do sistema judiciário para "pequenas causas", aquelas que não aparecem nas primeiras páginas dos jornais.

Nestes dias, recebi testemunhos comoventes de pessoas que passaram muitos anos dentro de algumas igrejas e que se identificaram com o que *Vosso reino* conta: desde terem perdido sua casa ou grande parte de seu patrimônio, até terem sido abusadas de diversas formas ou submetidas às chamadas "terapias de conversão". Também recebi mensagens de pessoas que, pelo contrário, se sentiram protegidas e ajudadas em igrejas evangélicas, nas quais encontraram o que estavam procurando. Em algumas mensagens, me contam que encontraram pastores que eram iguais aos do *Vosso reino* e, em outras, pastores muito diferentes, às vezes melhores, às vezes até piores. O mundo contado na série é limitado, mas o mundo que se abriu para o debate é muito maior. Podemos pedir ainda mais debate, mas não podemos pedir que a ficção não seja ficção.

Diário de um novo romance

Escrevo um romance e só penso nestes termos: que estou escrevendo um romance. No caminho, porém, a morte entra na escrita e, com ela, vêm o enigma e a busca pela verdade. Então, esse romance, o meu, para algumas pessoas, começa a adquirir certas características que o tornam digno de um nome composto: romance *noir*. Em muitas ocasiões, ao começar um novo trabalho, eu me esforçava para tentar que a morte não invadisse. Quase nunca consegui, exceto em *Un comunista en calzoncillos*; mas ali a morte, embora não estivesse explicitamente presente no enredo, aparecia de forma mais sinistra porque estava instalada no cenário em que o romance se desenvolvia: a ditadura militar na Argentina. Em *Uma pequena sorte*, também não evitei a morte, mas consegui não a relacionar a um crime. Em *El tiempo de las moscas*, a morte é apenas uma possibilidade futura e latente.

Em *Betibú*, por outro lado, eu me entreguei. Quando percebi que a morte estava se instalando naquela história e depois de negociar comigo mesma, decidi que dessa vez escreveria um romance *noir* desde a primeira linha. Com o diário de escrita *ad hoc* que segue, pretendo registrar o processo que vai da imagem desencadeadora do romance até o primeiro parágrafo escrito.

Diário de um novo romance:
(Aparece uma imagem.)

Publicado em *Escritores del mundo* (2010) e revisado para esta edição.

Uma mulher com cachos espera atrás da porta do apartamento pela chegada do jornal da manhã. Ler o jornal é uma cerimônia para ela. Gosta de fazer isso. É um dos momentos mais importantes do dia. Conversa com o jornal. Discute. Cachos negros. A mulher está sozinha. Isso não é um peso, mas ela está sozinha. Ela tem filhos, mas está sozinha. Tem amigas. Alguns amigos. Ainda está de roupão. O roupão é velho. Os chinelos também. Ela não. Ainda não. Mas a mulher não sabe disso.

(Não, dessa vez a morte não.)
(A imagem se move, a mulher caminha.)

A mulher caminha pelo apartamento com o jornal na mão. Ela se senta para tomar o café da manhã e ler as notícias. Pensa em alguém que a deixou. Não se lembra disso por acaso, mas porque a foto dele está no diário. Ao lado do editorial do jornal. Ela sente que o tempo não passou para ele, que esse homem ainda é o mesmo daquela foto antiga.

(Não, eu disse que não dessa vez. Que não a deixaria entrar, por mais que insistisse.)
(A morte insiste.)

A mulher recebe uma ligação. Não atende, mas ouve a voz que vem da secretária eletrônica.

(Por que de novo?)

Conhece essa voz. Essa voz machuca.

(Realmente outra vez?)
(Eu me rendo.)

O homem que liga anuncia uma morte. Uma morte violenta.

(Sim, mais uma vez a morte.)
(Por que não consigo evitar?)

Nome do falecido.
Ela conhece o morto.
O país todo conhece o homem morto.
Ninguém se importa, acham que é bom ele estar morto.

(Novamente um policial. Pela primeira vez, um policial.)
("Uma relação problemática entre duas histórias, uma ausente [a do crime] e outra presente [a da investigação], cuja única justificativa é nos fazer descobrir a primeira". "Tipologia do romance policial", Todorov.)

Ela, a mulher de cachos pretos, afasta o telefone do ouvido, respira, aproxima de novo e pergunta: como ele morreu?

(O crime e as cinco perguntas de uma notícia [5W]: quem, quando, onde, por que, como.)

"Degolado", responde o homem que a deixou. Um corte limpo de lado a lado.

(Estou procurando o livro do cientista forense Osvaldo Raffo, *La muerte violenta*. Estou procurando por cortes na garganta, lesões por arma branca. Eu mergulho. Não consigo parar de ler, estou presa. A história da morte violenta me atrai.)

"Quero que você cubra esse caso, linda", diz o homem. A voz do homem. O "linda" a atravessa como uma faca.

(Continuo. Leio. Não consigo parar. Volto, não quero voltar, mas volto. Ferimento por punção, lábios da ferida, orifício de saída, entalhe de ataque. Olho fotos, cortes, sangue, retalhos.)

Ela se lembra daquela voz como se a tivesse ouvido todos os dias dos últimos três anos em que não teve notícias dele. Do homem que a deixou.

O homem que liga para anunciar uma morte.

("Em suas expressões mais representativas, não é mais uma mistura obscura de romances de aventura, livros de cavalaria, lendas heroicas e contos de fadas, mas um gênero estilístico bem definido que exibe um mundo próprio com os próprios meios estéticos". *La novela policial, um tratado filosófico*, Siegfried Kracauer.)

A mulher aceita. Vai ver novamente o homem que a deixou. Por causa da morte. Vai investigar essa morte. Para o jornal dirigido por esse homem.

(Feridas com incisão. Feridas contusas. Feridas por punção e por punção cortante. Feridas por incisão-concussão. Feridas com retalhos. Feridas mutilantes.)

A mulher por fim voltará a escrever.

(Novamente, sim. Novamente a morte. Novamente um morto. Dias, noites, meses, anos, procurando palavras para contar a morte. A morte me leva a essas palavras ou as palavras à morte? As palavras me torturam, as imagens me prendem, os personagens me traem.)

A mulher tira o roupão. Ela se veste e sai para a rua. Para de ler e escreve. Um homem aparece degolado. Ele é encontrado por sua empregada, que está fazendo o serviço doméstico, junto com uma garrafa de uísque. O homem era viúvo e sua esposa morreu na mesma casa. Morte ou suicídio?

Capítulo 2.

O crime por trás do crime

"Nesta nossa era caótica, há uma coisa que humildemente manteve as virtudes clássicas: o conto policial. Pois não se pode entender uma história policial sem começo, sem meio e sem fim", disse Jorge Luis Borges, em "El cuento policial" (1979).

Nos círculos literários, o gênero policial está dividido entre o sucesso e a desconfiança. Há aqueles que o elogiam porque tende a cativar muitos leitores, e há os que o difamam, talvez exatamente pelo mesmo motivo. A verdade é que inúmeros grandes autores e acadêmicos dedicaram páginas memoráveis a ele. Para uma pesquisa em alguns desses textos, recomendo o livro compilado por Daniel Link, *El juego de los cautos, literatura policial de Edgar Allan Poe a P. D. James* (Editorial La Marca, 2003), que inclui autores tão diversos como Walter Benjamin, Antonio Gramsci, Bertolt Brecht, Gilles Deleuze, Roland Barthes, Raymond Chandler, Tzvetan Todorov e Ricardo Piglia. Também recomendo *Plotting and Writing Suspense Fiction*, de Patricia Highsmith, em que a autora fala sobre o processo de escrever esse gênero, mas também dá pistas para entender seu auge e sua transcendência. E os argentinos Elvio Gandolfo e Osvaldo Aguirre, que contribuíram com um trabalho importante no mesmo sentido.

Mas, então, por que há tanta desconfiança em relação ao gênero *noir*, por que ele é considerado menor em certos círculos acadêmicos? Na Argentina, menos, e acho que isso se deve ao fato de que os grandes mestres da nossa literatura cultuavam os romances policiais e histórias de detetive: Borges e Bioy editaram a coleção *El Séptimo Círculo*, em que traduziram grandes autores anglo-saxões; Piglia escreveu ficção policial, estudou o gênero e trabalhou nele em diferentes ensaios. Eles nos ensinaram que um bom romance policial é muito mais do que um jogo de intrigas e que pode contribuir para o melhor da literatura. Autores como Chandler, Simenon, Muriel Spark ou Lemaitre são a prova disso: o policial que eles escrevem não se reduz a um jogo de inteligência, eles se preocupam com a linguagem, com a composição dos personagens, com a estrutura narrativa, com a curva dramática. Nenhum deles é contestado por seus méritos literários, além do fato de Simenon ter reclamado que nunca ganharia um Prêmio Nobel. Por outro lado, a literatura argentina está cheia de escritores de detetives "involuntários". Aqueles para quem uma história de detetive "entra" no meio de uma vasta obra: autores que, em sua produção literária, escrevem uma única peça policial ou que, em um romance de outro tipo, apresentam histórias secundárias ou subtramas policiais. Juan José Saer pode ter sido um escritor de policial "involuntário" quando se aventurou no gênero com *A pesquisa*. Ou Vlady Kociancich, ou Luisa Valenzuela, ou Eugenia Almeida.

Também escrevi romances que alguns classificam como *noir*; na maioria dos casos, sem pensar no gênero ao colocar as palavras na página em branco. Começando com uma imagem disparadora, buscando a consciência dos personagens na trama, revisando permanentemente o tom, tentando encontrar um final. As perguntas sobre o gênero surgiram mais tarde, quando alguém, um editor, um agente, um jornalista, um livreiro, decidiu que se tratava de um romance policial. Em tudo o que escrevi, com exceção de *Betibú*, a classificação veio depois e, muitas vezes, por motivos muito diferentes dos da escrita. Desde a necessidade de colocar um romance em uma série ou coleção editorial até a escolha da prateleira na livraria onde o livro será colocado, passando pela atração de mais leitores. Todos os aspectos que não têm nada a ver com a escrita.

Podemos dar um passo adiante e nos perguntar, como Borges fez na palestra que deu na Universidade de Belgrano e que está incluída no texto citado na epígrafe, se os gêneros literários realmente existem ou não. Para isso, Borges cita o escritor e filósofo Benedetto Croce: "Dizer que um livro é um romance, uma alegoria ou um tratado de estética tem quase o mesmo valor que dizer que ele tem capa amarela e pode ser encontrado na terceira prateleira a partir da esquerda". Mas talvez o mais interessante seja que Borges, depois de se aprofundar no tema, conclui que "os gêneros literários dependem, talvez, menos dos textos do que da maneira como esses textos são lidos". Em outras palavras, não é o escritor ou a escritora que escreve romances policiais, os leitores é que os leem dessa forma. Borges atribui a Edgar Allan Poe a formação não de um gênero, mas de seus leitores; afirma que, antes de Poe escrever, eles não existiam. Ele os treinou com seus textos para ler dessa forma. Se houver um detetive, cuidado, leitor, pode haver um romance policial aí. Se houver um morto, mais atenção ainda, é quase certo que se trata de um romance policial. Se há enigma e busca pela verdade, com certeza é um romance policial. Independentemente da intenção do autor por trás do texto que está diante de nós, lemos pensando que existe uma. Borges dá um exemplo extremo, propõe proporcionar a um leitor qualquer, que não sabe quem é o fidalgo cavaleiro de La Mancha, um exemplar de *Dom Quixote* e dizer que é um romance policial. Esse leitor, treinado no gênero, orientado em sua leitura pelo gênero, não será virgem quando ler "Em um lugar de La Mancha de cujo nome não quero me lembrar, não faz muito tempo vivia um fidalgo...". Provavelmente, cheio de suspeitas, diz Borges, quando ler "cujo nome não quero me lembrar", dirá "por que não quer se lembrar?", "porque ele é o assassino?", "porque o assassinato que presenciou foi cometido ali?". "Não faz muito tempo vivia um fidalgo", será traduzido como "o fidalgo é o homem morto; se ele não vive mais lá, é porque foi morto". E assim por diante, *ad infinitum*. O leitor de policial opera criando sentido ao longo do caminho indicado pelo enigma-busca pela verdade. Não espera que lhe digam, tenta se antecipar, lê por cima do ombro do escritor enquanto este escreve, quer saber antes que os personagens saibam, até mesmo, se for permitido, antes que o autor saiba.

No entanto, acho que hoje há mais uma exigência daqueles que leem o gênero policial, talvez a mais importante, ou a mais profunda, ou a mais transcendente: que o crime por trás do crime seja revelado. O mundo *noir* se expandiu, e nem todos os textos respondem à pergunta clássica: quem matou e por quê. Ou, mesmo que respondam, a pergunta não é suficiente. Exemplos de romances que não respondem à indagação clássica podem ser encontrados até mesmo entre os vencedores do prêmio Dashiell Hammett para romances *noir* no Festival de Gijón, como, em 2015, Carlos Zanon e seu romance *Yo fui Johnny*

Thunders. Uma obra basicamente de personagens, fragmentado, cada capítulo conta a história de um dos protagonistas, e o faz de forma maravilhosa, com cenas inesquecíveis. Mas quem é o assassino nesse romance? Todos, nenhum, mas acima de tudo Barcelona, a cidade onde a ação acontece. "O que esta cidade está fazendo com as pessoas?", pergunta uma das personagens, Ashianti, uma imigrante que está tentando sobreviver ali, apesar de achar que o melhor seria voltar para casa e esquecer que existe algo como Barcelona no mundo. Daniel Link diz no prefácio do livro *El juego de los cautos*, mencionado anteriormente: "O que há no policial para atrair a atenção de historiadores, sociólogos, psicanalistas e semiólogos? Nada, apenas uma ficção. Mas uma ficção que, ao que parece, expõe o caráter fictício da verdade". Há uma questão importante aqui, a história policial é um evento que captura os leitores porque revela o que está oculto. E é esse segundo crime por trás do crime que de fato importa. Por exemplo, o que Petros Markaris faz ao iniciar um romance em que um imigrante é o assassino confesso nas primeiras páginas e, em seguida, passa a relatar o crime que nossas sociedades cometem contra aqueles que buscam refúgio. Ou Mankell, em *Assassinos sem rosto*, que parece querer contar a história da morte de dois idosos em uma área rural; porém, ao fazer com que uma das vítimas pronuncie a palavra "estrangeiro" antes de morrer, o autor abre caminho para denunciar a xenofobia em seu país.

A descoberta desse crime por trás do crime também é sustentada por uma estrutura narrativa que, no gênero *noir*, costuma ser mais rígida ou regulamentada do que em outros gêneros. Por quê? Pelo que diz Mempo Giardinelli, quando adverte que a história policial tem "uma estrutura da ética da verdade", então é necessário procurar essa verdade com o próprio texto, mesmo que não seja alcançada. Que leitor de hoje não se sentiria preso a uma leitura que promete a ética da verdade? E não apenas a verdade do crime é colocada diante de nossos olhos, mas o que está por trás dele. Link afirma: "(...) O fato de que a história policial é sempre articulada a partir de uma pergunta cujo desvendamento é esperado, levanta consequências importantes tanto em relação às operações de leitura quanto em relação à 'verdade' do discurso".

O assunto é definir quais são essas perguntas. A questão clássica sobre quem o matou e por quê é suficiente? E que outras indagações deveríamos acrescentar hoje? Está claro que as perguntas a que se espera que o policial responda mudaram e não são mais apenas: quem o matou e por quê? Talvez também não tenham sido antes; talvez tenhamos lido textos policiais de outras épocas sem o devido contexto histórico, sem perceber. Por exemplo, em *Mas não se matam cavalos?*, Horace McCoy se propõe a descobrir quem matou alguém que aparece morto em um concurso de dança e por quê. Por trás desse crime, porém, está a situação de milhares de norte-americanos que, em tempos de depressão e sem trabalho ou comida, tiveram que participar de competições de dança com o objetivo de dançar por horas e horas até ganhar ou morrer. O fato de as pessoas estarem morrendo de fome é um crime, ou deveria ser. O problema é justamente esse: muitas vezes o indivíduo morre por causa de um delito, mas o crime por trás do crime não é punível por lei.

Na maioria dos meus romances, não há crime no sentido legal, jurídico ou penal da palavra. De acordo com a RAE, delito é: uma violação da lei, ação ou omissão voluntária e imprudente punível por lei. Embora em muitos de meus textos isso não apareça, meus personagens não são inocentes. Que lei eles violam? Qual é a lei não escrita em um código jurídico que entra no caminho do anti-herói? Seus "crimes" são de um tipo diferente. São questionamentos éticos, ou ações vergonhosas, ou atitudes desaprovadas pela sociedade, mas não são crimes. Pablo Simó (*Las grietas de Jara*) não cometeu nenhum crime, mas esconde o fato de que sabe que Nelson Jara está enterrado embaixo de um dos prédios construídos por seu estúdio de arquitetura. Inés Pereyra (*Tua*) não está necessariamente cometendo um crime ao ocultar que seu marido deixou o corpo de sua secretária afundar em um lago depois que ela morreu de forma acidental. As mulheres que perdem seus maridos em *As viúvas das quintas-feiras* não acreditam que cometeram um crime ao manipular as evidências para que não parecesse um suicídio, de modo que seus descendentes pudessem receber o seguro. Em *Catedrais*, a jovem que morre em um aborto clandestino é a única julgada pela lei em uma Argentina onde a interrupção voluntária da gravidez era punida com prisão, enquanto alguns dos que a cercavam cometeram atos desprezíveis que não são condenados por nenhum código.

Ética, moral, delito, crime, parecem estar separados por linhas muito tênues.

Em outro de meus romances, um que não é policial, *Uma pequena sorte*, Marilé, a mulher responsável por um acidente em que um menino morre nos trilhos do trem, é julgada pelas pessoas ao seu redor como se tivesse cometido um crime. Ela cometeu um erro, passou pelas barreiras baixas que não estavam funcionando havia muito tempo, seu carro parou e o trem passou por cima deles. Foi um crime? Seus vizinhos acham que sim. Os pais da escola onde seu filho estuda pensam que sim. Seu marido acha que sim. E isso a leva a tomar uma decisão extrema: abandonar seu filho. Talvez aí cometa um delito. Ou não. Abandonar um filho é um crime? Julgar alguém com um padrão mais elevado do que a própria justiça, a ponto de degradá-lo como pessoa, é delito? Quem são os bons e quem são os maus nesse romance? Quem são os bons e quem são os maus em qualquer romance? Qual é o crime por trás desse crime? Nem todos os leitores respondem da mesma forma. Porque certos textos levantam mais perguntas do que respostas, mais dúvidas do que certezas e, acima de tudo, tentam nos colocar no lugar de qualquer um dos que estão sendo julgados, para que possamos ser eles. Mesmo aquele que mata, por acidente ou conscientemente.

Quando escrevi *Las maldiciones* (Alfaguara, 2015), também não pensei que estava escrevendo uma história policial, mas há uma pessoa morta: a esposa do político que quer ser governador da província de Buenos Aires. A política faz com esse corpo o oposto da busca pela verdade: esconde debaixo do tapete, por cima dele, coloca boca abaixo sem olhar para ele, a menos que precise dele, aí o traz para a arena política e o usa. É um romance policial? Há um morto. E políticos corruptos. E perversão. E uma cidade maldita. E o cadáver de uma mulher com a qual ninguém se importa. E crime, além de muitos crimes por trás do crime. Se isso não for *noir*, o que é *noir*?

A estrutura da verdade, o suspense, a narrativa dramática clássica, a morte, tudo isso me faz mergulhar no gênero. Não escrevo voluntariamente romances policiais, mas sei que é impossível ficar longe dessa classificação porque o que mais me interessa é o crime que se pretende ocultar. É por isso que sempre volto a este parágrafo de Chandler em *A simples arte de matar*: "O escritor de assassinatos realista descreve um mundo em que gângsteres podem governar nações e quase governar cidades, em que os proprietários de hotéis, blocos de apartamentos e restaurantes da moda ganharam dinheiro administrando bordéis, em que uma estrela do cinema pode trabalhar para a máfia e o afável vizinho do lado pode ser o chefe de uma rede de jogos ilegais; um mundo em que um juiz com uma adega cheia de bebidas contrabandeadas pode mandar alguém para a cadeia por ter uma garrafinha no bolso, em que o prefeito de sua cidade pode ter perdoado assassinatos em troca de dinheiro, em que ninguém pode andar seguro em uma rua escura porque a lei e a ordem são coisas sobre as quais falamos, mas que não praticamos; um mundo em que você pode testemunhar um assalto em plena luz do dia e ver os assaltantes, e depois desaparecer rapidamente no meio da multidão em vez de contar a alguém, porque talvez os assaltantes tenham amigos com armas grandes ou a polícia não goste do seu testemunho e, de qualquer forma, os vigaristas da defesa permitirão que eles o caluniem e difamem no meio do julgamento, diante de um júri de imbecis seletos e com o mínimo de interferência possível de um juiz nomeado por políticos".

Enquanto o mundo continuar assim, será difícil para mim escrever algo que não seja policial, por mais que eu tente. Aqueles, entre nós, que escrevem o gênero policial, voluntariamente ou não, cruzam a fronteira, revelam o que está oculto, apontam crimes que não existem para os outros.

Eles têm razão em desconfiar de nós.

Premonições

A chamada escrita premonitória não antecipa o futuro, mas, em todo caso, antecipa a expressão do que já aconteceu ou está acontecendo, e que ainda não poderia ser dito. É assim que Antonio Tabucchi coloca a questão em um dos ensaios incluídos em seu livro *Autobiografías ajenas. Poéticas a posteriori*: "Às vezes, a escrita é cega. E, em sua cegueira, ocular. Só que sua 'previsão' não diz respeito ao futuro, mas a algo que aconteceu no passado, a nós ou aos outros, e que não entendemos nem sabemos por que aconteceu". Anos atrás, sublinhei essa frase no livro de Tabucchi e volto a ela toda vez que alguém sugere ou afirma que minha literatura se enquadra nessa categoria. Também tenho outros parágrafos marcados com abas coloridas. "Não sabia ao certo onde ou quem, mas definitivamente tinha acontecido em algum lugar, *anywhere*: não fora do mundo, não apenas em minha cabeça, mas no mundo real. (...) A lei da gravidade existia antes de Newton e independentemente de Newton. E Newton não 'inventou' nada: desenvolveu uma lei preexistente da física, envolvendo-a em uma fórmula matemática. Meu conto desempenhou uma função semelhante."

Já no caso de María Marta García Belsunce – um dos primeiros assassinatos cometidos em um condomínio fechado –, atribuíram à minha literatura uma condição de premonição. Mas como o livro, embora tenha sido escrito em anos anteriores, foi publicado após a morte de Belsunce, o boato se espalhou pouco e entre aqueles que haviam lido o manuscrito. Alguns anos depois, quando vieram à tona algumas

---

Publicado em *Télam* e revisado para esta edição.

considerações sobre a morte de Nora Dalmasso, me ligaram de um programa de rádio em que estavam analisando, agora de forma explícita e inequívoca, o suposto poder "adivinhatório" do que escrevo. Na reportagem, asseguravam que a mulher assassinada e seu grupo de amigas participavam de reuniões em que misturavam as chaves de suas casas em uma panela e, em seguida, cada uma ia para a casa cujas chaves ela havia retirado, com o marido que havia sido escolhido ao acaso. Também afirmaram que essas reuniões foram inspiradas em meu livro *As viúvas das quintas-feiras*. Estava tudo errado de qualquer maneira que você olhasse. Primeiro, não há nenhuma cena naquele romance em que as chaves são pescadas em uma panela. E, certamente, Dalmasso e seus amigos não estavam fazendo nada parecido com esse jogo; era claro que os jornalistas diziam isso com base em rumores pouco sérios e com o objetivo de causar um grande impacto na audiência. O assunto, porém, foi suficiente para que eles me mantivessem no ar por cerca de dez minutos, insistindo nessa teoria de que o que escrevo é literatura premonitória, e eu negando. Gostaria de dizer que, assim como a lei da gravidade, o que é antecipatório em *As viúvas das quintas-feiras* é apenas uma questão de ter detectado o que já estava no ar – um modo de vida particular regido por regras semelhantes às do quarto fechado do policial *noir* – e de ter encontrado as palavras certas para dizer isso. Naquele programa de rádio, contudo, não havia clima para falar sobre Tabucchi.

Algum tempo depois, quando um ginásio em Villa Urquiza desabou, recebi uma ligação de um jornal. Queriam que eu escrevesse sobre a premonição desse tipo de colapso em meu romance *Las grietas de Jara*. Naquele romance, um vizinho que reclama do aparecimento de uma rachadura na parede de sua casa no mesmo dia em que uma construtora começa a escavar o terreno adjacente acaba soterrado sob o concreto do novo prédio. Nesse caso, eu também não havia inventado nada. Em várias ocasiões anteriores ao caso do ginásio de Villa Urquiza, edifícios desabaram na cidade de Buenos Aires; por causa disso a eficácia dos controles municipais tinha sido questionada e as responsabilidades logo foram diluídas.

Esses eventos semelhantes aos dos meus romances podem ter ficado ou não na memória de cada pessoa, dependendo do impacto do evento. Muitos já esqueceram. Outros ainda se lembrarão. Mas alguns poucos de nós, como diz Tabucchi, deixamos isso guardado no não conhecimento até que por fim chegou o dia em que os evocamos e colocamos as palavras necessárias para que esse fato – real, mas oculto – existisse.

Se há um escritor a quem foram atribuídos poderes premonitórios, esse escritor é Kafka. Alguns dizem que em *A metamorfose* ele antecipou o nazismo. Claro que não, certamente na sociedade em que ele vivia havia sinais e ele detectou comportamentos que já estavam criando o ovo da serpente, o que se tornaria um dos piores genocídios da humanidade, e ele colocou isso em palavras com maestria.

Os escritores e as escritoras são particularmente sensíveis ao que está acontecendo ao nosso redor e andam com antenas em estado de alerta. Vemos o que parece oculto para outros olhos e procuramos até encontrar as palavras certas para dizer isso, o tom, os personagens, as circunstâncias. Nossas antenas nos permitem enxergar, e nosso ofício pode traduzir com rapidez em palavras o que detectamos. Nada disso tem a ver com premonição, mesmo que alguns prefiram acreditar que, assim como as bruxas, elas existem.

Quanto vale um roteiro

Às vezes acontece.
 Cheguei a um país onde nunca havia estado antes: Colômbia.
 O avião atrasou e aterrissou às quatro da manhã. Sabia que em poucas horas, às oito, iriam me pegar para começar meus vários compromissos de trabalho. Levantei-me como pude. Esperei no saguão do hotel quase dormindo. A pessoa que deveria me buscar chegou cinquenta minutos atrasada. "Em dias de chuva, é difícil encontrar um táxi em Bogotá", desculpou-se Lisandro Duque Naranjo, um importante diretor colombiano que trabalhou em vários filmes com Gabriel García Márquez. E disse isso com gentileza e cordialidade, então eu o desculpei. Como não poderia desculpá-lo?

 Às vezes acontece.
 Apesar do cansaço, fiz o melhor que pude. Eu estava com dor de cabeça e de estômago. O táxi entrou em La Candelaria e teve que atravessar o centro histórico da cidade para chegar à Pós-graduação em Humanidades da Universidade Nacional, onde estava ocorrendo o III Encontro de Roteiristas Colombianos. Estávamos quase chegando; mesmo que estivéssemos atrasados, estava perto. No entanto, meu estômago se agitava a cada freada e eu não consegui mais me segurar. Foi inevitável pedir ao motorista do táxi que parasse. Pedi com vergonha, a rua era estreita e o táxi parado era intransponível para a fila de carros atrás dele. Desci sob o olhar de Duque, do taxista, de outros motoristas e de pedestres. Fui para o meio-fio e tentei

---
Publicado em *Télam* e revisado para esta edição.

vomitar, mas não conseguia; acho que não me permiti. Teria sido o pior começo. Voltei para o táxi. O motorista disse: "Soroche", e avançou. Duque apertou minha mão e me disse: "Calma". A dor de cabeça e o mal-estar do estômago tinham aliviado um pouco. Se o motivo era o *soroche*, o mal de altitude, não havia muito que eu pudesse fazer além de me mover devagar, dormir bem (o que eu não tinha feito) e tomar chá de coca. O táxi percorreu mais alguns quarteirões, mas na Casa de Nariño (sede da Presidência da República e residência presidencial) não foi mais possível continuar, a rua estava cortada. "É melhor irmos andando", avisou Duque. Quando passamos em frente à casa do governo, o vice-presidente colombiano Angelino Garzón estava saindo. Alguém o acompanhava segurando um guarda-chuva para que não se molhasse com a garoa. Caminhamos perto da Praça Bolivar, do Capitólio Nacional e da Catedral. Minha cabeça ainda doía, mas, graças ao ar fresco, o estômago estava melhor.

Às vezes acontece.

Cheguei ao encontro e me sentei a uma mesa onde os participantes já estavam se apresentando. Era coordenada por Alejandra Cardona Restrepo, roteirista e produtora do multipremiado *Confesión a Laura* e agora membro da diretoria da Associação Colombiana de Roteiristas. Devido a um erro de comunicação, eu não tinha sido informada com antecedência sobre o tópico específico da palestra. Dei uma olhada de lado no folheto: era apresentada como produtora de filmes. A primeira coisa que fiz foi explicar que não era.

Às vezes acontece.

As posições mais opostas eram as de José Luis Rúgeles e Ricardo Coral Delgado. Rúgeles, talvez um dos diretores, roteiristas e produtores mais bem-sucedidos da Colômbia, depois de obra-prima *García*, está exibindo em 46 cinemas colombianos *El páramo*: um novo sucesso que, desta vez, ele não dirige, mas produz – a história de um comando especial de alta montanha, composto de nove soldados treinados, que é enviado a um planalto desolado onde há uma base militar com a qual perderam contato. Por sua vez, Coral Delgado, prestigiado diretor, roteirista, editor e produtor de filmes independentes, ainda não sabe se o filme que está prestes a terminar será exibido nos cinemas. Está apostando em colocá-lo na internet, em uma plataforma de acesso gratuito, depois de descartar outra opção que também avaliou: chegar aos espectadores com cópias de qualidade distribuídas por ele mesmo entre os vendedores de pirataria, para que pelo menos boas cópias de seu filme circulem.

Às vezes acontece.

Foi aberto um espaço para perguntas. A maioria dos presentes não as fez, mas, como sempre acontece, aproveitou o microfone para oferecer as próprias reflexões, experiências e comentários. No entanto, houve uma última pergunta que ficou pairando no ar quando a sala se esvaziou. Um jovem estudante da escola de roteiro foi até o microfone e quis saber: "Quanto vale um roteiro? Se alguém nos pedir um roteiro, é válido pedir que a gente faça de graça ou há um valor mínimo a ser cobrado?". A pergunta foi dirigida, em primeira instância, a uma produtora. "Um roteiro pode valer uma máquina de escrever ou um computador", disse. "Se eu quiser que você faça um roteiro e você não tiver onde digitá-lo, o roteiro vale isso. Vou comprar um lugar para você digitá-lo". Embora talvez seja verdade, a resposta soou antipática, houve murmúrios. Foram discutidos os esforços e as dificuldades ainda não resolvidas da Associação de Roteiristas Colombianos para estabelecer um preço mínimo para cada roteiro de acordo com sua extensão e outras características. A produtora questionada então alertou que, em sua opinião, estabelecer um valor mínimo não funcionaria, pois pelo mesmo preço ela chamaria o melhor, e não um iniciante. Tampouco soou simpático. "O melhor deveria receber mais do que o mínimo", disse um aluno. Vários roteiristas presentes também reclamaram que, mesmo que o honorário seja acordado, os produtores costumam pagá-los depois que todas as outras dívidas são pagas, se houver alguma sobra. Um deles ressaltou que ninguém negocia o valor das luzes alugadas para um filme ou pede à empresa de catering que espere até o final para cobrar pela comida fornecida. A variável de ajuste sempre parece ser o roteirista, concluiu a maioria. O documentarista Antonio Dorado sugeriu que perguntassem a mim, que certamente teria outras experiências na Argentina, mas eu não tinha muito mais a dizer naquele momento. Ou, pelo menos, nada diferente. Porque aqui, também, os roteiristas e escritores eram com frequência solicitados a trabalhar de graça. Ou quase de graça. Nos últimos anos, há uma maior conscientização sobre essa situação, e algumas mudanças positivas aconteceram, contudo isso foi depois daquela conversa. De qualquer forma, as regras do mercado ainda fazem muitos autores aceitarem trabalhar de graça na esperança de que a merecida remuneração vai chegar, naquele roteiro, naquele texto, naquele livro, no próximo. Entendo que façam isso, o que eu não entendo é que no século 21 alguém tenha a coragem de pedir a outra pessoa que trabalhe de graça.

E a falta de consideração não é apenas econômica. O lugar do roteirista em nenhum dos dois países parece ser o merecido para aqueles que fornecem a gênese do assunto, o que é essencial, o que não pode faltar para iniciar um projeto de televisão ou filme: a história e o roteiro que a sustenta. É comum encontrar artigos de jornal sobre programas de televisão, séries ou filmes, de grande sucesso ou não, em que toda a equipe é nomeada, exceto os roteiristas.

Às vezes acontece.

Um avião chega atrasado. Seu estômago se remexe. A cabeça explode. Te colocam sentada em uma mesa onde ninguém te antecipou o que teria de falar. Recebe uma oferta de trabalho na qual, supostamente, deveria ficar feliz por trabalhar de graça. Contente e agradecido. Mas mesmo que você faça isso, mesmo que na Colômbia ou na Argentina a necessidade de encontrar um lugar no mundo dos que escrevem (roteiristas, blogueiros, romancistas, colunistas etc.) faça você decidir aceitar trabalhar de graça, o que você nunca deve esquecer é que esse trabalho precisa ser pago. Como todo trabalho. E que, se alguém pede que seja de graça, é por causa da perversidade das regras de um mercado que o permite e até o impõe.

Meu reino por um título

Encontrar o título de um texto pode ser uma tarefa fácil, natural e direta, ou o contrário. Parece não haver meio-termo. Há escritores que podem passar muito tempo pensando em um título adequado sem nunca se decidir por ele, e outros que lhes são apresentados assim que começam a escrever. Ou até mesmo antes: um amigo me confessou, sem nenhum pudor, que pensou no título primeiro, se apaixonou por ele e depois teve que pensar em um romance para justificá-lo. Se o resultado valer a pena, todos os caminhos são corretos. No entanto, como diz David Lodge em *A arte da ficção*: "Talvez os títulos sempre signifiquem mais para os autores do que para os leitores, que, como qualquer escritor sabe, muitas vezes esquecem ou confundem os nomes dos livros que dizem admirar". Na verdade, talvez poucos fãs de Stieg Larsson citem os volumes de sua trilogia *Millennium* com os títulos bombásticos nos quais o autor deve ter ficado mais de uma noite acordado pensando. É impossível lembrar sem confundir algumas palavras: *Os homens que não amavam as mulheres, A menina que brincava com fogo, A rainha do castelo de ar*. Seus fãs costumam dizer: o primeiro, o segundo ou o terceiro do Larsson. Às vezes, não é o tamanho do título que é o problema, mas certas dificuldades de leitura que ele pode oferecer. Fico imaginando o que os leitores de Murakami dizem quando vão a uma livraria e pedem seu último romance: *1Q84*. Amos Oz, em *E a história começa*, livro em que analisa o início de vários romances e contos, trabalha com a história de Raymond Carver "Ninguém falou nada", incluída no livro *Will You Please Shut Up?* (No Brasil, incluído

---

Publicado em *La mujer de mi vida* (2011) e revisado para esta edição.

no livro *68 Contos* de Raymond Carver). Que Raymond Carver é um mestre muito particular quando se trata de dar títulos é um fato bem conhecido – e que não devemos tentar imitá-lo também. No entanto, o que Oz faz ao analisar essa história é demonstrar a dependência íntima dela em relação ao título e vice-versa. Ele aponta como o título só é compreendido quando o último parágrafo é lido e como a história não funcionaria da mesma maneira com outro título.

Em minha experiência pessoal, *Tua* e *Elena sabe* já tinham esse título logo depois que comecei a escrevê-los. *As viúvas das quintas-feiras*, por outro lado, chegou sem título no rascunho final, e foi seguindo uma técnica usada em agências de publicidade na qual fiz uma lista de possíveis títulos. Eu os contei, foram 58. Havia alguns que eram muito diferentes entre si, mas também outros que quase não variavam do plural para o singular. *Las grietas de Jara* chamava-se apenas *La grieta*, até que me lembrei de que Doris Lessing (nada menos) tinha um romance com esse nome. Não bastava mudar o título para o plural e chamá-lo de *Las grietas*. Também não queria perder a palavra "grieta" (rachadura) porque ela era substancial para o romance, nem queria mudá-la para fissura, sulco, fenda ou qualquer outro sinônimo que me davam amigos preocupados que queriam me ajudar. Depois, comecei a acrescentar palavras ao título original. Adjetivos primeiro, mas os adjetivos não são confiáveis e devem ser usados com muito cuidado. Por fim, ocorreu-me acrescentar à rachadura o sobrenome de um dos personagens, Nelson Jara – que verificava todas as manhãs o que havia sido desenhado na parede de sua casa –, e ignorar os avisos daqueles que diziam que os leitores pensariam que se tratava de um romance sobre o grande músico e político chileno Víctor Jara.

O título do meu livro de contos, *Quién no*, devo à editora Julia Saltzmann, que o encontrou depois de darmos muitas voltas sobre o assunto durante dias. *Las maldiciones* manteve seu título original, embora alguns afirmassem que ele assustaria os leitores apreensivos. *Catedrais* é uma clara homenagem a John Carver. Com *Betibú*, foram levantadas preocupações sobre a controvérsia que poderia surgir com o uso de um nome icônico e registrado, mesmo que a grafia tenha sido alterada. Nenhuma queixa, porém, foi feita. E devo o título de *Un comunista en calzoncillos* ao autor peruano Alonso Cueto, que, depois de me ouvir ler um rascunho do primeiro capítulo desse romance no Fórum do Chaco da Fundação Mempo Giardinelli, me disse: "Adorei a história que você leu sobre aquele comunista de cueca". Acho que não poderia ter encontrado um título melhor para esse texto autobiográfico, mesmo que em algumas partes do mundo a palavra para roupas íntimas masculinas tenha sido alterada para outra coisa.

Como mencionei, os problemas não terminam quando o romance sai da impressora já com título. Se o autor tiver a sorte de ter seu texto traduzido, o título poderá sofrer algumas alterações. E os autores sofrem, pura e simplesmente. O termo "Tua", como uma assinatura, parece ser incompreensível no mundo das línguas saxônicas sem uma circunstância de modo: "inteiramente tua", "profundamente tua", "devotadamente tua" ou equivalente. Por sua vez, *As viúvas das quintas-feiras*, em sua versão em inglês, recebeu o acréscimo da palavra "noite", o que a acabou aproximando de John Travolta: *Thursday's Night Widows*. *Elena sabe*, em francês, transformou-se como mágica em *Elena e a rainha destronada*. *Las grietas de Jara*, por outro lado, perdeu o Jara em todas as suas versões estrangeiras não por causa do medo do meu amigo, mas porque não dava para entender, foi o que disseram.

As traduções podem representar, também, amarguras para os títulos e seus autores. Um exemplo é o que aconteceu com Juan Martini. A tradutora espanhola do romance de David Grossman, cujo nome original era *Uma mulher foge de um anúncio*, deve ter concluído que esse não era um bom título, pois o mudou para *La vida entera* (*To the End of the Land* na tradução inglesa; e *A mulher foge*, na brasileira), o mesmo de um romance muito anterior de Martini, talvez um dos mais importantes e mais lidos de sua bibliografia. Os sites da internet que elogiavam o romance de Grossman elogiam quase tanto quanto, se não mais, o título que ele tem hoje, graças à sua tradutora, que não teve escrúpulos em usar um título bem conhecido na Espanha, onde a obra de Martini é publicada pela editora que traduz Grossman para o espanhol. Alguns críticos chegaram a dizer: "Não poderia haver título melhor para o romance de Grossman". De qualquer forma, apesar de suas reclamações, Martini não inventou a frase que dá nome ao seu romance, mas a retirou de um tango, "Cuesta abajo", que afirma: "Eras para mí la vida entera, como un sol de primavera, mi esperanza y mi pasión".* E, se estivermos falando de títulos de livros baseados em músicas – perdoe-me a digressão –, meus favoritos são *Arráncame la vida*, um bolero do mexicano Agustín Lara que Ángeles Mastretta coloca em seu romance, e *Me verás caer*, título de Mariana Travacio, decerto em homenagem a Gustavo Cerati.

Com colunas para jornais, você não precisa se preocupar tanto em dar títulos, pois eles são inevitavelmente alterados nas redações. E com peças e roteiros, Argentores está sempre presente para defender um título próprio contra qualquer um que queira usá-lo.

Uma máxima que você deve ter em mente quando não conseguir encontrar um título é reler o texto, pois o melhor título está sempre no que já foi escrito, basta prestar atenção e procurar aquela frase escondida que não tínhamos visto até então, a mais adequada para nomeá-lo. Outra opção é a estratégia tantas vezes usada de pegar uma frase de um livro estabelecido e homenageá-lo. Como o título de Soriano, *Triste, solitario y final*, extraído do livro *O longo adeus*, de Raymond Chandler. Ou procurar na Bíblia. "Meu reino por um prato de lentilhas", conta-se em Gênesis que Esaú disse a Jacó. Basta mudar um "prato de lentilhas" para "título" e o problema estará resolvido, pois já tenho o título desta coluna.

---

* Você era para mim a vida inteira, como um sol de primavera, minha esperança e minha paixão.

Teatro político: distanciamento e humor

O momento que decorre entre o apagão e o aplauso em uma apresentação teatral é, para mim, estranho e até perturbador. A sensação que me produz é semelhante à que eu tinha quando brincava de pega-pega na infância: não há movimento, tudo para, até mesmo a própria respiração, para cima e para baixo no palco. Dura um tempo mínimo, que parece muito mais longo do que de fato é. Até que alguém, de algum lugar da sala, começa a bater palmas. E outro o segue, muitos o seguem, provavelmente todos. De imediato, um espectador se levanta e grita "bravo", um segundo grito o acompanha de uma localização imprecisa e um terceiro se junta. Às vezes não; às vezes, após o silêncio, quase não há aplausos por respeito ao trabalho daqueles que estão acima e atrás do palco. Em outras ocasiões, alguém se levanta e sai sem fazer um gesto. Atirar tomates é coisa do passado, pois encontramos maneiras mais apropriadas de demonstrar nossa insatisfação como espectadores; mas essa tradição ainda é evocada e até mesmo deu nome ao popular portal de resenhas de filmes *Rotten Tomatoes*. O que acontece quando a cortina cai nada mais é do que a condensação do que o espectador sentiu ou refletiu durante a peça.

Deixando de lado os tomates e voltando aos aplausos, especialmente o silêncio anterior, gosto de observar de fora esse momento de quietude e o que se segue, como se eu fizesse parte da companhia de teatro, e não da plateia. Alguém quebra o silêncio, mas os aplausos do grupo demoram o tempo que os espectadores levam para chegar a uma espécie de consenso tácito de apreciação do trabalho. É como se os aplausos e os bravos começassem nas extremidades de um sintetizador musical e, em seguida, buscassem o volume certo, o tom certo, os graves e os agudos, até que, em algum momento, uma vibração média fosse obtida. Às vezes, esse consenso não é alcançado; cada espectador permanece nos extremos, incapaz de se aproximar; quando as luzes se apagam, alguns gritam "bravo" e aplaudem com entusiasmo, enquanto outros mal batem palmas, apenas para não parecerem grosseiros. Uns não contagiam os outros. Aqueles que permanecem imóveis em seus assentos, sem emitir som, esperam que alguém venha e explique por que não o fazem. Outros saem com raiva e, no corredor de saída, dizem frases como: "Não consegui entender nada", "A peça não mexeu comigo nem um fio de cabelo", "Não estava interessado no que estavam me contando".

Em alguns casos, mesmo que a dramaturgia, a encenação, as atuações e outros elementos teatrais tenham sido adequados ou até muito bons, a origem dessa reclamação pode estar no efeito teatral conhecido como distanciamento. O que Bertolt Brecht tanto buscava em seu teatro épico. O *Verfremdungseffekt* (não me atreveria a pronunciá-lo em seu idioma original) tentava evitar a "catarse" do teatro grego; queria que o público se concentrasse nas ideias, e não na emoção; que os espectadores não sentissem empatia pelos personagens; que não acreditassem, em hipótese alguma, que aqueles que estavam no palco pudessem se parecer com eles, ou mesmo sê-los. Queria que o público fosse capaz de refletir de forma objetiva e crítica, pois queria separar seu teatro do teatro naturalista e burguês. Brecht queria um teatro político. O distanciamento nega ao espectador a ilusão de que o que está acontecendo diante de seus olhos está acontecendo na vida. Não é certo nem errado, é o que ele quer. E consegue.

Muitos espectadores gostam de um teatro que não apela para suas emoções, mas para sua razão, que os mantêm mais conscientes, propensos à reflexão e à crítica. Mas o que foi a marca registrada de Bertolt Brecht e seu teatro épico não é apropriado hoje para aqueles que vão ao teatro para rir ou chorar. Não no teatro brechtiano, mas em qualquer tipo de peça, há um número cada vez maior de produções em que o público ri em momentos impensáveis, provavelmente guiados pelo desejo da produção de encher muitos assentos.

Entendo que uma peça que é extremamente distanciada não é para quem vai ao teatro para se emocionar com a história que está sendo contada no palco. Entendo que muitos fiquem em suas poltronas esperando que alguém venha e explique por que nada do que viram "chegou até eles", por que ficaram de fora, e sei que Brecht não virá. No entanto, resisto a aceitar que a solução seja o riso fácil.

Isso significa, então, que o humor não é apropriado no teatro político?

Claro que não. Às vezes, é o oposto. Mas estou interessada no humor como Pirandello o descreve, aquele que, após o riso, provoca a inevitável reflexão e nos faz perguntar: "Como posso estar rindo dessa barbárie?". Não é uma simples piada que esquecemos logo após ser contada. O humor que provoca reflexão nos permite alcançar áreas em que outros caminhos estão fechados para nós. Aprendi isso quando escrevi minha primeira peça, *Cuánto vale una heladera*, apresentada no Teatro x la Identidad, que é dirigido por Abuelas de Plaza de Mayo. A pedido das Abuelas, naquele ano elas começaram a incluir peças que tratavam da questão da identidade de forma mais ampla, não apenas em relação à apropriação de menores durante a ditadura. Elas achavam que isso atingiria mais pessoas, que talvez não se sentissem desafiadas pela questão, até relutantes. Achavam que, se pudessem transmitir ao público a importância da identidade em geral, como algo que nos afeta e é importante para todos, então poderiam transmitir melhor o objeto específico de sua busca. Como as Abuelas tiveram a lucidez de pedir que o assunto fosse aberto dessa forma, pude usar o humor para falar sobre identidade na peça que enviei para a competição e que ainda está sendo apresentada hoje em diferentes partes do país, simultaneamente, quase vinte anos após sua estreia.

A tradução: em busca da palavra certa

No romance *La traducción*, de Pablo de Santis, um dos personagens, Naum, diz: "O verdadeiro problema para um tradutor não é a distância entre idiomas ou mundos, não é o jargão ou a imprecisão da música; o verdadeiro problema é o silêncio do idioma (...) porque todo o resto pode ser traduzido, mas não a maneira como uma obra se cala; não há tradução possível para isso".

Há alguns meses, quando Javier Marías esteve em Buenos Aires, ele recomendou àqueles que queriam escrever: traduzir, traduzir, traduzir. Disse textualmente, de acordo com Silvina Friera no jornal *Página 12*: "O tradutor não é apenas um leitor privilegiado, mas também um escritor privilegiado que precisa reescrever o texto original, que é móvel por si só, porque nunca há uma versão unívoca. Se alguém conseguir reescrever um texto de Conrad, Faulkner ou Nabokov, já ganhou muito. Não dá talento ou inventividade, mas colocar-se no mesmo nível de um grande autor e ter mais ou menos sucesso ao reescrever em outro idioma é um trabalho extraordinário para qualquer escritor".

A tradução tem uma longa tradição entre nossos escritores. Borges começou a traduzir *O príncipe feliz*, de Oscar Wilde, aos 10 anos, e depois seguiu com muitos outros autores: Poe, Kafka, Whitman, Virginia Woolf, Herman Melville, André Gide. Cortázar também traduziu Poe e tem em seu crédito a única tradução completa de *Robinson Crusoé*,

---

Publicado em *La mujer de mi vida* (2009) e revisado para esta edição.

de Defoe. Pepe Bianco foi o primeiro a traduzir Henry James e, posteriormente, muitos outros: Beckett, Paul Valéry, Sartre, Ambrose Bierce, Genet. Marcelo Cohen – além de traduzir a si mesmo – dirigiu a coleção "Shakespeare por escritores" da Editorial Norma, em que cada obra foi traduzida por um grande autor. Elvio Gandolfo também traduziu Shakespeare e vários outros, incluindo Tennessee Williams e Tim O'Brien. Esther Cross traduziu vários, mas ninguém menos do que Richard Yates. Inés Garland traduziu autoras que admiro e que leio graças à sua tradução: Lorrie Moore, Lydia Davis, Jamaica Kincaid. Apenas para citar alguns dos muitos escritores que já experimentaram o que é sentar-se diante de um texto original e procurar, linha por linha, a palavra certa, aquela que consegue honrar com precisão a outra palavra, a estrangeira, a escolhida pelo autor sem, talvez, fazer a si mesmo tantas perguntas quanto seu tradutor faz. Ou muitas perguntas, sim, mas outras.

Sem querer contradizer Javier Marías, mas acrescentando a partir de seu espelho invertido, o escritor aprende quando traduz, mas também quando é traduzido. De um país distante, podemos receber um e-mail com uma ou duas perguntas tímidas e uma lista interminável de dúvidas de todos os tipos. O responsável pela tradução pode questionar o significado de uma palavra, bem como seu uso, o significado da expressão, o ditado ou a metáfora à qual ela faz alusão. E é então que essas dúvidas, que não nos incomodavam até o momento, se apresentam a nós não em um rascunho, mas em seu texto já editado, e desencadeiam uma reflexão tardia, mas inevitável.

Um amigo escritor me consolou quando eu estava me lamentando por ter encontrado um erro em um dos meus romances editados. Ele me contou sobre um dele, que só apareceu quando o livro estava sendo traduzido para o alemão. Todo o seu romance se baseava em uma série de eventos datados que terminam no dia em que a liturgia comemora um santo muito venerado. O tradutor alemão faz uma consulta: "Será que em seu país esse santo é comemorado em fevereiro, como diz o romance? Porque em meu país ele é comemorado em agosto". E o tradutor alemão estava certo. O romance tinha passado por editores, revisores e inúmeros leitores, e foi somente quando chegou à fase de tradução que o erro de datas e santos apareceu.

Então, meu amigo respondeu: "Você tem razão, proponho que tentemos mudar a data do santo na liturgia; isso será mais fácil do que eu reescrever todo o meu romance".

Alguns de meus tradutores me fizeram muitas perguntas, outros menos, outros nenhuma. Ao longo de seu trabalho, recebi inúmeras – cinquenta, cem, perdi a conta –, e cada uma delas, além da dúvida em si, levantava a seguinte preocupação: por que os tradutores de outros idiomas não me fizeram a mesma pergunta? Havia de tudo em suas listas. Dúvidas locais: como traduzir "quiero vale cuatro", "quiero retruco", "parda la primera" ou "cómo venís para el tanto?". Dúvidas que tem a ver com sons: "Por que o Papai Noel diz ho, ho, ho?". Dúvidas originadas em provérbios: "Por que o personagem diz 'não vai receber nem no dia do goleiro' se os goleiros hoje em dia, pelo menos no futebol europeu, recebem salários e bônus tão altos?". Dúvidas psicológicas – ou sociológicas: "Quando o personagem diz: eu nunca me analisei, ele quer dizer que nunca se psicanalisou ou que nunca fez terapia?".

Além desses tipos de dúvida, porém, surgem outras, em uma tradução, que nos forçam a refletir sobre questões que vão além do problema do idioma. Um tradutor europeu me perguntou há muitos anos: "Quando no romance diz 'foram enterrados em um cemitério particular', você quer dizer um cemitério que não é administrado pelo Estado, um cemitério administrado como uma empresa? Eu traduzi dessa forma, mas acho que devo estar errado, porque, se fosse esse o caso, se mãos privadas em meu país tentassem organizar um cemitério porque o Estado não cuida dos mortos, seria um verdadeiro escândalo que teria sido publicado em todos os jornais". Reflexão tardia e inevitável: por que em meu país algumas coisas não causam indignação ou, pelo menos, espanto? Simplesmente respondi: "Você entendeu certo, uma empresa privada que gerencia os corpos mortos". No entanto, essa pergunta me levou de volta a Naum e sua teoria, o que uma obra não diz.

A cadeira do escritor

A vida de um escritor é, em grande parte, passada sentada. Escrevemos sentados, corrigimos sentados, lemos sentados. Quando vai à apresentação do livro de um amigo ou do seu próprio, se senta; quando autografa exemplares, fica instalado em uma cadeira atrás de uma mesa; o mesmo acontece em uma cerimônia de premiação, uma homenagem, uma conferência ou no mais importante congresso de literatura. É difícil compensar tanto tempo sentado com exercícios eficazes que restaurem o tônus muscular, a agilidade ou o alongamento após tantas horas de inatividade física. Há exceções que confirmam a regra: Fogwill nadava; Guillermo Martínez joga tênis; Murakami e Joyce Carol Oates correm. Eu caminho. Alguns, porém, acham mais difícil do que outros encontrar o tempo, a vontade ou o desejo de evitar o feitiço da cadeira e colocar o corpo em movimento.

"Esporte é saúde", "Conhecimento não ocupa espaço", "Poupar é a base da fortuna", "O importante é competir" são supostamente sabedorias populares repetidas ao longo de nossas vidas. Slogans que aparecem no momento certo, ou no pior momento, prontos para nos indicar como devemos viver. A frase favorita do meu pai era "esporte é saúde". E, pelo contrário, zombava de "a poupança é a base da fortuna", não porque tivesse encontrado outra maneira de sair da pobreza, mas porque tinha certeza de que as fortunas que via ao seu redor não tinham sido feitas por meio de poupança. Na verdade, apesar de eu ter chegado às lágrimas, nunca me deixou colocar selos na caderneta de poupança postal, como meus colegas faziam, o que ele chamava de fraude.

Publicado em *La mujer de mi vida* (2010) e revisado para esta edição.

Não me lembro de um único dia na vida de minha família em que meu pai não tenha passado uma hora antes do jantar fazendo ginástica. Adaptava suas necessidades esportivas ao espaço limitado disponível em uma casa de dois quartos, um dos meus pais, outro que eu dividia com meu irmão. Primeiro, pulava corda na cozinha, o maior cômodo, enquanto meu irmão e eu terminávamos a lição de casa na mesa da família ou assistíamos a um programa na televisão que ficava na geladeira. De costas para nós, minha mãe estava cozinhando. A rotina de ginástica de meu pai era pular corda por alguns minutos alternando um pé com o outro, depois com os dois pés juntos, mais tarde cruzando e descruzando os braços como fazem os boxeadores. Por fim, acabava pulando em uma velocidade que aumentava a cada volta da corda, contando em voz alta os saltos de seus pés no chão, até que um deles ficava preso na corda e isso determinava o fim da etapa. Repetia o número final em voz alta para nós – 218, 315 ou 124 – para que soubéssemos se ele havia ou não batido o próprio recorde. Em seguida, pendurava a corda no cabide da cozinha e se dirigia à próxima estação de treinamento.

A estação de cordas era a de que eu mais gostava, ouvir a batida da juta trançada contra os azulejos da cozinha, um som seco e raspado que sinalizava a alternância de um pé e outro de acordo com o ritmo que meu pai dava ao salto. Ele saltava descalço, algo impensável hoje em dia, quando existem calçados para todos os esportes ou trabalhos físicos que, garantem, não podem ser substituídos por outros. A próxima etapa da rotina dele continuava em seu quarto, no espaço estreito entre a cama de casal e a parede, em um caminho de carpete gasto. A especialidade do meu pai eram os abdominais, mas ele também fazia flexões, agachamentos e outros exercícios cujo nome eu nunca soube.

E se o esporte era saúde para ele, também deveria ser para o resto da família, embora o único que tivesse condições era meu irmão, que jogava bem tudo: futebol, tênis, pelota basca. Minha mãe e eu éramos de natureza diferente. Um dia descobri que o livro de ginástica sueca do qual meu pai tirava seus exercícios não era estritamente dele, mas um presente que ele havia dado à minha mãe quando estavam namorando. A dedicatória dizia: "O que a natureza não dá, Salamanca não pode fornecer". Ironia que era tão natural para meu pai quanto o esporte. E depois, no final da página, uma frase que ele deve ter acrescentado por culpa: "Com esforço e dedicação, tudo é possível". Gostava mais da frase de Salamanca do que da frase sobre culpa, porque parecia mais sincera. Minha mãe, que sempre tentava agradá-lo, acabou jogando tênis como se gostasse, embora nunca tenha conseguido parar de correr atrás da bola com a raquete à sua frente como se estivesse perseguindo borboletas.

    Tentei praticar esportes várias vezes e em diferentes modalidades. Primeiro, meu pai estabeleceu como meta me ensinar a correr: "Você pode me explicar por que corre com os joelhos juntos?". No início, ele me treinou no quintal e depois ao redor do quarteirão. Me esperava no pilar da minha casa com um despertador que usava como cronômetro. E quando eu me aproximava, exausta, suada e sem fôlego, mas com a alegria de tê-lo agradado, ele deixava claro, com o gesto de seu rosto contraído, que eu ainda estava com os joelhos juntos. Depois vieram o cestoball, o patim, o vôlei e o basquete. E, por fim, as aulas de tênis. Diferentes professores, diferentes fracassos. O último me chamava de King Kong quando eu corria desesperadamente atrás de uma bola: "Vamos, King Kong, você consegue". Reclamei com meu pai, que esboçou uma resposta de compromisso para evitar o seu "o que a natureza não dá".

    De volta à minha cadeira, os momentos mais estáticos são quando estou mergulhada em um romance e não consigo me afastar do teclado. Nesses dias, mesmo que eu não tenha me movido, sinto como se tivesse corrido uma maratona. Por outro lado, costumo ler caminhando, resolvo problemas de escrita ou de enredo em movimento e até mesmo reviso no papel enquanto ando de um cômodo a outro pelos corredores da minha casa. Quando viajo a trabalho, me locomovo a pé em todas as cidades. Qualquer trajeto de menos de uma hora é considerado uma *walking distance*. Mas se eu souber que, devido à localização do hotel e das atividades, não terei outra opção a não ser usar o transporte durante minha estada, eu me levanto cedo para caminhar na academia do hotel ou nos arredores. E nos dois casos, enquanto caminho, leio. Ou, enquanto leio, caminho.

    Ainda não encontrei uma maneira de escrever em movimento.

    No entanto, não perco a esperança.

7.
Da leitura

Livros como fungos

Em minha casa, os livros crescem como fungos depois de uma chuva. Não me atrevo a podá-los, embora jure que os arrumo, de vez em quando, não todos os dias, talvez uma vez por semana, ou a cada duas semanas, mas eu arrumo. Desmonto as pilhas que cresceram ao acaso e, com algum esforço, encontro um lugar adequado para eles. Depois de fazer isso, sinto-me aliviada, mas é um alívio estranho que vai além da estética. Digo a mim mesma que sim, é possível manter meus livros em ordem, e isso me tranquiliza, mesmo que eu não acredite totalmente. Como se a ordem significasse, além disso, que eu poderia incluí-los, que organizados eles entrariam em um possível espaço de leitura, que não se perderiam no caos de muitos livros. Sem ousar considerar que, talvez, a ordem signifique o contrário: que, colocado em sua prateleira, a leitura desse livro perde seu caráter urgente e imediato. No entanto, o alívio dura pouco, pois alguns dias depois surge um novo surto de papel. Primeiro, tento não dar muita importância, tento não observar o crescimento do surto, descrevendo sua trajetória ascendente livro por livro. Até que a pilha se torna evidente e eu não posso mais ignorá-la. Assim, o ciclo dos fungos do papel e da palavra se repete várias vezes, irremediavelmente, como o ciclo da vida.

As primeiras pilhas de livros cresceram na minha mesa, depois no chão ao redor da minha mesa, um pouco mais tarde em cima dos radiadores do aquecimento – se fosse verão e estivessem desligados, é claro –, embaixo das molduras das janelas, tentando simular um papel de parede em relevo. Um pouco mais tarde, chegaram à mesa de jantar e

---

Publicado em *La mujer de mi vida* (2011) e revisado para esta edição.

a duas cadeiras ao redor dela, canceladas para o uso pretendido: sentar-se. Continuaram por cima da televisão e do aparelho de som. No meu quarto, sempre havia livros nas mesas de cabeceira, contudo não apenas os que estavam sendo lidos, mas também os que haviam sido lidos recentemente e os que eu esperava ler no futuro imediato. Não satisfeitos com isso, eles também se instalaram na cômoda, ao lado da cama, em cima de um baú que eu não conseguia abrir de novo, a menos que removesse pilha por pilha, em cima da esteira. Esta foi uma verdadeira descoberta: que o melhor uso da esteira não é como um cabide, mas como uma biblioteca.

No entanto, como diz o velho ditado: "Se você não pode vencê-los, junte-se a eles". Por isso, procurei um método para que o crescimento não fosse aleatório, e sim controlado. Então, quando as novas pilhas apareciam, a primeira etapa foi encontrar uma unidade, um critério ou, pelo menos, uma desculpa. Passei os livros de uma pilha para outra, transformando o que tinha sido uma união aleatória em um acúmulo de textos significativos. Uma pilha foi a de livros que chegam pelo desejo de outros: editoras, amigos, autores conhecidos ou desconhecidos. Em outra pilha, coloquei os que desejo, os que compro com vontade de ler, estabelecendo uma ordem de prioridade em uma escala decrescente de cima para baixo. Mais uma pilha, reservada para livros que precisarei reler para concluir um texto ou uma nota em andamento. Outra muito necessária, a dos livros emprestados que ainda não li, aqueles que, embora não tenham necessariamente prioridade de leitura por desejo, têm a urgência de serem devolvidos ao dono. E uma última pilha de livros emprestados, já lidos, esperando que eu os devolva a quem pertencem.

Hoje tenho várias prateleiras, mas elas nunca são suficientes. De vez em quando, vejo uma parede onde posso acrescentar mais algumas prateleiras, mas com o tempo os espaços vazios são preenchidos, os livros ficam apertados o máximo possível e as lacunas desaparecem. A prateleira principal está em minha mesa; eu pretendia mantê-la em ordem alfabética de acordo com o sobrenome do autor, mas a chegada de novos livros estava forçando o espaço até sua capacidade máxima. Em frente à primeira biblioteca, no espaço estreito entre duas janelas, acrescentei outra prateleira e transferi todos os livros infantis e juvenis para lá, na esperança de que ficassem mais fáceis para meus filhos. Essa, a de literatura infantil e juvenil, foi a primeira "colônia". Logo depois, colonizei um canto do escritório com quatro prateleiras em formato de L e no alto, em que concentrei dicionários, ensaios literários e livros assinados por escritores que admiro. Um ano depois, acrescentei uma última prateleira contínua nas quatro paredes do escritório, acima das portas e janelas, na qual, por uma questão de altura, coloquei publicações às quais retorno muito ocasionalmente: exemplares da *National Geographic*, enciclopédias, coleções de história mundial, uma coleção incompleta de volumes de Freud, meus livros.

Aceitando que não havia como abrir mais espaço no escritório, organizei uma colônia no meu quarto – mais arrumada do que a irregular que espalhara pelas mesinhas de cabeceira, em cima do baú e na esteira de caminhar. Devo admitir que já havia feito uma colonização secreta antes, quando me divorciei e enchi o guarda-roupa do meu ex-marido de livros. Por fim, comprei uma daquelas estantes que supostamente são montadas em algumas etapas fáceis. E, embora tenha precisado de muito tempo e esforço para montá-la, consegui – uma prateleira ficou ao contrário, mas quase não se nota. Levei todos os livros de teatro de lá, tanto peças quanto ensaios.

Anos depois, montei outra estante que instalei em um cômodo externo da casa. Um pouco mais tarde, forrei com prateleiras e livros os patamares da escada, as paredes da sala de estar e de jantar, uma parede irregular onde fica a porta de entrada para os quartos. Por fim, coloquei uma estante que envolve no alto vários cômodos da minha casa. Por enquanto, não tenho mais nenhum lugar para colonizar.

Talvez uma solução seja dar alguns livros de presente, mas acho difícil me desprender deles. Cada um, lido ou não, tem uma história por trás, além daquela que ele conta. Sinto que estaria traindo quem o presenteou no corredor de uma feira, quem me enviou pelo correio, quem se deu ao trabalho de trazê-lo até minha casa. Sei que algumas especialistas em arrumação conhecidas recomendam isso, mas confio mais nos livros do que na ordem. Portanto, continuarei a ter uma casa cheia desses fungos de papel que crescem sem pedir permissão. Pelo menos não são fungos venenosos. E, se forem, seu veneno é da mais alta qualidade.

Pérolas

Aparecem de tempos em tempos, quando não apenas um momento é compartilhado, mas também as palavras que o descrevem. São questões de código, transformadas em pérolas preciosas. Em geral, ocorrem apenas em vínculos profundos, não necessariamente com pessoas próximas. Não são frases buscadas; um dia a mágica acontece e uma frase adquire para duas ou mais pessoas um significado que não é transferível para as demais. A partir de então, dizer essa frase contém algo que vai além do que é dito, que apenas aqueles que compartilham o código podem decifrar e apreciar.

Como Natalia Ginzburg, romancista e ensaísta italiana, relata em seu texto "Sapatos rotos", incluído em *As pequenas virtudes*: "Tenho os sapatos rotos e a amiga com quem vivo neste momento também está com os sapatos rotos. Quando estamos juntas, falamos sempre de sapatos. Se lhe falo do tempo em que serei uma escritora velha e famosa, ela logo me pergunta: 'Com que sapatos?'. Então lhe digo que terei sapatos de camurça verde, com uma grande fivela dourada ao lado".

Ao falar sobre sapatos, Ginzburg e sua amiga estavam falando sobre carência e esperança, sem precisar mencionar isso. Para elas, perguntar quais sapatos alguém terá no futuro significava muito mais do que a textualidade da frase, mas não precisavam de nada além daquela pérola. Dizer essas palavras era se perguntar sobre o futuro, sobre o sucesso e o fracasso, sobre a felicidade ou a tristeza que viria. "Ela e eu sabemos o que ocorre quando chove, e as pernas estão nuas e molhadas, e nos sapatos entra água, e então há aquele pequeno rumor a

---

Publicado em *La mujer de mi vida* e revisado para esta edição.

cada passo, aquela espécie de chapinhar." As amigas também usavam os sapatos para refletir sobre o futuro de seus filhos. "(...) Que sapatos terão na idade adulta? Preferirão excluir de seus desejos tudo o que é agradável, mas não necessário, ou dirão que tudo é necessário e que um homem tem o direito de ter nos pés sapatos sólidos e sadios?"

Tenho algumas frases de código secreto com meus amigos e com meus filhos. Depois de assistir à peça de Ariel Farace, *Luisa se estrella contra su casa*, com uma amiga, incorporamos uma. Luisa, a protagonista, incapaz de elaborar o luto pela morte de seu namorado, encobre sua dor indo ao supermercado Coto várias vezes ao dia para comprar frango, pó de limpeza Odex e alguns outros produtos. Até mesmo o frasco de Odex se torna um personagem e lhe faz companhia. Depois de assistir à peça, quando nos falamos por telefone e aparece a pergunta "Onde você está?", se a outra responde "Estou no Coto comprando Odex", não precisamos perguntar nem dar mais explicações. O código funciona pela síntese, mas também porque a angústia dá lugar ao humor e ao conhecimento de ser imediatamente compreendido.

Com meus filhos, também tenho uma frase que funciona como uma pérola. Quando minha terceira filha nasceu, o segundo ficou com muito ciúme. Não queria ir para a escola, chorava por qualquer coisa, dava chutes. Eu, com muitos anos de psicanálise em meu currículo, sentei a criança de 3 anos e lhe disse: "Temos que conversar". Então, expliquei a ele o que era ficar ciumento, por que ele sentia isso, disse que todo mundo tem ciúme quando nasce um irmão ou irmã, que eu também tive quando o tio dele nasceu, que seu irmão mais velho ficou ciumento quando ele nasceu. Citei muitos personagens ciumentos, embora, por causa de sua idade, tenha evitado mencionar Otelo. Meu filho olhava obediente. Quando terminei de dizer tudo o que achei necessário para aplacar sua raiva, perguntei. "Você entendeu, não?" "Sim, mamãe", disse. E imediatamente perguntou: "Mas... onde está o jumento?". Olhei para ele por um momento e depois falei: "Vamos, vá brincar, querido, e não se preocupe com nada que sua mãe disse". Hoje, já adolescentes, quando insisto em um assunto e falo mais do que eles podem suportar, alguém me interrompe e diz: "Tudo muito bem, sim, mas onde está o jumento?".

Ginzburg insiste em seus filhos mais uma vez no final do texto. Ou com seus sapatos. Ou com o nome de seus calçados. "Vou olhar o relógio e controlar o tempo, vigilante e atenta a cada coisa, e cuidarei que meus filhos tenham os pés sempre enxutos e aquecidos, porque sei que é assim que deve ser sempre que possível, pelo menos na infância. Aliás, para aprender mais tarde a caminhar com sapatos rotos, talvez seja bom ter os pés enxutos e aquecidos quando se é criança."

Cumplicidades feitas com palavras que são o testemunho do tempo compartilhado, da jornada ao lado de outros, dos companheiros e companheiras de estrada. Algumas frases permanecem, outras se perdem. No entanto, todas estão amarradas no colar de pérolas de nossa história, que é feita de mais do que palavras.

Magia de Cortázar

É muito difícil falar sobre Cortázar, lê-lo, rever entrevistas ou notas em que alguém debate sobre ele, sem que a palavra "magia" apareça.

A escritora Sylvia Iparraguirre me contou certa vez uma história relacionada a Cortázar e seus "poderes", que Abelardo Castillo – companheiro dela – reuniu no livro *Ser escritor*: "Cortázar foi à minha casa naquela tarde. Sylvia – que literalmente batia nas costelas dele, pois Cortázar era um homem muito alto – o atendeu, estávamos ouvindo jazz, Charlie Parker, mas por puro acaso. O rádio estava ligado, não era um de nossos discos. Acho que isso parecia natural para ele. Em sua literatura, é possível ver que esses pequenos milagres pareciam naturais para ele". Aqueles que leem Cortázar sabem de sua admiração por Charlie Parker; aqueles que o conheceram também sabem de seus poderes mágicos.

Gabriel García Márquez também se lembra de dois episódios de magia cortazariana. O primeiro foi em uma viagem de Paris a Viena, com Carlos Fuentes. O escritor colombiano relata isso em um artigo de 1984, que foi recentemente resgatado pela revista *Lengua*: "Estávamos viajando de trem de Paris porque nós três estávamos unidos em nosso medo do avião e conversamos sobre tudo enquanto atravessávamos a noite dividida das Alemanhas, seus oceanos de beterraba, suas imensas fábricas de tudo, suas devastações de guerras atrozes e amor desenfreado. Na hora de dormir, ocorreu a Carlos Fuentes perguntar a Cortázar como, quando e por iniciativa de quem o piano havia sido introduzido na orquestra de jazz. A pergunta era casual e não pretendia

---

Publicado em *La mujer de mi vida* (2013) e revisado para esta edição.

saber nada além de uma data e um nome, mas a resposta foi uma palestra deslumbrante que se estendeu até o amanhecer, entre copos enormes de cerveja e salsichas com batatas fritas geladas".

O segundo episódio foi em um parque em Manágua, onde Cortázar estava lendo seu conto "A noite de Mantequilla" na frente de poetas, pedreiros, comandantes da revolução e opositores da revolução, uma multidão sentada na grama, mas flutuando diante de sua voz. Diz García Márquez: "Foi outra experiência deslumbrante. Embora, a rigor, não fosse fácil acompanhar o significado da história, mesmo para aqueles treinados na gíria lunfarda, sentiam-se e doíam os golpes que Mantequilla Nápoles recebia na solidão do ringue, e dava vontade de chorar por suas ilusões e sua miséria, pois Cortázar havia conseguido uma comunicação tão cativante com seu público que não importava mais o que as palavras significavam ou não, mas a multidão sentada na grama aparentava estar levitando em estado de graça pelo feitiço de uma voz que não parecia deste mundo". De acordo com García Márquez, essas duas lembranças o definiram, porque eram os extremos de sua personalidade: em particular, sua eloquência, sua erudição viva, sua memória milimétrica, seu humor; em público, "uma presença ineludível que tinha algo de sobrenatural, ao mesmo tempo terno e estranho".

Parece que Cortázar estava ciente dessa magia e a procurava. Edith Aron, a tradutora alemã que o inspirou para criar seu personagem La Maga, disse há algum tempo em uma entrevista à revista Ñ: "alguns anos depois de nosso relacionamento em Paris, ele me disse que queria escrever um livro mágico. Ele me enviou uma cópia, mas a dedicatória me incomodou muito e eu a arranquei... dizia algo como se eu fosse um fantasma que o assombrava na Argentina...". Era o *O jogo da amarelinha*, um livro mágico, claro, do qual Aron – La Maga – tinha um rascunho.

A essa lista de pessoas importantes próximas a Cortázar que se cruzaram com eventos mágicos em suas vidas, acrescentamos aqueles de nós que não o conheceram. Eu também tenho minha história cortazariana. A minha tem a ver com a publicação do meu livro, *Un comunista en calzoncillos*. O romance inclui um pequeno texto dele, mas a estrutura também é uma homenagem a *O jogo da amarelinha*. De uma forma muito mais simples do que em seu romance, no meu você também pode escolher o caminho de leitura, percorrendo os capítulos consecutivamente ou pulando para determinadas chamadas que proponho no texto. A nota em que explico isso, incluída antes do início do romance, foi escrita depois de revisar a nota que Cortázar inclui em *O jogo da amarelinha*. Até o momento, nada fora do comum. Acontece que um dia alguém entrou em contato comigo pelo Twitter e me disse que tinha um exemplar da edição comemorativa do cinquentenário de *O jogo da amarelinha* que acabara de ser publicada pela Alfaguara. E, para sua surpresa, assim que começou a ler, percebeu que 33 páginas de *Un comunista en calzoncillos* tinham sido incluídas por engano no exemplar de Cortázar. Ele me disse que ia pedir à Alfaguara que mudasse isso. Pedi a ele que não o fizesse, que não o devolvesse de forma alguma, que eu queria aquela cópia para minha biblioteca. Depois de uma troca de livros, lá está ele agora, na prateleira onde coloco os livros dedicados por seus autores, como se aquele também tivesse sido dedicado a mim. Após a capa que diz "Rayuela, 50 edición conmemorativa", começa *Un comunista en calzoncillos* até o final da página 32, na qual uma frase minha é impertinentemente misturada com uma de Cortázar, no início da página 33. É assim que qualquer pessoa que tivesse esse exemplar a leria: "Foi esse tipo de momento, talvez o primeiro... Oliveira conseguiu pensar, que valor probatório isso tinha?".

Sylvia Iparraguirre não estava errada, com Cortázar essas coisas podem acontecer.

Ler (e escrever) como vingança

Com os livros não há gentileza, esses nossos amigos, se passamos a noite com eles, é porque realmente queremos.
Marcel Proust

Sou uma leitora caótica e voraz. Posso estar lendo três ou quatro livros ao mesmo tempo, sem ordem de precedência ou preferência de um sobre o outro. Leio porque não consigo parar. Às vezes, vou para a cama com vários livros comigo e apenas no momento que me abandono à leitura é que decido o que ler e o que deixar para outro dia. Por acaso não há noites em que só poderíamos ler um romance de amor e noites em que um policial *noir* é inequivocamente necessário? Ao lado da minha cama, em cima de um baú ao lado de um espelho, na minha mesa de cabeceira, às vezes até nos lençóis, entre mim e a pessoa que dorme comigo, há livros. Ensaios, romances, teatro, contos, literatura infantil. O caos escolhido responde a padrões que ninguém pode entender mais do que eu mesma. Avanço um capítulo de um livro e, quando sinto que o sono está prestes a me vencer, fecho e abro outro, especulando que a mudança me manterá ativa por mais alguns minutos.

No entanto, se em uma dessas noites eu sinto que o livro que estou lendo me solta definitivamente, se a corda com a qual eu estava amarrada se afrouxar ou desvanecer, não terei nenhum escrúpulo em

---

Lido no *Foro del Chaco da Fundación Mempo Giardinelli* (2011) e revisado para esta edição.

fechá-lo e nunca mais abri-lo. Concordo com os "Direitos imprescritíveis do leitor" proclamados pelo autor francês Daniel Pennac, cuja terceira declaração diz: o direito de não terminar um livro. É claro que, depois de um tempo, abrirei outro, esperando que esse me prenda à sua corda até o fim e não me solte. A imagem proposta pelo escritor sérvio Milorad Pavić para descrever a relação entre um autor e um leitor é a que mais me identifica em qualquer um dos dois aspectos, como quem lê ou como quem escreve: "Entre o autor e o leitor há duas cordas esticadas com um tigre no meio. Nenhum deles pode afrouxar a tensão, nem perder uma posição diametral; caso contrário, o tigre os devoraria. Um ou outro". O leitor ou o autor.

Certa tarde, há alguns anos, quando meu filho mais velho tinha 6 anos, fui buscá-lo na casa de um amigo; ao entrar no carro, ele teve que empurrar um livro para se sentar. Agitando meu livro no ar com sua mão pequena, olhou para mim e perguntou: "O que há dentro disso para que você o leve para todos os lados, mãe?". Eu sorri e respondi: "Espero que um dia você descubra". Mais exigente do que ele, há algumas semanas minha filha mais nova se deitou ao meu lado enquanto eu devorava um romance e me disse irritada: "Pode fazer o favor de fechar esse livro e me dar um abraço!". Não tinha uma resposta para ela, apenas fechei o livro e dei um abraço.

Meus três filhos sofrem comigo. Sabem que me encontrarão a maior parte do dia escrevendo no computador ou lendo. E que vou sair de férias, ir ao dentista ou à praça com um livro para mim e outro para eles, caso queiram ler comigo. No entanto, nem sempre foi assim. Esse desespero para roubar tempo do que for preciso a fim de manter as páginas do livro avançando, ou essa curiosidade de saber o que alguém na mesa ao lado em um bar está lendo, o hábito de perguntar aos meus amigos o que eles têm lido ultimamente para que eu não perca uma indicação maravilhosa, ou a ânsia de transmitir minha paixão aos que estão ao meu redor é algo que não vem da minha infância. E, neste ponto de minhas reflexões, sou forçada a fazer uma confissão politicamente incorreta: quando criança, eu lia muito menos do que gostaria. Não li *Coração* quando deveria tê-lo lido, não li *A ilha do tesouro* ou *Sandokan* quando deveria tê-los lido, nem mesmo *Mulherzinhas* chegou a mim a tempo. É verdade que, na infância, eu escrevia, e muito, mas a leitura apaixonada entrou em minha vida bem mais tarde: quando aceitei que o mundo ao meu redor não era suficiente para me fazer feliz e percebi que, se eu quisesse parar de chorar em segredo, teria de ampliar o horizonte do meu mundo imaginário. Precisei ler para poder escrever. E, ao descobrir o prazer da leitura, lamentei por não o ter descoberto antes, senti pena da criança que eu fui e que teria encontrado conforto naqueles textos amigáveis, e me lancei na louca corrida da leitura, tentando recuperar o tempo perdido.

Por que ninguém me avisou que esse mundo estava ao alcance de meus dedos e eu não o tinha feito meu? Ou me disseram e eu não soube escutar? Nunca saberei. O que sei é que consegui minha vingança. Portanto, quando alguns dizem que a causa da leitura está perdida se as crianças não forem acostumadas a ler desde cedo, fico em silêncio, mas discordo. É verdade que senti que era meu dever iniciar nossos filhos no mundo da literatura o mais cedo possível, mesmo que haja uma responsabilidade compartilhada com professores e educadores. No entanto, cada criança recebe os pais que recebe, e eles podem ser pais amorosos, dedicados e protetores, mas não leitores. Se esse for o caso, se uma criança não receber essa iniciação no momento em que merece, acredito que a causa não está totalmente perdida. Seria a atitude mais confortável. Ou covarde. O Estado deve preencher a lacuna. E assim, talvez para ele, como foi para mim, o destino tenha reservado uma vingança.

O caminho que tive de percorrer foi mais longo do que o de outros leitores, com muitas encruzilhadas, voltas e reviravoltas. Não me lembro de meus pais lendo para mim na cama. Não me lembro de ganhar livros em meus aniversários. Quando me viam entediada, porém, não me mandavam assistir à TV; me levavam à banca de jornais e compravam uma revista em quadrinhos. Acho que, nos meus primeiros anos de leitura, a ficção e a narrativa em série entraram na minha vida graças aos quadrinhos. Cada um desses pequenos quadrados que precisavam ser seguidos para montar a história era um convite que eu nunca descartava. Meus favoritos eram o Patoruzú e o Isidoro Cañones. Patoruzú era um chefe indígena nobre, corajoso e amável que vivia nos pampas argentinos. Isidoro Cañones era um verdadeiro playboy portenho (de Buenos Aires), arrogante, preguiçoso, vagabundo e paradoxalmente adorável. Também gostava de fotonovelas, mas meus pais não gostavam tanto.

Junto com os quadrinhos, vieram as histórias que me obrigaram a ler na escola, algumas das quais ainda me lembro. A mancha úmida que a escritora uruguaia Juana de Ibarbourou me deu em seu livro *Chico Carlo*, e o *Relato de um náufrago*, de Gabriel García Márquez, ou "Casa tomada", de Cortázar. O que ainda me lembro desses textos, como se eu os tivesse lido ontem, é da solidão desoladora dos protagonistas. Uma menina, em seu quarto, procurando histórias escondidas em uma mancha úmida na parede. Um náufrago à deriva, sem outra companhia a não ser o oceano e uma gaivota, a qual, em seu desespero para sobreviver, ele tenta pegar e comer. Dois irmãos adultos, sozinhos, fechando portas quando sentem que há alguém do outro lado.

Quando terminei o ensino médio e tive que escolher uma carreira, hesitei e, na dúvida, meus pais, como muitos pais, me mandaram fazer um teste psicológico. Devido a uma mistura de questões relevantes – uma delas a ditadura militar na Argentina –, a psicóloga especializada em orientação vocacional me aconselhou a estudar para me tornar contadora pública nacional, embora eu preferisse estudar sociologia. Como aluna dedicada e obediente, tive que me matricular na Faculdade de Economia e seguir uma carreira meteórica e destacada, na qual a coisa mais próxima da literatura que eu lia eram os tratados econômicos de Adam Smith, Paul Samuelson e John M. Keynes.

No entanto, o que é para ser, será, e um dia, enquanto voava de Buenos Aires para São Paulo a fim de realizar a auditoria das contas de uma empresa para a qual trabalhava, triste e entediada, sabendo que teria que passar por um inventário de porcas e parafusos, e sem saber realmente por que sentia tanta vontade de chorar, encontrei no jornal financeiro que estava lendo o anúncio de um concurso literário na Espanha. Depois de algum tempo, como uma revelação, ouvi-me dizer a mim mesma: "Peço férias e faço o que mais tenho vontade de fazer, escrever". Escrever e ler. Quando voltei, pedi minhas férias e me tranquei para realizar meu desejo. Só que, quando fui até a Tusquets para procurar as regras, descobri que o concurso era para literatura erótica, *La sonrisa vertical*. Mas eu havia feito uma promessa a mim mesma e iria cumpri-la. Então, a primeira coisa que escrevi foi um romance erótico. Estava escrevendo meu livro e lendo Baudelaire. E Henry Miller e Anaïs Nin. E o dicionário para encontrar as palavras que me faltavam. A partir de então, o caminho não teve bifurcações e, quase em uma linha reta sem fim, sempre me levava para o mesmo lado, a literatura.

Certa vez, perguntaram ao escritor italiano Ferdinando Camon por que ele escrevia, ao que respondeu: escrevo por vingança. "Escrevo por vingança. Ainda, em meu íntimo, sinto essa vingança como justa, sagrada e gloriosa. Minha mãe sabia escrever apenas seu nome e sobrenome. Meu pai, só um pouco mais. No vilarejo onde nasci, os camponeses analfabetos assinavam seus nomes com uma cruz. Quando recebiam uma carta da prefeitura, do exército ou da polícia (ninguém mais escrevia para eles), ficavam assustados e iam até o padre para que ele lhes explicasse. Desde então, senti a escrita como um instrumento de poder. E sempre sonhei em passar para o outro lado, possuir a escrita, mas para usá-la para aqueles que não a conheciam: para cumprir a vingança deles." Parte do que Camon diz me representa. Talvez a palavra que eu escolheria seria "revanche", em vez de "vingança". A sensação de que sempre há uma chance, de que precisa ter uma chance.

A história da minha família também tem as próprias histórias, que são contadas por meio da escrita. Meus avós paternos moravam em um vilarejo na Galícia, onde a maioria dos homens trabalhava na terra e colhia uvas nos vinhedos. Quase todos os homens, exceto meu avô, que naquela época era – com o padre – o único que lia e escrevia naquele vilarejo. Portanto, eles o usavam como se fosse um cartório. Para o pai da minha avó, em vez de sua alfabetização ser uma virtude, era uma mancha. Um homem que não trabalhava na terra e perdia seu tempo lendo não era digno de ficar com minha avó. Mas eles estavam apaixonados e, certa noite, decidiram fugir juntos. De um vilarejo vizinho, minha avó enviou um bilhete, provavelmente escrito por meu avô, que dizia: "Pai, ontem à noite eu dormi com Gumersindo na mesma cama. Posso voltar para a vila e me casar com ele?". Quando meu bisavô recebeu a carta, ele não teve escolha a não ser ir até o padre e pedir que ele lesse o bilhete dizendo que sua filha havia dormido com um homem.

Há algum tempo, fui convidada para uma escola de ensino médio para adultos, onde leram *Tua*, meu primeiro romance. O curso era formado por adultos que, por vários motivos, não tiveram a oportunidade de concluir o ensino médio. Um homem de cabelos brancos, talvez um dos membros mais velhos do grupo, me disse: "O que mais gostei em seu romance é que o li do começo ao fim; é a primeira vez em minha vida que leio um livro completo. Achei que nunca conseguiria. Agora sei que posso ler outros".

O senhor de cabelos brancos teve sua revanche e me deu uma das frases mais agradáveis e reconfortantes que recebi desde que decidi me dedicar à única coisa que me completa: ler e escrever.

Burzaco, Borges e Adrogué

Não sei se viajar cem quilômetros de ida e volta pela região metropolitana de Buenos Aires pode ser considerado "viajar". No entanto, gosto da definição de viajar de Tennessee Williams em *O zoológico de vidro* (peça também apresentada com o nome *À margem da vida*): "o tempo é a maior distância entre dois lugares". E, sim, ir a Adrogué ou Burzaco é, para mim, viajar. Viajar de volta à minha infância, à minha adolescência, aos laços familiares e às amizades de toda a vida. Eu nasci em Burzaco, e dizer Adrogué-Burzaco é como dizer Caballito-Flores ou Corrientes-Resistencia. Proximidade e contradições. A mesma coisa e algo muito diferente.

    Fui a Adrogué algumas semanas atrás porque a Secretaria de Cultura de Almirante Brown organizou uma série de homenagens a Jorge Luis Borges. Borges costumava passar seus verões lá. Algum tempo antes, a mesma Secretaria havia coberto as ruas de paralelepípedos com pôsteres no estilo western "Procura-se", pedindo a qualquer pessoa que tivesse algum material fotográfico ou documental relacionado ao escritor que o adicionasse à iniciativa. Assim, uma grande variedade de fotos apareceu com os vizinhos da área. E até mesmo uma escritura perdida e nunca registrada que atesta que a casa que a lenda urbana atribui à sua família na Praça Brown, diagonalmente em frente à Prefeitura, na verdade pertenceu à sua mãe,

---

Publicado em *La mujer de mi vida* e revisado para esta edição.

endossando assim o que ouvi tantas vezes no meu bairro: que nessa casa Borges escreveu "Homem da esquina rosada".

No meio das homenagens, minha tarefa era participar de uma mesa com Guillermo Martínez, Hugo Salas e Osvaldo Quiroga, em que falaríamos sobre Borges e o que ele significava para cada um de nós. Qualquer um dos três mencionados sabe muito mais sobre Borges do que eu, o que me assustou. Em seguida, me voltei para o fato de ter crescido com essa figura onipresente e a frase "aqui viveu Borges" ouvida repetidamente.

A primeira vez que ouvi seu nome foi em 1968. Eu era muito jovem, estava na escola primária e, é claro, não sabia quem ele era. Goyo Montes, que eu conhecia porque sua família também frequentava o Clube Social de Burzaco, costumava participar do *Odol pregunta*, um programa de perguntas e respostas que ninguém perdia na época, e seu tema era Jorge Luis Borges. Cacho Fontana dizia: "Minuto Odol no ar!", ouvia-se o som do ponteiro dos segundos, e o mundo parava enquanto um garoto um pouco maior do que eu adivinhava resposta após resposta. Com o tempo, fiquei sabendo que Goyo foi para o programa com um objetivo claro: ganhar dinheiro suficiente para comprar um cavalo, porque os animais eram sua paixão. Quando a temporada terminou, ele havia ganhado os 300 mil de que precisava e não planejava voltar no ano seguinte. Seu padrinho, porém, o convenceu e ele finalmente ganhou o milhão. Na noite da vitória, voltou para casa e toda a cidade estava esperando por ele, comemorando como se fosse uma Copa do Mundo, ou como se espera pelo vencedor do *Big Brother* ou do *The Voice* em sua cidade natal hoje: fazendo uma caravana e buzinando ao longo da Esteban Adrogué, a rua principal da cidade.

A segunda vez que ouvi falar de Borges foi em algum momento de minha adolescência, não me lembro o ano, mas era final dos anos 1970 ou início dos anos 1980, ainda durante a ditadura. Espalhou-se a notícia de que o escritor viria dar uma palestra em um salão de festas próximo à minha escola. Naquele momento, embora eu não o tivesse lido muito, sabia quem ele era. Se Borges chegasse a alguns quarteirões da minha casa, eu tinha que ir, apesar de meu pai querer me convencer do contrário porque não gostava de suas declarações políticas. As cadeiras de plástico que estavam dispostas em fileiras não eram suficientes para tantas pessoas. Com algumas amigas, ocupei um lugar privilegiado: no chão, sobre os azulejos frios, entre a primeira fila e Borges. Tudo estava indo bem até que ele disse algo que me lembro assim: "Adrogué e Temperley são lugares de gente boa; Burzaco e Turdera são lugares de periféricos". Fiquei indignada, uma indignação adolescente e febril, e procurei a cumplicidade de outras pessoas indignadas, mas ninguém parecia se importar tanto quanto eu. Como esse homem, sentado em um salão de festas em Burzaco, pode nos chamar de periféricos? Ele pode pensar o que quiser, mas não diga isso na nossa cara. Quis me levantar e sair, mas aquele lugar entre Borges e as cadeiras de plástico era uma armadilha da qual não era possível sair discretamente. Tentei me conformar, pensando que, como estava cego, deveria acreditar que a palestra era em Adrogué.

O terceiro encontro com Borges foi quando, anos mais tarde, me aproximei dele com mais profundidade do que uma leitura apressada no ensino médio, para fazer um trabalho de classe. Com atraso, eu já estava na faculdade. Os primeiros contos que me chamaram a atenção foram os que mais tinham a ver com o mundo mágico e filosófico tão característico dele: "O Aleph", "As ruínas circulares", "O imortal". Mas foi quando cheguei a contos como "A intrusa", "Homem da esquina rosada", "O sul" ou "O outro" que me reconciliei definitivamente com ele. Ou melhor, que abandonei minha ignorância para enfim entendê-lo. Porque, quando li aqueles contos em que aparecem os "periféricos", as "mercearias", os gaúchos, os bandidos e os bons moços, percebi que o que ele disse naquela ocasião no salão de festas em Burzaco, longe de ser um insulto, era um elogio. E não havia mais nenhuma dúvida em minha mente de que, se pudesse escolher, Borges teria preferido ser um periférico em vez de um bom menino. Pelo menos por um tempo.

O destino tinha um lugar diferente reservado para ele.

Na ficção, ele procurava o outro.

Livros que deixam marca

As pequenas virtudes, de Natalia Ginzburg

É um livro e é uma joia, como quase tudo que li dessa autora italiana que admiro. O texto que dá nome a esse volume de onze contos fala sobre a educação dos filhos, enfatizando que pais e mães devem ensinar-lhes as grandes virtudes, em vez das pequenas virtudes, às quais tendemos a recorrer porque é mais fácil. Por exemplo, ensinar nossos filhos a ser generosos, em vez de ensiná-los a economizar. Ao longo do texto, a autora enfatiza uma ideia que me parece fundamental e que devemos lembrar de tempos em tempos porque esquecemos: as crianças não nos pertencem. Li essa história enquanto criava meus filhos, muito jovens na época, e fiquei profundamente comovida com sua honestidade. Outro de meus relatos favoritos desse livro é "Os sapatos rotos".

Afetos ferozes, de Vivian Gornick

Autobiográfico, o livro de Gornick chega ao espanhol trinta anos depois de escrito e, apesar disso, sua vigência ainda é contundente. É um livro que me deixou abalada. Conta a história do relacionamento conflituoso entre uma mãe de 77 anos e uma filha de 45 anos, que andam pelas ruas de Nova York e conversam, discutem e brigam. Falam sobre o presente e o passado. A mãe, uma mulher deprimida e enlutada, dá sua opinião sobre os relacionamentos românticos da filha, que não consegue uma situação estável. E, nesse relacionamento a dois, aparece uma vizinha com uma criança pequena, que mostra à

Publicado no blog do *International Booker Prize*.

protagonista que há outras formas de ser mulher. Fiquei comovida com o vínculo dessas mulheres e a salvação das protagonistas por meio da escrita.

Relato de um náufrago, de Gabriel García Márquez
Esse livro me marcou desde muito cedo, tanto como leitora quanto como escritora. Não havia dinheiro suficiente em minha casa para comprar muitos livros e eu esperava ansiosa por aquele que a escola indicava. Quando a professora disse que leríamos *Relato de um náufrago*, fiquei desapontada. O que poderia me interessar a história de um marinheiro que cai de um navio e tem que sobreviver à deriva por dez dias? Pensei: *Absolutamente nada*. No entanto, estava errada. Assim que comecei a ler a crônica de García Márquez, fiquei presa: eu era aquele marinheiro, tinha que decidir se bebia ou não água salgada, tinha que pensar se matava ou não uma gaivota para comer. García Márquez, com esse livro, me ensinou que o importante não é o que se conta, mas como se conta. Uma lição tanto como leitora quanto como escritora.

A mulher foge, de David Grossman
Em espanhol, foi chamado de *La vida entera*. Em inglês, *To the End of the Land*. O título original em hebraico é algo como "Mulher fugindo de uma notícia". Ou "de um anúncio". E acho que esse é o título que melhor capta a história que Grossman conta com maestria: uma mulher escolhe não ficar em casa esperando notícias de seu filho, que foi alistado em meio a uma guerra, e decide atravessar Israel a pé. Se caminhar, sabe que ninguém se apresentará para anunciar a morte de seu filho. É disso que ela está fugindo. E, ao fazê-lo, lembra-se de seu passado. Há cenas excepcionais nesse romance, como a viagem em que ela acompanha o filho para se apresentar ao recrutamento, conduzida por um motorista que eles conhecem muito bem, pois faz esse trabalho para a família dela há anos e é de origem árabe. É somente quando vê os olhos dele no espelho retrovisor que a protagonista percebe que está fazendo com que leve seu filho para se juntar a um exército que lutará contra o povo dele. Li esse romance quando tive a sorte de apresentar Grossman na Feira do Livro de Buenos Aires, e foi uma experiência que jamais esquecerei.

Um quarto só seu, de Virginia Woolf

Com base em conferências anteriores, esse livro de ensaios é fundamental para pensar o lugar das mulheres na literatura, os fatores condicionantes que enfrentamos antes e agora, as dificuldades materiais e imateriais a serem superadas para poder escrever. O quarto próprio pode ser interpretado literalmente, pois um espaço específico é necessário para poder escrever, mas também representa a independência econômica necessária para que uma mulher possa se dedicar à literatura. E sabemos que, historicamente, a economia e o dinheiro têm sido administrados por homens. Essa obra representa um marco na reflexão sobre nós mesmas como mulheres, como escritoras e como leitoras. Muitas de nossas lutas, as minhas próprias, são baseadas em textos como esse.

The Buenos Aires Affair, de Manuel Puig

É o terceiro romance de um dos meus autores argentinos favoritos: Manuel Puig. Começar a ler Puig foi abrir um imenso mundo literário para mim, que me permitiu fazer experiências com a linguagem, misturar registros, trazer elementos do cinema, ser *kitsch*. Nesse livro, Puig conta a história dos últimos dias da vida de um crítico de arte e de uma escultora. Como na maioria de suas obras, aparecem o melodrama e os segredos de família, mas também o suspense policial, a psicanálise e, pela primeira vez, o momento político pelo qual nosso país estava passando, que logo levaria à ditadura militar. Após a publicação do romance, Puig recebeu ameaças e teve de se exilar. Isso me ensinou que algumas obras de ficção podem ser mais políticas do que um manifesto.

Ao resgate dos livros esquecidos

Por algum motivo estranho e imerecido, há livros que são esquecidos pelas editoras e pelos leitores. Até que alguém os mencione, nós os procuremos, não possamos localizá-los e nos perguntemos por que tiveram esse destino. Às vezes, encontramos respostas; outras vezes, não. Felizmente, de vez em quando, um leitor ou editor com boa memória aparece e os resgata desse limbo.

    Se alguém merece o título de "salvador de livros esquecidos", é Robert Lohan, um dos personagens principais de *Uma pequena sorte*, um romance que escrevi e foi publicado em 2015. Encontrar o texto certo para cada momento em sua grande biblioteca é, sem dúvida, uma de suas maiores virtudes. Com esse e outros livros, Robert tenta resgatar a mulher danificada que conheceu em uma viagem de Buenos Aires a Boston: Marilé Lauría, ou María Elena Pujol, ou Mary Lohan, três nomes diferentes porque o nome da protagonista muda conforme as circunstâncias de sua vida mudam. E essas leituras a ajudam a entender o que aconteceu com ela, o que a prejudicou dessa forma, por que fugiu e por que nunca mais conseguiu voltar. Robert a abriga em um quarto em sua casa, que em geral aluga para estudantes, e espera que ela consiga sair gradualmente do estado de choque em que se encontrava quando a conheceu. A paciência de Robert parece ser infinita. Para cada circunstância do passado que ela lhe conta aos poucos, Robert intui mais do que sabe e, com essas informações mínimas,

---

Publicado em *La mujer de mi vida* e revisado para esta edição.

pesquisa em sua biblioteca até encontrar o texto certo. Assim, aparecem em suas mãos desde *A mulher desiludida*, de Simone de Beauvoir, *As crianças ficam*, de Alice Munro, *Wakefield*, de Nathaniel Hawthorne, até *Fragmentos de um discurso amoroso*, de Roland Barthes. Às vezes, ela aceita os livros com entusiasmo; em outras, com desconfiança; até joga alguns dos livros escolhidos contra ele porque acha que a sugestão de leitura de Robert é impertinente. Em algumas leituras, Marilé leva semanas, enquanto para outras uma única noite é suficiente. No entanto, cada um dos textos que Robert oferece a ela finalmente a ajuda, de uma forma ou de outra, a sair do confinamento ao qual se condenou.

Talvez, entre todos os livros oferecidos, *Um bonde chamado desejo*, de Tennessee Williams, seja o que segue com mais força a linha fundamental do enredo de *Uma pequena sorte* e o texto que desempenha um papel central nessa outra história. Tanto que, em determinado momento, cheguei a pensar em dar ao romance o título de *A bondade dos estranhos*, um recorte de uma frase roubada de Blanche DuBois – a protagonista da peça de Williams –, quando ela diz à enfermeira que veio levá-la a um hospital psiquiátrico por ordem de Stanley Kowalski, seu violento cunhado:

Blanche
(Arrumou o capuz em volta do rosto e está sorrindo.)
Seja você quem for, sempre dependi da bondade de estranhos.

Acredito, assim como Robert Lohan, que o texto de *Um bonde chamado desejo* deve ser resgatado. E resgatá-lo é lê-lo. A representação por si só não é suficiente. Porque, embora seja uma peça que ainda esteja vigente e sendo encenada em diferentes palcos do mundo, o interesse de algumas empresas em fazer teatro comercial minou parte de sua essência. Há textos teatrais que merecem uma reflexão mais profunda que nem sempre pode ser feita enquanto os atores estão no palco, pelo menos não se o diretor não tomar certas precauções. No momento da cerimônia, não apenas os corpos dos atores, mas também as palavras faladas trabalham mais com a emoção do ouvinte do que com a razão. Daí o famoso distanciamento de Bertolt

Brecht. Tennessee Williams, embora seu teatro fosse muito diferente do de Brecht, considerava a técnica de Brecht o modelo a ser seguido e tentava fazer com que suas peças fossem apresentadas dessa forma. É por isso que aparecem suas direções de cena detalhadas. Nas "Notas do autor para a representação", incluídas na peça *O zoológico de vidro (À margem da vida)*, Williams afirma:

> A comédia francamente realista, com sua geladeira autêntica e seus cubos de gelo autênticos, com seus personagens cuja linguagem é idêntica à de seu público, corresponde ao cenário acadêmico e tem as virtudes de uma semelhança fotográfica. Todos deveriam conhecer agora a intranscendência do fotográfico na arte; e saber que a verdade, a vida ou a realidade são algo orgânico que a imaginação poética só pode representar ou sugerir, em essência, pela transformação, transmutação em outras formas que as existentes meramente em sua aparência. Essas observações não devem ser consideradas apenas um prefácio para esta comédia em particular. Elas estão ligadas a uma concepção de um teatro novo e plástico, que deve substituir o teatro exaurido dos convencionalismos realistas se a arte dramática quiser recuperar sua vitalidade como parte integrante de nossa cultura.

Williams não queria que o espectador submergisse no mundo ilusório de determinado teatro, a fim de evitar a catarse. No entanto, atualmente há apresentações de *Um bonde chamado desejo* em que a situação extrema é alcançada na cena em que Stanley abusa de Blanche e o público ri. Por que o diretor está buscando esse efeito? Para atrair mais público? Para que, depois de irem ao teatro, as pessoas saiam e jantem sem muitos questionamentos? Alguém consegue rir do que vem a seguir?

Stanley
Ah! Você quer violência! Tudo bem! Você terá! (*Salta sobre ela. Blanche grita. Stanley pega a mão que está segurando a garrafa e a torce para trás.*) Ei! Vamos! Largue esse pedaço de garrafa! Solta! (*Blanche solta. Ele a submete à sua vontade e a levanta.*) Temos esse encontro desde que nos conhecemos!

Ele se dirige para a cama com ela.
As luzes se apagam rapidamente e
Cortina

É preciso ler *Um bonde chamado desejo* para refletir sobre a violência, a subjugação, a fragilidade de seres como Blanche DuBois, o desamparo e a bondade de estranhos. Se o espectador for impedido de perceber o que não é dito nos discursos, é preciso que o leitor resgate. Há dramaturgos cujos textos fazem parte da melhor literatura: Bertolt Brecht, Anton Chekhov, Arthur Miller e Tennessee Williams são exemplos desses autores. A leitura das direções de cena e das indicações cenográficas de suas obras completam seu mundo. O mundo de Williams é o de Faulkner, o mundo de D. H. Lawrence. Tennessee Williams detalha isso em cada uma de suas peças, seja *Um bonde chamado desejo*, *O zoológico de cristal* ou *Gata em telhado de zinco quente*. Ganhou duas vezes o Prêmio Pulitzer de Teatro. Uma vez o Prêmio Tony. Seus personagens foram retratados por atores e atrizes da magnitude de Marlon Brando, Vivien Leigh, Paul Newman, Elizabeth Taylor e Katharine Hepburn. Entretanto, ele escreveu suas peças não apenas para serem encenadas, mas também para serem lidas.

Assim como Robert Lohan, eu os convido a resgatar esses livros esquecidos.

A leitura é um direito

Em seu livro *O infinito em um junco*, Irene Vallejo nos lembra que, séculos atrás, as pessoas chegavam ao ponto de matar por um bem tão precioso como um livro. Desde a época da Biblioteca de Alexandria até os dias de hoje, o valor que damos à leitura mudou de acordo com a época, o lugar, as sociedades e as circunstâncias. No entanto, a preocupação em incentivar a leitura sempre foi e continua sendo mantida, embora em um grupo menor de pessoas. Grandes estudiosos e estudiosas escreveram ensaios, teorias e artigos abordando o problema e propondo soluções. Há muitos exemplos: Daniel Pennac, Graciela Montes, Ana Maria Machado, para citar apenas alguns dos que se dedicaram a descobrir como contagiar outros com o entusiasmo de descobrir o que está escondido nas páginas escritas por alguém, em algum lugar do mundo, em algum momento.

E nessa busca damos alguns passos, mas, como no jogo do ganso,* também retrocedemos. Portanto, o que eu quero propor é mover o tabuleiro de xadrez, repensar o problema desde a origem. Tendemos a nos concentrar em quem lê ou quem não lê. No entanto, e se tratarmos a leitura não como uma obrigação não cumprida, mas como um direito violado? Porque quando falamos de leitura, em geral apelamos à obrigação, geralmente com verbos conjugados no modo imperativo. "É preciso ler." "As crianças e os jovens devem deixar as telas e ler." "Leiam, ler

---

Texto lido na reunião do Conabip e revisado para esta edição.

* O jogo do ganso é um jogo de tabuleiro tradicional em que os jogadores avançam suas peças pelo percurso espiral, seguindo o resultado dos dados. É originário da Europa e popular em vários países desde a Idade Média.

é bom para vocês." Suspeito que há boas intenções nessas declarações, mas talvez também um erro: a leitura não é uma obrigação, porém um direito, portanto o Estado deve garantir seu exercício e nós devemos exigir que esse direito possa ser exercido com os meios necessários e em liberdade. Assim como em *As pequenas virtudes* de Natalia Ginzburg, talvez não devêssemos dizer a nossas crianças e jovens que leiam, mas exigir o direito inalienável de poder fazer isso, até mesmo o direito de querer fazê-lo.

Há alguns anos, viajando pela Quebrada de Humahuaca com minha família, paramos o carro em um acostamento para definir algo em nossa rota. O local parecia deserto, não se via nenhuma casa por perto. No entanto, enquanto esperávamos para retomar nossa jornada, uma garota apareceu. Quando a vimos chegar, lamentamos não ter nada para dar para ela, nem comida, nem água, nem doces. A garota chegou e abrimos a janela. Seu pedido era concreto: "Vocês não têm um livrinho?". Infelizmente, não tínhamos, mas, desde então, costumo levar um livro no carro que pode responder a essa pergunta se uma criança vier se aproximar para reivindicar seu direito à leitura.

Ninguém nasce leitor. Muitas vezes, são as circunstâncias particulares da vida de uma pessoa que a levam ou não a se tornar uma. Essa menina, na Puna, tem o desejo de ler e tem o direito de ler e de ter acesso a livros. No entanto, as crianças que não conhecem esse desejo também têm o direito de senti-lo, de desenvolver suas capacidades de leitura para que, quando se aproximarem de um livro, encontrem prazer, um mundo que se abre, a satisfação intelectual de compreender, sentir empatia, descobrir, imaginar, sonhar. Parafraseando W. Somerset Maugham, elas têm o direito de construir um abrigo para se proteger de quase todas as misérias da vida. Haverá aqueles que decidirão ficar lá, do lado da fraternidade de leitores, para sempre. Outros e outras, não. Mas, de qualquer forma, a decisão terá sido deles, não os teremos condenado antecipadamente a descartar um desejo que eles nem sabiam que era possível.

Meu admirado Guillermo Saccomanno costumava nos provocar em sua oficina para que questionássemos o que estávamos fazendo com uma pergunta que ele considerava crucial: "Para quem estamos escrevendo, quem vai nos ler?". E sua pergunta não era filológica, não era uma pergunta que nos convidava a pensar em um leitor possível ou mesmo ideal, uma enteléquia. Não era aquela pergunta a que Bertolt Brecht respondeu: "Escrevo para Karl Marx sentado na terceira fileira". Saccomanno estava se referindo especificamente a quem nos leria em um país em que os níveis de pobreza – os de agora, os de antes, os de quase sempre –, a degradação do sistema educacional – seja qual for o governo – e as supostas outras urgências ameaçam a escolaridade e a qualidade da educação que uma criança obtém quando termina o ciclo de escolaridade obrigatória. Todos os alunos e alunas que concluem o ensino básico conseguem ler com fluidez? Não vamos entrar em questões mais sofisticadas, como interpretar metáforas, relacionar o tema ao contexto, fazer conexões com leituras anteriores. Conseguem ler com fluidez? Porque, se não conseguem, não conseguirão apreciar nenhum texto. Se não leem com fluidez, o direito à leitura estará sendo violado, e "ler é bom para você" não passará de um slogan hipócrita, uma exigência de uma pequena virtude enquanto se ignora o fato de que virtudes maiores lhes são negadas.

Além do fato de que toda criança tem o direito de ler, nós, como conjunto da sociedade, também temos o direito e devemos exigir que as pessoas da sociedade desenvolvam o pensamento crítico. Não há possibilidade de evitarmos pensamentos extremos se não tivermos cidadãos e cidadãs que possam pensar por si mesmos, sem serem manipulados como um rebanho por falsas verdades, promessas messiânicas, fake news ou o equivalente. Somos nós, a sociedade como um todo, que devemos exigir que o direito à leitura seja plenamente exercido, e não reduzido a uma promessa vazia. A falta de leitura reduz o número de palavras que usamos, como aponta a grande linguista Ivonne Bordelois em *A palavra ameaçada*: "Uma primeira e muito difundida forma de violência contra a linguagem, da qual todos nós praticamente participamos, é o preconceito que a define apenas como um meio de comunicação. Se for considerada dessa forma – como faz nossa sociedade –, ela é violada no sentido de que se esquece que a linguagem, especialmente a linguagem poética, não é apenas o meio, mas também o fim da comunicação. (...) esquecemos que a linguagem é, antes de tudo, um prazer, um prazer sagrado; uma forma, talvez a mais elevada, de amor e conhecimento".

Com as palavras que a leitura acrescenta àquelas que já aprendemos e com os mundos que se abrem diante de nós, expandimos o universo, estimulamos o pensamento crítico, fortalecemos nossa capacidade de desenvolver nossas ideias e, acima de tudo, exercitamos nossa disposição para ver e respeitar alternativas diferentes: nem todos pensamos da mesma forma, nem todos vivemos da mesma maneira, nem temos por quê. Por todas essas razões, também, a formação de leitores críticos deve ser uma política de Estado. No entanto, não se trata de ler por ler, de propor leituras anódinas que evitem conflitos, nem aquelas que dão tudo por resolvido, indicando onde está o bem e onde está o mal. Alguns pais, educadores e formadores de opinião criticam histórias que expõem a violência, a angústia, a destruição e até mesmo o sadismo inerentes à imaginação das crianças. Ao fazer isso, eles esquecem ou ignoram que esses sentimentos negativos são inerentes aos seres humanos. A criança os terá, quer conheça essas histórias ou não. Pelo contrário, estar familiarizada com elas a aliviará, pois ela vai saber que não é diferente, que compartilha esses pensamentos com o resto da humanidade. O desafio é dominá-los e resolvê-los. Bruno Bettelheim disse em seu livro *A psicanálise dos contos de fadas*: "As primeiras histórias com as quais uma criança aprende a ler, na escola, são projetadas para ensinar as regras necessárias, sem qualquer consideração com o significado. (...) A aquisição de regras, incluindo habilidades de leitura, perde seu valor quando o que se aprendeu a ler não acrescenta nada de importante à vida da pessoa".

O Estado tem a obrigação de formar cidadãos educados e com pensamento crítico. As autoridades do Estado podem realizar essa recuperação? Se forem leitores, sim. Os professores podem? Se forem leitores, sim. E os pais podem? Se forem leitores, sim. É inútil esperar que alguém que não sabe nadar dê aulas de natação. Um professor pode trabalhar um texto, analisá-lo, ajudar a compreendê-lo, mas não pode transmitir a paixão pela leitura se ele mesmo não a sentir. Se não houver formadores de leitores entusiasmados em número suficiente, o Estado, por sua vez, terá de treinar os operadores dessa mudança. O primeiro passo é, sem dúvida, assumir a responsabilidade pelo fato de que em nossa sociedade há um direito que é violado ou exercido apenas parcialmente: o direito à leitura.

Mesmo baixinha assim, defenderei minha filha

O que exatamente é o medo? Para a Real Academia Espanhola: 1. Perturbação angustiada do humor devido a riscos ou danos reais ou imaginários. 2. Receio ou apreensão de que algo aconteça a alguém que seja contrário ao que desejamos. Freud também deu sua definição; a Wikipédia, a dela. Algumas pessoas veem o medo em uma das pinturas da série *O grito* do pintor norueguês Edvard Munch; outras não.

Há algum tempo, Stephen King, um dos escritores que melhor lidaram com o medo na literatura (o dos personagens e o dos leitores), disse ao jornalista Ian Caddell: "O medo é um programa de sobrevivência. Você pode ter medo de algumas coisas, como cruzar uma rodovia à noite ou sair durante a temporada de caça no Maine. Isso está acontecendo agora e, se você não vestir nada vermelho ou laranja, pode ter medo de levar um tiro. Portanto, acho que é um programa de sobrevivência. Nas histórias que escrevo, tento proporcionar às pessoas pesadelos, que são lugares realmente seguros para colocar esses medos por um tempo, porque você pode dizer a si mesmo que, afinal de contas, é apenas ficção. Tudo o que você está fazendo é levar suas emoções para passear".

A literatura de terror teve e ainda tem grandes representantes além de King. De Edgar Allan Poe ou Lovecraft a Mariana Enriquez, a escritora argentina que hoje representa o melhor do gênero em nosso

---

Publicado em *Télam* e revisado para esta edição.

país e no mundo. Além do gênero, porém, há outras histórias na literatura que falam sobre o medo. Por exemplo, o último romance de Juan Gabriel Vásquez, *O ruído das coisas ao cair*, que narra o medo que se instalou em várias gerações de colombianos a partir da década de 1970, com o nascimento do negócio do tráfico de drogas e seus métodos. E também narra como esse medo, uma vez instalado e mesmo que as circunstâncias tenham mudado, aparece de tempos em tempos como um alarme que não pode ser desativado. Perto do final do romance, Antonio, o personagem principal, se faz várias perguntas. Faz isso quando chega ao seu apartamento, após dias de ausência sem explicação, e percebe que sua esposa, Aura, o deixou, levando sua filha com ela. Antonio pergunta se seria uma alternativa ir procurá-la, esperar por ela, ficar em silêncio. "Ou será que eu tentaria convencê-la, argumentar que juntos nos defenderíamos melhor do mal do mundo, ou que o mundo é um lugar arriscado demais para ficarmos por aí, sozinhos, sem alguém esperando por nós em casa, que se preocupa quando não chegamos e pode sair para nos procurar?"

Também falam sobre o medo *Por qué volvías cada verano*, de Belén López Peiró, *O invencível verão de Liliana*, de Cristina Rivera Garza, e *Garotas mortas*, de Selva Almada. Outros medos.

Susana Trimarco, há quase dez anos, ficou preocupada e saiu em busca de sua filha, Marita Verón. O pesadelo em que sua vida se transformou não é um daqueles que Stephen King inventa para que possamos "levar nossas emoções para passear". Infelizmente, nada do que Trimarco tem nos contado desde então é ficção literária. Em seu depoimento no quarto dia do julgamento pelo desaparecimento de Marita, ela garantiu que não tem medo das máfias envolvidas no tráfico de pessoas e que tudo o que deseja é encontrar sua filha. Disse isso depois de dar detalhes sobre o sequestro e a própria investigação, que nos deixaram arrepiados. O que poderia acontecer de pior a uma mãe cuja filha foi sequestrada, aparentemente para se juntar a uma rede de tráfico, e que ainda não tem notícias dela depois de dez anos? Do que ela poderia sentir medo hoje? Qual poderia ser o risco real ou imaginário que a impede?

Sentada a metros de distância dos acusados no caso, sabendo que a rede não termina ali, mas segue para cima, disse Trimarco: "Não sei por que o povo de Tucumán não os enfrenta. Vou enfrentá-los. Mesmo baixinha assim, defenderei minha filha". Uma frase que desarma e que não teria ocorrido a muitos escritores de ficção: mesmo baixinha assim, defenderei minha filha.

Um texto para
Alabardas, alabardas

Roberto Saviano diz no prefácio do livro *Alabardas, alabardas, espingardas, espingardas*, de José Saramago: "Em Artur [Paz Semedo, o protagonista da história], as revelações que vi são as de todos os homens e mulheres que se defenderam da idiotice ao perceberem que compreenderam os dois caminhos que existem: ficar aqui, aguentando a vida, conversando com ironia, tentando acumular algum dinheiro e alguma família e talvez outra coisa. Que outra coisa? Sim, exatamente outra coisa. Outro caminho. Estar dentro das coisas. Dentro de Artur Paz Semedo está o núcleo dourado de *Ensaio sobre a cegueira*: 'Sempre chega um momento em que não há outro remédio a não ser correr riscos'".

Saviano então escolhe outras pessoas que poderiam ser Artur Paz Semedo, pessoas que não tiveram escolha a não ser correr o risco, e conta a história delas de maneira breve. Tomo a liberdade de parafrasear e escrever abaixo a história de outros Artures que conheci:

Eu também conheci Artur Paz Semedo. Ele não trabalhava no departamento de faturamento de armas leves e munição da Belona S.A. e não tinha uma ex-mulher pacifista. Não morava na Itália. Nem na Argentina. Provavelmente nunca empunhou sua arma. Nem muito menos tenha passado por sua cabeça a ideia de disparar um único tiro. No entanto, também conheci Artur Paz Semedo. Seu nome era Carlos Lorenzo, e também tinha outros 42 nomes. Sua arma era a docência, ensinar os

---

Texto da apresentação do livro *Alabardas*, de José Saramago, na Feira do Livro de Guadalajara, 2014.

camponeses. Um dia, Carlos Lorenzo e seus colegas da Escola Normal Rural Isidoro Burgos pegaram um ônibus para protestar e exigir melhores condições de vida e estudo para eles e suas famílias de camponeses, que viviam em Ayotzinapa. Ayotzinapa, no idioma Nahuatl, significa tartaruga. E esse símbolo – uma tartaruga – é o símbolo de sua escola, onde o único requisito para ser admitido é ser pobre. Mas, assim como não sabemos o que Artur Paz Semedo teria encontrado nas profundezas do depósito de documentos da Belona S.A., não sabemos se Carlos Lorenzo teria sido um bom professor. Não sabemos sobre Artur porque a morte interveio na vida de José Saramago. E não sabemos sobre Carlos Lorenzo porque a violência se interpôs na dele. Digo violência, e não morte, porque eles o levaram vivo, e nós o queremos vivo.

Também conheci outro Artur Paz Semedo. Seu nome era Meliton Ortega e ele era o pai de um dos 43 estudantes de Ayotzinapa. Sua arma era o protesto e o amor por seu filho. É por isso que ele marchou e marcha junto com outros pais e pede por sua vida ou por seu corpo.

E também conheci José Saramago, cuja arma eram as palavras, o compromisso e a coerência. Se estivesse vivo hoje, aqui, estaria marchando com esses pais. Embora uma lei de 1930 determine que um estrangeiro não pode se manifestar politicamente no México. Porque Saramago entenderia que, para lutar pelo que é justo e exigir justiça diante de crimes aberrantes, não há nenhuma nacionalidade ou estrangeirismo possível que nos separe.

O pátio dos poetas

Borges está condenado a olhar para Antonio Machado. Por admiração anglo-saxônica, provavelmente escolheria olhar para Shakespeare, que está a apenas alguns metros de distância. Ou, por amizade, escolheria olhar para o mexicano Alfonso Reyes, que conheceu na casa de campo de Victoria Ocampo e a quem se atribui o seguinte elogio dedicado à anfitriã: "Outra vez, voltaremos a falar da Era Vitoriana". Ou Paul Groussac, de cuja obra ele selecionou uma parte para o livro *Lo mejor de Paul Groussac*, publicado pela Editorial Fraterna, e sobre quem diz na entrevista feita por Osvaldo Ferrari em seu livro *En diálogo II*, referindo-se a Groussac, mas também a nós: "Ele me disse que 'ser famoso na América do Sul não significa deixar de ser um desconhecido', o que era verdade na época. Agora não, agora houve esse boom comercial na América Latina, e um sul-americano pode ser famoso. E eu, por exemplo, fui um dos beneficiários, mas não na época de Groussac; e é natural que seja assim, já que, bem, devemos tanto, devemos quase tudo à França, e a França, por outro lado, pode prescindir da, entre aspas, 'cultura argentina'". Mas não, Borges não olha para Shakespeare, ou Alfonso Reyes, ou Paul Groussac, ele olha para Antonio Machado.

Cervantes se parece com um faraó egípcio, embora os traços de seu rosto não atinjam a dureza do rosto com que vemos Miguel Ángel Asturias. Dante Alighieri recita a frase "Liberta va cercando", vira as costas para todos e mal parece tentar olhar para Sarmiento, que, cercado por crianças e professores, está pensando. Alfonsina Storni parece triste, menor do que os demais e com os olhos vazios. Rubén Darío está

Publicado em *La mujer de mi vida* e revisado para esta edição.

longe do centro da cena, como se estivesse à parte, e também parece pequeno. O mesmo acontece com Federico García Lorca. José Martí grita de lado: "Pátria é Humanidade". Alejandro Casona e Analía de Castro vestiram suas melhores roupas. Amado Nervo está presente graças à "amizade argentino-mexicana". Também participam Enrique Larreta, Miguel Hernández, Ramón Pérez de Ayala, Fernán Félix de Amador e Scholem Aleijem, o popular humorista e escritor judeu que criou o personagem Tevie, o leiteiro, que inspirou a peça *Um violinista no telhado*. Até convocaram um músico para a reunião, Julián de Aguirre, que não ousa se aproximar muito de tantos escritores. Olegario Víctor Andrade, talvez pelo fato de ter sido um político, além de poeta e jornalista, tem a própria pequena praça. O poeta e filósofo Giacomo Leopardi está dentro de uma grade, não para punir seu profundo pessimismo ou para protegê-lo, mas porque ele está no meio das novas rosas, os botões que estarão prontos para a próxima primavera. E, em meio a tanta localização resignada em busca da literatura, Benito Pérez Galdós aceita estoicamente seu lugar sob uma paineira que o condena a estar sempre manchado pelos excrementos dos pombos ou de alguma ave aquática que faz sua última parada ali, antes de chegar ao lago.

Onde ocorre esse encontro literário? Nos Bosques de Palermo, depois de atravessar a entrada da rua Presidente Montt e antes de chegar ao Paseo del Rosedal. Em um setor que não aparece em todos os mapas de referência e que alguns chamam de "O jardim dos poetas", outros de "O canto dos poetas", outros de "O pátio dos poetas". Por que estão alguns, e não outros? Por que alguns têm cabeças de mármore e outros de bronze? Por que algumas pessoas estão ao redor do setor central e outras estão afastados? Por que as cabeças de alguns são maiores do que as de outros? Por que alguns que não eram escritores estão incluídos? Quem sabe. Os incluídos nesse cânone em particular estão mortos e nenhum deles pertence à minha geração ou à que veio depois. Se não fosse esse o caso, com certeza estaríamos debatendo em blogs, sites ou suplementos literários se a ausência de alguém é porque não faz parte do jogo dos lobbies literários; se temos que aceitar as reclamações de determinado escritor, que alega ter sido banido; se apenas os amigos do poder podem entrar naquele pátio; se fulano foi colocado ao lado de seu pior inimigo de maneira deliberada, para que sua presença fosse mais humilhante do que sua ausência; se a inclusão de fulano foi injustamente vetada por críticos ou elites literárias; se alguém não está lá porque não tem agente ou porque o agente não cuida dele; se o menosprezo por certo escritor acontece, pois ele ainda não encontrou o leitor que possa dar à sua obra literária o valor que ela realmente merece; ou, por que não?, se o fato de não estar ali é apenas uma enorme e infame conspiração.

Mas no Rosedal não há discussão. Ali todos são de pedra ou bronze, e os poetas mortos só podem falar por meio de suas obras.

A sintaxe do luto

Quando eu estava grávida da minha terceira filha, dois meses antes de ela nascer, fui a Buenos Aires para resolver algumas coisas. Naquela época, eu morava a quarenta quilômetros da capital e, de acordo com o que meu médico havia me dito no último check-up, ainda podia dirigir. Então, peguei a Panamericana e dirigi até meu destino sem problemas. Deixei o carro em um estacionamento e me desloquei pela cidade a pé ou de táxi. No entanto, apesar da normalidade, algo bizarro aconteceu naquele dia: toda vez que eu precisava colocar a data, fosse em um cheque, fosse um formulário ou para marcar uma consulta, anotava o dia anterior ou seguinte. Era 4 de abril de 1998 e eu colocava 3 ou 5 de abril, alternativamente.

No final da manhã, só precisava ir ao dentista e ainda tinha um tempo razoável para comer alguma coisa. Sentei-me em um bar, fiz meu pedido e abri o livro que tinha comigo: *A invenção da solidão*, de Paul Auster. Comecei a ler. Antes de a comida chegar, me senti mal. Uma contração após a outra me impedia até mesmo de me levantar da cadeira. Liguei para o médico e ele me disse para ficar em repouso absoluto. Tive que deixar o carro no estacionamento e voltar para casa de ambulância.

Foi apenas à noite que percebi por que não conseguia acertar a data: meu pai havia morrido no dia 4 de abril. Desde sua morte, dez anos antes, eu havia me esquecido irremediavelmente de que o dia coincidia com esse aniversário. Um aparente esquecimento porque, por outro lado, todo dia 4 de abril eu ficava doente ou machucava

---

Publicado em *Télam* e revisado para esta edição.

alguma coisa, em geral meus ouvidos. A dor começava leve e ia aumentando até que me lembrava que dia era, o que significava a data e, enfim, a dor diminuía. Naquele ano, em vez de dor de ouvido, foram contrações. Mais uma vez, a relação entre a data, o esquecimento e a manifestação física era evidente. Quanto tempo leva para processar a morte de um dos pais? No caso daqueles que se dedicam a escrever: o tempo de luto é medido em anos, meses, dias ou tentativas de escrita?

A menina nasceu um pouco mais cedo do que o esperado, mas tudo correu bem. Desde aquele dia em que passei mal, não voltei mais ao livro *A invenção da solidão*. Nem durante os primeiros meses do período pós-parto. Um dia, porém, o livro apareceu onde havia sido deixado: esquecido dentro de uma bolsa, provavelmente a que eu estava carregando naquela manhã. Eu o abri. Folheei as páginas sem saber o que estava procurando. Entre as páginas 50 e 51, havia a conta do bar onde eu estivera no último dia 4 de abril, antes de me sentir mal. Hoje, quando procurei o livro para escrever este artigo, a conta ainda estava lá, embora o tempo tenha apagado a tinta e mal se possa ver os pontos cinzas. O papel apontava para o ponto em que eu havia chegado com minha leitura naquele dia. Li mais uma vez o parágrafo que tinha me obrigado a descansar:

"Em vez de enterrar meu pai, essas palavras o mantiveram vivo, talvez até mais do que antes. Eu o vejo não apenas como era, mas como é, como será; e todos os dias ele está aqui, invadindo meus pensamentos, entrando em mim de forma inesperada e improvisada. Debaixo da terra, em seu caixão, seu corpo ainda está intacto e suas unhas e cabelos continuam a crescer. Tenho a sensação de que, para entender algo, preciso penetrar nessa imagem de escuridão, que preciso entrar na escuridão absoluta da terra."

Dessa vez, em vez de passar mal, chorei.

Além do livro de Auster, há muitos outros textos que tratam do luto pela perda de um dos pais. Dois de meus favoritos são *Mi madre, in memoriam*, de Richard Ford, e *Uma morte muito suave*, de Simone de Beauvoir. Além da minha história, o que mais me interessa em todas elas é a busca pelo que Auster chama de uma nova sintaxe, a sintaxe pós-morte. "Quando um homem entra em um quarto e você o cumprimenta com um aperto de mão, ele não sente que é a mão dele que você aperta, ou que você aperta a mão de um corpo, mas que você aperta a mão dele. A morte mudou tudo. Dizemos 'Este é o corpo de X' e não 'Este é X'. A sintaxe é bem diferente. Agora falamos de duas coisas em vez de uma, considerando como certo que o homem ainda existe, mas apenas como uma ideia, como um grupo de imagens e memórias na mente de outras pessoas; enquanto o corpo não passa de carne e ossos, apenas um amontoado de matéria."

Já procurei a sintaxe necessária para contar a história da morte de minha mãe em *Elena sabe*. Talvez só agora tenha encontrado a certa para contar a do meu pai, embora ele tenha morrido mais de vinte anos antes dela, quando terminei de escrever *Un comunista en calzoncillos*: muito depois desse episódio.

Não ler

Em seu livro *Como um romance*, Daniel Pennac apresenta seu decálogo, uma série de direitos de leitura (ou não leitura) aplicáveis a qualquer leitor. O terceiro ponto do Decálogo de Pennac é dedicado à impossibilidade de terminar uma leitura, e ele o expressa desta forma simples: o direito de não terminar um livro.
    Talvez esse seja um dos direitos mais difíceis de serem exercidos por alguns leitores. No mundo infinito de livros publicados e a serem publicados, há escolhas a serem feitas. A vida é muito curta não apenas para ler o maior número possível de livros, mas também para ler aqueles que já temos acumulados em nossa biblioteca. No entanto, o que devemos fazer se, depois de escolhermos um, após começarmos a passear por seus parágrafos, dez, trinta ou cem páginas depois, sentirmos que não estamos avançando, que não estamos interessados? Às vezes é difícil tomar a decisão de desistir, de fechar o livro e abandoná-lo. Há muitos leitores que sentem isso como um fracasso: não é você, sou eu. E se, algumas páginas adiante, ele conseguir me conquistar? Se apenas em alguns parágrafos ele me seduzir da maneira que Barthes define em seu livro *O prazer do texto*? Se dediquei tantas horas de leitura a esse livro, não seria um triste desperdício deixá-lo inacabado? Ou, pelo contrário, será que estou disposto a continuar investindo horas em algo que não quero ler?
    A resposta geralmente está relacionada ao dever ser de cada um. Não é o meu caso. Comecei e deixei vários livros inacabados. O que me inquieta, porém, é descobrir o mecanismo, entender por que deixei a

---

Publicado em *La mujer de mi vida* e revisado para esta edição.

leitura avançada de um e fui para outro. Suspeito que a resposta seja menos simples do que posso imaginar. Entre os livros que deixei para trás há uma grande variedade, desde *Ulisses*, de Joyce, até a trilogia *Millennium*, de Stieg Larsson – não consegui passar da página 100 do primeiro volume. A dificuldade de leitura pode ser um obstáculo, mas não é um fator determinante. O fato de muitos leitores terem sido abduzidos por um texto também não é uma garantia de leitura. Tanto que estou convencida de que retornarei a *Ulisses* mais uma vez, ou várias vezes, mesmo que termine não lendo. Por outro lado, sei que não tentarei *Millennium* novamente, porque agora já vi as várias versões cinematográficas que foram feitas com base no romance.

O escritor colombiano Santiago Gamboa, em um texto sobre o mesmo assunto, conta sobre um amigo que deixou inacabada a leitura de um romance em um hotel para sempre porque o livro caiu da sacada e aterrissou alguns andares abaixo em fios elétricos, que entraram em curto-circuito e queimaram todas as páginas completamente. Tampouco me refiro a esse tipo de circunstância aleatória que pode ser reparada com um novo livro se o desejo de ler for forte o suficiente. Um verão, eu estava lendo *Desvarios no Brooklyn*, de Paul Auster, deitada em uma praia, tomando sol, com protetor por toda parte e, quando cheguei a uma determinada página, percebi que faltava todo um caderno no livro. Diante da adversidade, longe de abandoná-lo, vesti algo, calcei alguns chinelos, disse "já volto" sem dar explicações e fui até a cidade mais próxima para procurar nas poucas livrarias que estavam abertas na hora da sesta, até encontrar uma cópia completa do romance.

Há algum tempo, em uma dessas buscas na internet que levam de um lugar a outro, me deparei com um site cultural que não conhecia, o *Pijamasurf*, que tinha entre suas notas mais vistas uma produção fotográfica com os dez livros abandonados com mais frequência. Estavam ali, entre outros, *Finnegans Wake* de James Joyce, *Ética* de Baruch Spinoza, *O capital* de Karl Marx e *Debaixo do vulcão* de Malcolm Lowry. Não sei o que levou tantos leitores a abandonarem esses livros, embora em alguns casos tenha suspeitas. Com base na arbitrariedade do meu caso, sinto que houve motivos inconscientes que me fizeram parar em determinado ponto de uma história e simplesmente não continuar.

Porque se não é uma questão de dificuldade, nem de habilidade para captar centenas de leitores, nem de interesse, nem de dever, nem de se juntar aos livros que quase ninguém termina, nem de circunstâncias elétricas aleatórias como aconteceu com o amigo de Gamboa, o que mais pode estar escondido por trás desse abandono? Se eu tivesse marcado no livro descartado o parágrafo ou, melhor ainda, a frase exata em que parei, aquela que me deixou fora da história, talvez pudesse reconstruir o caso. Mas não fiz isso. Na maioria das vezes, não declarei: não vou continuar este livro. Apenas o deixei ali, na mesinha de cabeceira, juntando poeira. Um dia, tirei da mesinha e coloquei em uma estante e, algum tempo depois, ele desapareceu atrás de outro livro.

Vasculho minha biblioteca, procuro os livros que não terminei de ler, abro, embora saiba que lá dentro não encontrarei nenhuma pista, nem poderei confirmar nenhuma de minhas suspeitas. Não serei capaz de me lembrar quando e por que abandonei a leitura. E longe de dizer "que bobagem, vou levá-lo de volta para a minha mesa de cabeceira e terminá-lo", eu o fecho e o deixo lá, na prateleira onde estava, condenado ao meu abandono. Porque sei que, novamente, chegarei àquela cena, àquela frase que me fez parar, talvez uma imagem, talvez uma palavra, e ali vou parar. Sim, como disse Pennac, é meu direito não terminar esse livro, qualquer livro que eu não queira terminar, para que chegue aquele que, sim, vou terminar. E então o ciclo é reiniciado.

8.
Sobre viagens e feiras

Ver sem ver

Um dia, você é convidada para uma cidade da qual nunca ouviu falar. Nunca ouviu esse nome. Marburg, por exemplo. Você sabe, ou sente, que o fato de não saber sobre ela se deve apenas à própria ignorância. No entanto, como tem que viajar para muitas cidades em poucos dias, não procura informações e deixa que a cidade, sobre a qual não sabe nada, a surpreenda. Você pega um trem na estação de Frankfurt. Disseram que a viagem leva uma hora, então você programa o alarme do seu celular para o caso de cair no sono. O trem balança. Você adormece. O celular toca no horário combinado. O trem não está chegando a nenhuma estação, ele está parado. Você não sabe uma palavra de alemão, então não entende o que dizem nos alto-falantes. Tenta perguntar em inglês ao seu companheiro de assento ocasional. Ele responde em um espanhol ruim, mas é suficiente para entender que alguém se jogou debaixo do trem, que cometeu suicídio. Você nasceu em uma pequena cidade, bem longe dali, onde as pessoas costumavam se enforcar no campanário da igreja ou se deitar nos trilhos da ferrovia Roca à espera do trem. Assim, essa morte a deixa tocada, a invade, mas não a surpreende.

    O trem chega à estação de Marburg com meia hora de atraso. Não há mais tempo para passar pelo hotel. Você se penteia e se maquia com pressa no táxi. Vai directo para a sala onde será realizada a leitura de seu romance. Você chega agitada. A sala está escura, como se estivesse na penumbra, os organizadores estão tentando fazer com que pareça um teatro, você pensa. Ou um concerto em um café. Você pergunta se é a

---

Publicado em *La mujer de mi vida* (2010) e revisado para esta edição.

sua vez e fica grata por essa leitura não começar com um bandoneón e um tango, como todas as outras que fez até agora, porque os anfitriões queriam homenagear a terra natal onde você nasceu. Assim que você entra, a primeira coisa que vê são cães, deitados ao lado de cada mesa. Primeiro um cachorro, depois outro. Três cães, quatro, cinco. Você nunca tinha visto um cachorro em uma leitura antes. Se fosse um ou dois, não a surpreenderia, mas há quase tantos cães na sala quanto pessoas. Não viu as bengalas brancas. Você se senta na frente, no palco, com a tradutora. E, à medida que lê e responde às perguntas, vai descobrindo que várias pessoas são cegas. Quando lhe fazem uma pergunta, sorriem, mas não se dirigem a você, só a um ponto indefinido em algum lugar ao seu redor, perto de você, contudo não em seus olhos. Eles franzem os olhos, como se as pálpebras não fossem fortes o suficiente para mantê-las abertas. Você pensa em "Catedral", o comovente conto de Carver. Você chorou com esse conto. Você volta às perguntas, justifica-se dizendo que não entendeu a tradução, mas não a ouviu realmente; estava pensando em Carver e em um dos protagonistas de "Catedral", no visitante, que também é cego. No final da leitura, trazem livros para você autografar. Mas nem todos, as pessoas cegas não pedem que você autografe livros para elas. Só querem cumprimentá-la, fazer perguntas ou apertar sua mão. E você acha que esse contato pode ser mais real.

No dia seguinte, a levam para um passeio pela cidade. Um elevador gigante a carrega até a região antiga e original. Foi fundada no cruzamento de duas importantes rotas medievais, a que ia de leste a oeste de Colônia a Praga e a que ia de norte a sul, do Mar do Norte aos Alpes. Contam que a cidade não foi destruída por bombardeios durante a guerra porque não havia indústrias lá. É por isso que se salvaram. Passa por uma pessoa cega, a primeira da manhã, com sua bengala, de braço dado com alguém com quem está conversando animadamente. Os dois riem. Você é levada para o castelo. É preciso subir a colina por uma rua estreita de pedras. No caminho, você passa por mais duas pessoas cegas, ambas acompanhadas. Do topo da colina do castelo, é possível ver toda a cidade. Uma igreja com uma torre inclinada porque a madeira estava úmida quando foi construída, dizem. E também contam que na cidade dizem que vai se endireitar no dia em que uma estudante retornar virgem de Marburg para sua cidade natal. Você não acha a piada engraçada, não ri mais desse tipo de piada ou fica calada para não ser rude com o anfitrião. Mesmo sabendo que você é o que Sara Ahmed chama de "feminista desmancha-prazeres". Olha ao longe e vê telhados típicos de contos de fadas, uma torre onde Rapunzel poderia ter ficado com suas tranças. Ficou, segundo dizem, metaforicamente. Porque foi lá que os Irmãos Grimm estudaram direito, na primeira universidade protestante do mundo, e foi lá que eles coletaram os contos folclóricos que circulavam e permaneceram como seu legado por gerações e gerações de crianças. "Os contos dos Irmãos Grimm." Você consegue evocá-las com perfeição, como se a cidade vista de cima fosse a ilustração de um livro de papel brilhante que você tinha quando era criança. *Cinderela, Branca de Neve, Rapunzel, Os músicos de Bremen*. Todos eles estão lá.

Você desce da colina e perguntam se quer ver a igreja de Santa Elisabetta do outro lado da cidade; quando chega lá, porém, está fechada. Você passa por quatro pessoas cegas no caminho, três na ida e uma na volta. Seus anfitriões não acham isso estranho, você percebe. Enfim, você se atreve, pergunta e não entende por que não indagou antes. É assim que descobre que Marburg há muito tempo se tornou uma cidade totalmente acessível para cegos e deficientes visuais. Além de abrigar um importante instituto para cegos, há professores disponíveis para acompanhá-los e as ruas têm sinalização em Braille para ajudá-los a se orientar. Eles a levam a um canto, pedem que você toque em um monte de ferro e percebe que há relevos esculpidos na ponta. A escrita em Braille, confirmam, está em toda a cidade. Você não reparara nisso, só tinha visto os cegos, as bengalas brancas e os cachorros. Não notara a cidade preparada para eles. Sente-se como o marido preconceituoso da história de Carver, que recebe o amigo cego de sua esposa com ressentimento e por fim tem uma conversa esclarecedora com ele sobre catedrais e sobre a vida.

Aquele que, embora tenha visão, não enxerga. Não vamos.

Livros *by the sea*

Há livros e livros, feiras e feiras. A Feira de Buenos Aires, por exemplo, não tem nada a ver com a Feira de Frankfurt, nem com a de Londres, nem com a de Bolonha. Nem mesmo com a de Guadalajara, que provavelmente é mais próxima. Todas têm as próprias características, pontos fortes e fracos, o que as torna especiais. No entanto, se há uma feira de livros em particular que sempre me surpreende, é a Feira do Livro de Miami.

Os organizadores dizem: "Nossa diversidade é do que mais gostamos nesta feira". E, sem dúvida, é uma feira diversificada, às vezes estranha, sempre hospitaleira e muito bem organizada. De acordo com alguns editores, é a mais importante dos Estados Unidos. Ocupa ruas próximas à universidade, onde convivem barracas coloridas semelhantes às que você pode encontrar em uma quermesse ao ar livre com aulas magnas e salões do Miami Dade College, em que se pode ouvir pessoas tão diversas quanto Nora Ephron, Patti Smith, Rosa Montero, Mario Bellatin, Luis Leante, a doutora Polo ou Laura Esquivel. Ou, fora do programa, você também pode esbarrar com Salman Rushdie em um corredor, como aconteceu com Eduardo Sacheri. Ou tomar um café sentado ao lado de Jonathan Franzen, como aconteceu comigo, a ponto de desmaiar de admiração. Vão 350 autores na feira e a maioria deles está lá, andando por aí, como qualquer outro, sem um rótulo.

De qualquer forma, as coisas mudaram muito desde a primeira vez que estive lá, em 2006. O que mudou foi o mundo, a política ou os Estados Unidos, não a feira em si. Naquela época, uma das maiores atrações era ouvir Barack Obama, na época um político em ascensão com intenções de se tornar presidente dos Estados Unidos. Havia longas filas para conseguir um ingresso para sua palestra, com escritores como Santiago Roncagliolo, Fernando Iwasaki e Edmundo Paz Soldán ocupando pacientemente seus lugares para se sentar e ouvi-lo. Hoje, em 2010, com Obama já presidente dos Estados Unidos, não é ele, mas George Bush que participa da mesma feira. Não há fila para sua palestra porque também não há chance de conseguir ingressos: os 600 assentos foram entregues ao Partido Republicano bem cedo pela manhã para evitar que aparecesse alguém na plateia para estragar a festa. Bush apresentou lá seu livro autobiográfico, *Decision Points*, no qual justifica os atos de tortura. Sua palestra abriu a Feira de Miami 2010 em inglês. A abertura em espanhol seria feita por Carlos Fuentes. Sempre há duas conferências paralelas na Feira de Miami, nos dois idiomas. Carlos Fuentes, porém, não foi dar sua palestra inaugural, pediu desculpas em tempo hábil e sem muitas explicações, e assim evitou compartilhar a abertura com Bush. "Ainda há pessoas com coerência ideológica hoje", disse-me um jornalista espanhol, e eu assenti.

Além de Bush, a política está sempre muito envolvida nessa feira. Na conferência de Rosa Montero, uma mulher pediu o microfone para passar uma informação que não queria que Montero ignorasse: "Alguém que entende muito de mídia me disse que o jornal espanhol *El País*, onde você trabalha, é de 'esquerda'". E disse isso com intensidade, até mesmo com pena, como alguém que descobre que o marido de uma amiga a está traindo, acha que ela não sabe e se sente obrigado a avisá-la. Rosa Montero saiu com elegância da situação, dizendo que já não acredita muito em esquerda e direita, mas o que é verdade, segundo ela, é que os jornais de seu país estão intimamente ligados ao partido do governo ou aos da oposição, conforme o caso, "no caso do jornal *El País*, ao socialismo". Ficou claro, pelo murmúrio no salão, que a palavra socialismo também não caiu bem entre os presentes.

Pessoalmente, porém, a história mais intensa foi a que vivi ao compartilhar uma mesa com Eduardo Sacheri e o mexicano Bernardo Fernández. Fernández contou uma experiência que teve em uma feira de livros infantis no México, quando um traficante de drogas apareceu diante dele e de seus filhos pequenos. "Eu nunca tinha estado com um traficante antes. Eu o reconheci pelas correntes e braceletes de ouro e por certas atitudes", disse. E, enquanto ele dizia isso, eu sabia que, se aquela tinha sido a primeira, agora ele tinha a segunda diante de si. Ou melhor, um ex-traficante de drogas, Andrés López, que, após ter sido preso nos Estados Unidos por pertencer a um cartel colombiano, se arrependeu e começou uma vida diferente. Estava sentado em nossa sala, tinha ido à feira para apresentar seu livro *El cartel de los sapos* (que também foi uma série de muito sucesso). Eu sabia quem ele era porque um pouco antes havia estado no estande da Santillana e me pediu para autografar *Las grietas de Jara*. López e sua namorada, uma conhecida atriz colombiana, sorriram divertidos da plateia. Enquanto isso, Fernández continuou a contar sua história sobre o traficante de drogas, ignorando para quem estava contando. "E então o narcotraficante me disse: 'Gostaria de lhe fazer uma pergunta'. Eu tremia, mas respondi: 'É claro, tudo bem'. E ele me perguntou: 'Você acha que o livro digital acabará com o livro impresso?'". O público caiu na gargalhada, inclusive López. Bem baixinho, enquanto todos riam, aproximei-me de Fernández e disse: "Agora você conhece dois traficantes, o que você contou e o que está na terceira fileira". Fernández ficou mudo e, quando conseguiu se recuperar, disse apenas: "Você acha que minha vida está em perigo?". Na manhã seguinte, nos encontramos no hotel na hora do café da manhã. Ele me confessou que não tinha conseguido dormir bem, mas que se acalmou quando percebeu que López não só estava arrependido, mas também era colombiano, e não mexicano. "Cartéis diferentes", ele me disse e riu. Depois, contei a ele a melhor história que ouvi na feira, uma que me foi narrada pelo jornalista Hernán Vera, que ocorreu durante a apresentação do livro de Andrés López. Alguém na plateia, um compatriota colombiano do autor, levantou-se e o repreendeu, dizendo que, por mais arrependido que estivesse, tudo o que ele contava era uma vergonha para seu país, que ele era uma vergonha etc., enquanto agitava um exemplar do livro de López no ar. López se aproximou dele, pegou o livro de sua mão, inspecionou-o por um momento e depois disse: "E você vem me falar de vergonha, mas esse livro que você trouxe é pirata! Eu posso ter sido um traficante de drogas, mas você incentiva a pirataria, que também é um crime". Fernández gostou da história e concluiu: "Isso só pode acontecer em uma feira de livros latino-americana".

Algo que a Feira de Miami não é. Ou talvez seja.

Três cartões-postais de Cartagena

Primeiro cartão-postal

 Pôr do sol no Café del Mar. Turistas e moradores da cidade esperam o pôr do sol no mar do Caribe, no que é o local mais privilegiado da cidade para vê-lo. A música do bar acompanha. Quase todo mundo toma um drinque. Muitos tiram fotos do sol em sua descida. Todos os sentidos estão envolvidos: o cheiro do mar, o sabor das bebidas, o pôr do sol, a música tocando, o contato com o papel áspero do livro que estou lendo. Leio *O grau zero da escrita*, de Roland Barthes, enquanto, como todos ao meu redor, espero o sol se pôr, tocar a linha do horizonte e, finalmente, desaparecer. É um livro que meu irmão me deu há quase vinte anos; trouxe três romances para ler em minha viagem e esse livro de ensaios. Meu irmão é um bom leitor, mas não lê Barthes, nem se interessa por ele. Escolheu para mim como presente de aniversário, pensando em mim, não nele, e presumiu que, se falava sobre escrever, eu me interessaria; estava certo. O livro tem os riscos sublinhados de quando o li pela primeira vez: "A língua está além da literatura. O estilo quase vai além: imagens, elocução, léxico, nascem do corpo e do passado do escritor e gradualmente se tornam os automatismos de sua arte". Penso em mim há vinte anos, me pergunto por que marquei esse parágrafo, e não outros, que eu sublinharia hoje. Por exemplo: "O pretérito indefinido e a terceira pessoa do Romance nada mais são do que aquele gesto fatal com o qual o

---

Publicado em *Télam* (2012) e revisado para esta edição.

escritor aponta para a máscara que usa. (...) Seja a experiência desumana do poeta, que assume a mais grave das rupturas, ou a mentira plausível do romancista, a sinceridade aqui precisa de sinais falsos e obviamente falsos para durar e serem consumidos. O produto e, em última análise, a fonte dessa ambiguidade é a escrita". O sol se põe enquanto sublinho esse parágrafo, sinto falta de sua imagem final; quando levanto a vista do papel para o mar, só consigo distinguir uma luz amarela no cinza do céu, onde céu e mar são a mesma coisa.

Segundo cartão-postal
Daniel Samper apresenta seu livro mais recente na livraria Ábaco, talvez a mais bonita da cidade. A apresentação está lotada. Sento-me no chão, um lugar mais fresco que escolhi ao contrário da alternativa de ficar espremida entre os retardatários que ficaram de pé. Sentado em uma mesa próxima a Samper está Daniel Divinsky, seu editor na Argentina. Quando a apresentação termina, Divinsky e Samper vão almoçar em um restaurante em frente ao hotel Santa Clara, uma das áreas mais bem cuidadas da cidade velha. Enquanto jantam, a poucos passos deles, na frente do restaurante, um jovem assassino se aproxima do homem que foi encarregado de matar e dispara vários tiros contra ele. O outro homem, que no dia seguinte descobriremos que era "de San Andrés" e pouco mais, sangra até a morte na calçada. O jovem assassino joga a arma no chão e vai embora andando. No mesmo restaurante em que Samper e Divinsky estão comendo, está jantando a esposa de um dos homens mais poderosos da cidade; seus seis guarda-costas a rodeiam assim que os tiros começam. Algumas das testemunhas do crime reclamam que eles não vão ajudar o homem morto ou ir atrás do assassino, mas seu trabalho é diferente, cuidar da senhora, e é isso que eles fazem.

Terceiro cartão-postal
Daniel Mordzinski, amigo e fotógrafo oficial do Hay Festival Cartagena, vai me pegar no hotel. Ele propõe que eu percorra a cidade a fim de escolher locais para retratar os escritores convidados. Seremos guiados por Martín Murillo, poeta e promotor de leitura que administra a Carretilla Literá. Antes disso, Murillo, que mal chegou

ao quinto ano do ensino fundamental, vendia água de porta em porta e no Parque Bolívar, dentro da cidade murada. A Carretilla Literá é um carrinho de mão de madeira como qualquer outro, mas cheio de livros. Tem duzentos livros; Murillo foi juntando exemplares graças a presentes e doações, e mantém outros 2 mil no quarto onde mora, alternando-os de tempos em tempos. O carrinho funciona como uma biblioteca móvel, percorre a cidade todos os dias, durante a semana vai a presídios e escolas e, no fim de semana, instala-se no Parque Bolívar, onde há alguns anos ele vendia água. As pessoas se aproximam e pedem livros emprestados, que devolvem depois de ler. No percurso para encontrar locações, não levamos o carrinho para andar mais rápido. O carrinho fica estacionado em um centro cultural. Na ponte Roma, ele é parado por um adolescente, que lhe pergunta quando passará com o carrinho. Murillo lhe dá coordenadas de tempo e espaço que, sem dúvida, cumprirá. E depois desse adolescente, outros. Parece que todos na cidade o conhecem. Na porta do Hotel Paradiso, uma mulher manda beijos para Mordzinski. Ele sorri para ela, e seguimos em frente em busca de locais.

Mala leve

Eu adoraria poder fazer uma mala como George Clooney faz em *Amor sem escalas*. O personagem antipático que ele interpreta no filme, um profissional frio com a função de demitir pessoas sempre que necessário, também é um especialista no que levar e no que não levar ao viajar de avião. Estudo como Clooney escolhe as roupas necessárias, dobra, arruma, desliza os zíperes sem precisar se sentar na mala para fechá-la, e sei que nunca conseguirei. Ciente das minhas limitações, quando tenho minha mala pronta, eu a peso na balança do banheiro de casa e comprovo, inevitavelmente, que preciso tirar algumas coisas. Às vezes, muitas coisas. Já passei pela situação estressante de tirar peso de uma mala e transferi-lo para uma bagagem de mão no balcão de check-in do aeroporto, na frente de passageiros irritados com a perda de tempo, que se tornam testemunhas involuntárias de parte da minha privacidade. Em uma ocasião, vendo que não conseguiria chegar aos 23 quilos permitidos mesmo colocando coisas em minha mala, um homem me ofereceu para levar sapatos, botas e alguns livros em sua mala. A bondade de estranhos.

Atualmente, quase todas as companhias aéreas internacionais aceitam uma franquia de bagagem de 23 quilos e uma mala de mão de 10 quilos. E 33 quilos parece conveniente, mas o passageiro tem duas mãos e precisará empurrar o peso dessas malas pelos longos corredores dos aeroportos, carregá-las em elevadores, empurrá-las pela calçada, entrar com elas em um pequeno cubículo no banheiro. Após a primeira experiência com duas malas, a pessoa quer desistir e levar menos

---

Publicado em *Télam* e revisado para esta edição.

bagagem. Mas o problema para muitos de nós, escritores, que vamos e voltamos pelo mundo, não é o peso com o qual partimos, porém o peso com o qual devemos retornar. Sempre há livros que ganhamos ou que compramos de colegas, editoras e leitores que participam de conferências. Na última Feira do Livro de Saltillo, voltei com a coleção completa dos romances de Carlos Fuentes que a Prefeitura estava distribuindo, encadernada em couro verde. Uma edição em miniatura que, de qualquer forma, pesava muito, e tive que tirá-la da mala no último minuto para levá-la comigo no avião, ou teria que pagar pelo excesso.

E nem sempre são apenas os livros que aumentam o peso. Em 2010, fiz várias leituras em cidades alemãs antes de participar da Feira do Livro de Frankfurt. Em uma delas, Bad Berleburg, um vilarejo montanhoso que parece um conto de fadas, após minha última palestra, recebi o mesmo presente que a prefeitura dá a todos os escritores e palestrantes que lá visitam: um pedaço de pedra local, muito semelhante a um paralelepípedo. Fiquei olhando para aquilo, tentando esconder minha preocupação, agitei no ar tentando estimar quanto pesava, suspirei e agradeci. Incapaz de me desfazer de algo que me foi dado, eu o trouxe em minha mala e hoje ele está em minha biblioteca. Olho para ele de vez em quando e, dependendo do dia, sinto orgulho ou pena de mim mesma por tê-lo carregado comigo pelo resto da viagem. Antes de mim, Alan Pauls e Ernesto Mallo passaram pela mesma cidade, onde também deram palestras e apresentaram seus romances. Na época, eu me perguntei, e ainda me pergunto hoje, se a pedra que eles receberam também terá atravessado o oceano como a minha, ou se eles a terão deixado sem culpa em algum lugar ao longo do caminho.

Da Feira de Guadalajara de 2010, na qual fui receber o prêmio Sor Juana Inés de la Cruz, trouxe de volta um diploma emoldurado em madeira pesada e vidro. Emoldurar o diploma é, obviamente, uma cortesia dos organizadores, embora um rolo de fita de seda pudesse ter sido menos vistoso, mas muito mais leve. Também trouxe duas garrafas de tequila (a Feira foi patrocinada por uma empresa que a distribuía), que justificavam seu peso mais do que a pintura: não se pode carregar tequila a menos que ela esteja em uma garrafa. E um cheque simbólico no valor correspondente ao prêmio. Estive com Laura Restrepo em um jantar durante a feira e ela me contou que, quando ganhou o mesmo prêmio, foi muito pior: na época dela, não havia nem cheque nem tequila, mas uma estátua de Sor Juana de um metro e meio de altura que teve que deixar na casa de alguns amigos da região porque era impossível levar de avião.

    Contaram-me que Andrés Neuman, depois de perder a mala com suas roupas em uma viagem ao México, viaja apenas com o que cabe em uma bagagem de mão que nunca despacha, porque não está disposto a repetir a amarga experiência de aceitar a perda e sair correndo para comprar o necessário para sobreviver por aqueles dias. Eu o admiro e, no entanto, embora tente me aprimorar, não consigo fazer nenhum progresso. Até o final do ano, ainda tenho mais três viagens de avião para fazer. Não tenho dúvidas de que pesarei a mala, tirarei coisas e voltarei de cada uma com mais peso do que quando parti. Talvez eu tenha sido influenciada pela poesia de Machado, e não quero que nenhuma delas seja a última. Nenhuma das que vêm também.

> *E quando chegar o dia da última viagem,*
> *e esteja de partida o navio que nunca mais voltará,*
> *vocês me encontrarão a bordo com pouca bagagem,*
> *quase nu, como os filhos do mar.*

Viajar, sentir, tocar

Talvez, como nenhuma outra atividade, as viagens tenham mudado radicalmente nos últimos anos. O que significa viajar hoje? A definição da Real Academia Espanhola ainda é válida: mover-se de um lugar para outro, em geral distante, por qualquer meio de locomoção. Mas o que mudou foi o que a palavra implica, o que ela associa, o que na imaginação de todos é ou era viajar além de sua definição no dicionário.

Em 1997, Marc Augé publicou *El viaje imposible* (*L'impossible voyage*) pela Editora Payot & Rivages. Na introdução aos textos que compõem o livro, Augé apresenta a definição do conceito que serve como título geral: "A viagem impossível é essa viagem que nunca mais faremos. Essa viagem que poderia ter nos levado a descobrir novas paisagens e novas pessoas, que poderia ter aberto espaço para encontros novos. Isso aconteceu alguma vez, e alguns europeus, sem dúvida, experimentaram fugitivamente o que experimentaríamos hoje se um sinal indiscutível nos provasse a existência, em algum lugar do espaço, de seres vivos capazes de se comunicar conosco".

Não é nenhuma descoberta dizer que a tecnologia é um dos fatores mais influentes nessa mudança. Por um lado, porque a ruptura com o mundo que se deixa para trás ao viajar, se é que existe, não é mais a mesma. E, por outro lado, devido à preponderância de alguns de nossos sentidos sobre outros. Com relação ao mundo que deixamos para trás quando viajamos, até pouco tempo atrás, a ruptura era brutal. Na primeira vez que cruzei o oceano, há 25 anos, e depois de economizar por dois anos, não me comuniquei com minha família. Além de ser

---

Publicado em *Télam* e revisado para esta edição.

caro, não era fácil conseguir um telefone. E, quando conseguia, não era fácil se comunicar. Depois de quase um mês longe de casa, fui visitar uns parentes na Galícia, e lá encontrei uma carta de minha mãe. Esse era o único endereço que ela tinha das minhas estadas, os demais eram hotéis de má qualidade contratados na chegada a cada cidade. A carta preenchia a lacuna, contava daquele mundo que havia ficado para trás e me perguntava como eu estava, uma pergunta que eu responderia pessoalmente muito antes de qualquer carta de resposta chegar. E, na assinatura, minha mãe escreveu: "Te amo", algo que ela achava muito difícil de dizer pessoalmente, mas que com certeza aquela distância, com um oceano pelo meio, tornara necessário declarar.

Na semana passada, eu estava na França e me comuniquei tantas vezes com meus filhos, que eles devem ter se cansado de mim em vez de sentir saudade. Bate-papo, SMS, e-mails, emoticons. Mas eu não estava apenas em contato com eles. Quando estava no Café Le Deux Magots, escrevi sobre isso no Twitter e, logo depois, o colunista do *La Nación*, Valiente Noailles, respondeu: "O café favorito do Sartre". Pouco depois, o jornalista Rei Martínez apontou que eu havia colocado Margots em vez de Magots: "Você deve ter sido confundido com o Margot de Boedo e seu famoso sanduíche de peito de peru", o que é provável. No dia seguinte, fui ao Café de Flore, escrevi um tuíte sobre isso e Sergio Olguín, escritor e amigo, respondeu: "O lugar favorito de Boris Vian". Conversei todos os dias com outro amigo por chat, um notívago, que ficava acordado em Buenos Aires no horário em que eu me levantava para ler os jornais (jornais argentinos, é claro). Fiquei sabendo do menino morto em Lincoln e o de Miramar. Que no último fim de semana, choveu em Buenos Aires. Que uma amiga decidiu se separar. Que finalmente será publicado o livro de outra. Em outras palavras, viajei, mas não fui embora.

O uso dos sentidos é outro fator que faz a diferença. Antes, costumava-se viajar para "ver". Ver o que havia imaginado com base no que havia lido em um livro ou no que outro viajante havia contado. Hoje nós já "vimos" antes de viajar. Vamos à livraria Shakespeare & Co, em frente ao Sena, para ver se é como aparece em *Antes do amanhecer*, e passeamos pelas ruas da cidade tentando descobrir quais aparecem em *Meia-noite em Paris*. Verificamos, mas não descobrimos, a perda apontada por Augé. Já vimos tudo o que estamos vendo, já vimos antes no cinema ou na internet com uma veracidade que nossa experiência não pode superar. Ver não é mais uma novidade. Pior, às vezes é decepcionante ver *in situ*.

Os outros sentidos permanecem, não sei por quanto tempo, mas permanecem. Uma cidade também pode ser ouvida, cheirada e saboreada. E, acima de tudo, há o toque. Tocar um lugar é entrar em contato com as pessoas que encontramos nele. Tocar é o que as novas tecnologias (ainda) não podem fazer. Entrar em contato com o outro por meio da pele, dos olhos, do riso. Toquei Paris quando fui comer em um restaurante japonês com a escritora Luisa Futoransky e duas amigas; Luisa citou de memória poemas seus e de outros, e rimos até altas horas. Toquei Valence quando chorei na estação de trem e fui consolada por uma companheira de viagem ocasional. Toquei Rennes quando, após a palestra programada na Universidade, o professor e escritor Néstor Ponce me levou para um passeio pela cidade velha, me contou sobre suas filhas e me mostrou o que significa dizer "vender cerveja por metro" na cidade da Europa onde mais se bebe: abriu seus longos braços em cruz e disse: "todos os copos que entram de um lado a outro, daqui até aqui". E no voo de volta, ao acordar depois de dez horas ininterruptas de sono, quase chegando a Buenos Aires, toquei o final da viagem quando olhei para a mulher que dormia na poltrona ao lado da minha e senti que precisava pelo menos dizer "bom dia". Ela me cumprimentou e, em pouco tempo, estava me contando que viajava para Buenos Aires porque seu marido havia sequestrado seu filho e estava vindo para tentar recuperá-lo.

Se ver se tornou a parte mais banal de uma viagem, ainda temos o cheiro, o gosto e a audição. E tocar, mais do que qualquer outra coisa. "O mundo ainda existe em sua diversidade. Mas essa diversidade tem pouco a ver com o caleidoscópio ilusório do turismo. Talvez uma de nossas tarefas mais urgentes seja reaprender a viajar, em todo caso, para as regiões mais próximas de nós, a fim de reaprender a ver". Augé disse isso, tentarei adotá-lo.

9.
Do dito

Que não nos roubem a palavra "vida"

Por que estou aqui? Estou aqui porque sou mulher, porque sou mãe e porque sou escritora. O fato de estar por ser mulher e mãe, não vou explicar. Vou explicar por que estou aqui como escritora.

Antonio Tabucchi diz que nós, que nos dedicamos a escrever, temos antenas com as quais podemos captar o que está acontecendo na sociedade, mas, também, e graças a esse ofício, temos a facilidade de colocar isso em palavras. Permita-me, então, entregar uma lista com as assinaturas de duzentas escritoras argentinas que são a favor da Lei de interrupção voluntária da gravidez. Duzentas escritoras. E haverá mais, porque vamos nos reunir na próxima terça-feira para assinar a mesma carta que o coletivo de atrizes já assinou. Se vocês tiveram a sorte de ler um livro escrito por alguma escritora argentina no último ano, pode ter certeza de que essa escritora está na lista que estamos entregando. Não consigo pensar em uma que não esteja lá.

Além das antenas com as quais captamos eventos e os traduzimos em palavras, nós – que escrevemos – podemos escolher diferentes pontos de vista para contar uma história. O que é o ponto de vista? É olhar para a sociedade da perspectiva particular de cada um e cada uma. No debate para a aprovação da lei em questão, podemos observar como um ponto de vista quer se sobrepor ao outro. Os defensores da Lei de interrupção voluntária da gravidez não estão obrigando

---

Apresentação à Câmara dos Deputados, no debate sobre a Lei de interrupção voluntária da gravidez.

ninguém a interromper a gravidez; o que querem é que esse direito exista e seja exercido por quem decidir fazê-lo. Por outro lado, aqueles que são contra a Lei de interrupção voluntária da gravidez querem impor seu ponto de vista a toda a sociedade, para proibir o exercício desse direito. E essa é uma grande diferença entre as duas posições que deve ser levada em conta.

Há um livro de John Irving, permitam-me a digressão, chamado *As regras da casa de sidra*, que o autor constrói a partir da filosofia, ética, história, medicina e o transforma em um romance monumental. O protagonista é um médico, o Dr. Larch, um personagem extraordinário que precisa administrar um orfanato. Mulheres pobres vão ao orfanato para entregar seus filhos para adoção. No entanto, em uma noite, em um jantar com a presença de vários dos que apoiam o instituto – aqueles que contribuíram com o dinheiro, os ricos do Maine –, alguém pergunta secretamente a Larch, por trás das cortinas, se ele pode fazer um aborto na filha, prima ou sobrinha de um deles. Quem quer que esteja nesse círculo interno. Então, Larch percebe a contradição, a hipocrisia em que está envolvido, e pensa: *Por que eu deveria ajudar mulheres pobres a ter um filho e mulheres ricas a interromper uma gravidez?* Então conclui que não quer ser cúmplice, que ajudará as mulheres pobres para que elas também possam tomar a decisão de fazer um aborto, se assim o desejarem. Como Irving é um excelente romancista e constrói tão bem o conflito e o ponto de vista, imediatamente apresenta outro protagonista, um menino, Homero Wells, que foi dado para adoção e que, enquanto os anos vão passando e outros meninos conseguem novos lares, vai ficando no orfanato porque ninguém o adota. Wells cresce, acaba se tornando amigo de Larch e se torna seu assistente, embora o relacionamento entre eles seja quase o de pai e filho. Larch o ama, é grato por ele, sabe que, se sua mãe tivesse feito um aborto, Wells não estaria ali, mas não tem dúvidas de que tem o dever de ajudar as mulheres pobres a abortar, assim como os ricos pedem que ele faça por suas filhas.

Aqueles que escrevem têm o que Ivonne Bordelois chama de "consciência linguística", o que significa que sabemos que as palavras e a linguagem constroem a realidade. Há um supermercado gratuito de palavras de onde pegamos as que nos vêm à mente e as usamos. Por estarem sempre disponíveis, nem sempre estamos cientes de seu valor. O problema é quando alguém quer roubar uma palavra de nós, apropriar-se dela, deixar-nos sem ela. É aí que percebemos o valor do que tínhamos, na perda ou quando deixa de ser gratuita. Nesse debate, também estão tentando roubar uma palavra, pelo menos, de nós. Há um texto de Timothy Shriver, chamado *Sobre a tirania*, no qual o autor alerta para certas operações que ocorrem na democracia, mas que levam a situações que se aproximam da tirania. Um dos problemas que ele descreve é quando um setor da sociedade se apropria de um símbolo, sinal ou palavra do qual exclui o restante da sociedade. É isso que está acontecendo hoje na Argentina com a palavra "vida": toda vez que alguém diz "sou contra a Lei de interrupção voluntária da gravidez porque sou a favor da vida", exclui todos nós que queremos uma lei que permita a interrupção. Isso exclui a mim, duzentas escritoras, muitas de minhas amigas, muitos de vocês.

Não permitamos que a palavra "vida" seja roubada de nós. Também somos a favor da vida. Observem que a maioria dos países europeus tem leis de aborto e todos são a favor da vida. No Uruguai, eles têm uma lei e são a favor da vida. Na Itália, onde a lei não pôde ser votada pelo Congresso porque a religião católica é muito forte, foi convocado um referendo e mais de 50% das pessoas votaram a favor da lei. Isso significa que os italianos não são a favor da vida? Que são assassinos? Que os uruguaios são assassinos? Que nós somos? Não, não somos, estão tentando roubar uma palavra de nós para construir outra realidade.

Posso entender que algumas pessoas façam isso de forma inocente, ingênua, mas não posso permitir que os senhores e senhoras, nem os ministros deste governo, nem o presidente, sejam ingênuos. Quando vocês dizem que não concordam com uma lei de interrupção da gravidez porque são "a favor da vida", estão fazendo uma operação de linguagem para separar a sociedade e nos deixar de fora. Não aceito isso. E, se me permitirem, também vou me dirigir ao presidente. Devemos reconhecer que foi ele quem abriu esse debate, e acho ótimo que tenha feito isso, que tenha assumido as bandeiras de tantos coletivos de mulheres que lutam há anos para realizar esse debate sem conseguir que fosse realizado nesse âmbito e dessa forma. Eu agradeço, Sr. presidente, mas também peço outra coisa: não diga novamente que, além do fato de ter aberto o debate, o senhor não concorda porque é a favor da vida, porque eu também sou a favor da vida e defendo a Lei de interrupção voluntária da gravidez.

Peço, por favor: não nos ofendam mais, não nos discriminem mais. Todos somos a favor da vida. Vocês acham que a lei não é a melhor coisa, nós achamos que é. Mas todos nós estamos a favor da vida.

Uma última referência literária: já devem ter ouvido falar dos seis graus de separação. Essa é uma teoria tirada de um conto de um escritor húngaro, Karinthy, que baixou o que percebia com suas antenas e escreveu uma história chamada "Correntes". Lá está escrito que, se dois indivíduos começarem a conversar, logo encontrarão uma pessoa em comum. O que é popularmente conhecido como "o mundo é pequeno". Pergunte a alguém de sua família, alguém sentado ao seu lado na mesa de jantar, se há alguma mulher em seu círculo íntimo ou entre as amigas de suas filhas que tenha feito um aborto. Se permitirem esse diálogo, ficarão surpresos, porque haverá. Menos de seis graus de separação. Vamos abraçar essas mulheres. Vamos dizer a elas que não irão para a prisão. Que agora podem contar. Que, no futuro, se elas ou outras precisarem interromper uma gravidez, não será em condições clandestinas e precárias, mas com as mesmas condições de saúde que uma mulher rica tem para fazer um aborto hoje.

E vocês, deputados, que estão prestes a votar "não", pensem no seguinte: muito recentemente houve uma lei sobre casamento igualitário. Analisem os argumentos contra essa lei. Acho que há membros do Congresso que não querem que esses argumentos apareçam porque devem sentir uma grande vergonha não apenas do que votaram, mas também das barbaridades que disseram. Barbaridades semelhantes às que estão sendo ouvidas hoje contra a lei do aborto. Vocês também, daqui a alguns anos, terão que olhar nos olhos de suas filhas e netas quando elas perguntarem: "É verdade que você votou a favor de que uma mulher tenha dentro de seu corpo um embrião indesejado?"; "É verdade que você a forçou a dar à luz?". E vocês terão que responder "sim". E os olhos dessas pessoas transmitirão o horror, a sensação de estar diante de alguém que cometeu um ato aberrante, talvez um crime. Porque, sabe como é, os tempos mudaram. Nós, mulheres, estamos aqui para defender nossos direitos e não recuaremos. Mais cedo ou mais tarde, haverá uma lei de interrupção voluntária da gravidez neste país.

Assim como continuaremos a defender nossos direitos, pedimos que cumpram seu dever.

A poderosa voz da impotência

Não sou acadêmica, sou escritora; portanto, tentarei me ajustar ao que nos convoca com o olhar que corresponde ao que sou: o da ficção, do relato e das palavras.

A literatura é feita de palavras e narrativa. Acho que vale a pena repassar o texto de Walter Benjamin intitulado, precisamente, *O narrador*, para nos perguntarmos: Quem narra? Como narra? Com que palavras? Benjamin diz: "A experiência transmitida de boca em boca é a fonte da qual todos os narradores se valem". E ressalta que os maiores narradores são os que menos se afastam – nos próprios textos – dos muitos narradores anônimos que os precederam. Quanto a estes, Benjamin propõe duas categorias: o viajante, aquele que vem de longe (que ele chama de marinheiro mercante), e o que nunca saiu de sua terra natal, que conhece suas histórias e tradições (o camponês sedentário). "Assim, a figura do narrador adquire sua plena corporeidade somente naquele que incorpora ambos." Essa união das duas categorias começou a ocorrer a partir da Idade Média, quando se unem na corporação de artesãos "as notícias de longe, como diziam aqueles que viajaram muito ao voltarem para casa, com a notícia do passado, que preferem confiar aos sedentários".

Podemos pensar nessas duas categorias não mais na narrativa, mas, antes disso, na linguagem como um sistema de comunicação que é construído ao longo do tempo. E no que seu uso em um novo território significou para o idioma espanhol: na América. No entanto, no

---
Apresentação feita no VII Congresso Internacional da Língua Espanhola, Córdoba, 2019.

caso do continente americano, o marinheiro mercante e o camponês apontados por Benjamin não falavam a mesma língua. Neste ponto de nossa história comum, devemos reconhecer que o idioma espanhol funcionou como um amálgama, permitindo que histórias e tradições fossem contadas em ambos os lados do mar. Porém, há quinhentos anos, existiu um fato histórico e descritivo que seria desonesto ignorar: o espanhol foi, originalmente, o idioma do conquistador. O narrador que não viajou, aquele que já estava aqui, teve que se adaptar a um novo idioma e, em muitos casos, abandonar o próprio, para conseguir esse amálgama. A língua espanhola nas Américas é língua imposta. O fato de isso ter acontecido há cinco séculos e de hoje podermos dizer que formamos uma cultura ibero-americana comum não faz essa origem, esse ato fundacional do uso da língua espanhola na América Latina, desaparecer. Mesmo mais de trezentos anos após a chegada da Espanha ao território americano, em julho de 1816, quando foi redigida a nossa Lei de Independência, sancionada pelo histórico Congresso de Tucumán, essa diversidade de idiomas foi contemplada: escrita em espanhol, foi traduzida para o quíchua, aimará e guarani para que tivesse divulgação e apoio suficientes. Hoje, no século 21, desfrutamos do uso desse idioma na literatura, na oralidade e no folclore. Mesmo assim, porém, há marcas dessa fundação, uma resistência ancestral que continua a ecoar nos usos e nas particularidades do idioma em cada um dos diferentes lugares onde é falado. O idioma de todos nós, o espanhol que construímos entre todos, é uma soma, é a riqueza na diferença, é o compartilhamento, mas também, na América, é a plena consciência dessa origem.

De fato, e para promover essa união, nas próximas edições este congresso talvez devesse se chamar Congresso da Língua Hispano-americana. Colocar essa questão na mesa quando falamos sobre o idioma que compartilhamos será muito bom para todos nós. Meu pai era espanhol, meus quatro avós também; na verdade, tenho essa nacionalidade. Se tivesse que escolher outro país para morar, é provável que escolhesse a Espanha. Mas o que não é falado causa desconforto. Diz George Steiner: "A linguagem só pode se ocupar de forma significativa de um segmento particular e restrito da realidade. O resto, e provavelmente a maior parte, é silêncio". Sou escritora, e nós, escritores, somos apaixonados por colocar palavras no silêncio, nos silêncios atuais e anteriores, mesmo naqueles que remontam a quinhentos anos.

Em 2019, é impossível para mim não traçar um paralelo entre um idioma que quer se impor sobre outros falados em um território dominado e a oposição feroz de muitos a que o idioma seja modificado pela adoção dos usos introduzidos pela perspectiva de gênero. Não faz sentido se opor ou tentar impor uma linguagem que é atravessada pela realidade: a língua é viva e sempre será, com o tempo, o que o uso determinar. Não sabemos hoje se a linguagem inclusiva acabará sendo adotada por aqueles que falam esse idioma; saberemos no futuro. Mas muitos dos que são contra o uso de linguagem com perspectiva de gênero argumentam de um lugar de suposta superioridade, com subestimação e certa arrogância. Quase como o conquistador que impôs suas regras em outro território e não aceita modificações. E, neste caso e neste século, o território não é geográfico, porém humano: mulheres e pessoas não binárias.

Dito isso, e precisamente por causa do que contei, gostaria de trazer hoje três exemplos de literatura, oralidade e folclore para este Congresso da Língua que me parecem ilustrativos do amálgama que o espanhol na América Latina acabou sendo. Três "narradores", nas palavras de Benjamin: Mariana Carrizo, Charo Bogarin e Miss Bolívia (María Paz Ferreyra).

Mariana Carrizo é uma coplera de Salta, nascida em Angastaco, uma pequena cidade rural nos Vales Calchaquíes. A copla é uma forma poética usada como letra em canções populares. Há diferentes tipos de copla. Tivemos um coplero extraordinário: Aledo Meloni, que nasceu em Buenos Aires, mas viveu a maior parte de sua vida na província do Chaco. Federico García Lorca e Rafael Alberti também cultivaram a copla. A variedade de Mariana Carrizo é a chamada "copla andina", uma arte considerada milenar e praticada quase exclusivamente por mulheres nas províncias do norte da Argentina. Mariana disse, quando perguntada sobre a origem de suas coplas: "Eu sei como a vida é difícil nas colinas, não é como mostram os cartões-postais. As pessoas descem para vender seus produtos, queijo, charque, e passam dias inteiros dormindo ao relento, no frio, na chuva e nas tempestades. E, às vezes, quando chegam, o que ganham não é suficiente para comprar o que precisam ou a novidade que chegou na loja do vilarejo. Essa impotência se torna copla". Repito a última frase, que se tornou uma marca registrada do trabalho de Carrizo: "A impotência se torna copla". Foi com essa impotência que ela suportou as cinco horas que passou em uma sala minúscula no aeroporto de Barajas porque não a deixavam entrar na Europa, como ela deduziu, por causa de suas tranças e características nativas, apesar de ter feito onze turnês por aquele continente e cantado com artistas como Lila Downs, Cecilia Todd, León Gieco e Dino Saluzzi.

As "Coplas verdes" de Mariana Carrizo também surgiram dessa impotência:

(...) Salga el sol, si ha de salir
También que salga la luna
El aborto será ley
Pa' que no muera ninguna
Soy salteña, libre y dueña.
*Soy salteña, libre y dueña.**

Depois de cantá-la, foi ameaçada de morte e sua casa foi apedrejada. Sim, no século 21, em Salta, Argentina, a casa de uma mulher foi apedrejada por cantar uma copla.

A segunda narradora que quero mencionar é Charo Bogarin, cantora e compositora nascida em Clorinda, Formosa. Também é dançarina, atriz e jornalista da UNNE em Corrientes. Seu olhar está voltado para o canto das mulheres quom, a partir de uma perspectiva antropológica. Para resgatar a memória, fez compilações de canções em quom, mbya e guarani. Ministra workshops sobre canto ancestral, nos quais os participantes abordam a cosmovisão toba por meio da fonética que lhes permite entoar suas canções. Um de seus trabalhos mais interessantes é a tradução de autores argentinos emblemáticos (León Gieco, María Elena Walsh, Víctor Heredia) para o idioma quom. Assim, as histórias, os textos, os poemas e as canções viajam na direção oposta:

---

* (...) Saia o sol, se tiver que sair/ Também que saia a lua/ O aborto será lei/ Para que não morra nenhuma/ Sou saltenha, livre e dona.

do espanhol para a língua originária; o marinheiro mercante ouve a canção no idioma do camponês sedentário.

É assim que Bogarín canta "Cinco siglos igual", de León Gieco (fragmento):

Ndalec hualec nla chigüini (Solidão sobre ruinas)
N tago'q huagui trigo (Sangue no trigo)
Toxodaic y qovi (Vermelho e amarelo)
Manancial do veneno
Natapshi, l'queemaxai (Escudo, feridas)
Cinco siglos nachi 'en 'am (Cinco séculos igual)
(...)

Finalmente, uma terceira narradora: Miss Bolívia, psicóloga, cantora, produtora de discos. Miss Bolívia (María Paz Ferreyra) se dedica à fusão. E fusão é amálgama: ela funde os estilos de cumbia, dancehall, hip hop, bass, funk, moomba e house, usando tanto o digital quanto a força dos ritmos originários. Usa em suas letras palavras e expressões do espanhol "villero" e do espanhol "tumbero": "a la gilada ni cabida", "tomate el palo", "yuta", "warrior", "ortiva", "caretas", "cagón".*

Miss Bolívia escreveu com Guillermo Beresnak a música "Paren de matarnos" (fragmento):

(...) Si tocan a una, nos tocan a todas
El femicidio se puso de moda
El juez de turno se fue a una boda,
(...) Ovarios, garra, corazón
Mujer alerta, luchadora, organizada
Puño en alto y ni una menos
Vivas nos queremos
Paren

---

* Gírias típicas do "conurbano" (periferia) de Buenos Aires. *Villero* = favelado; *tumbero* = presidiário, detento; *a la gilada ni cabida* = não dar bola para os otários; *tomate el palo* = cai fora; *yuta* = polícia; *warrior* = guerreiro; *ortiva* = cuzão, fresco; *caretas* e *cagón* têm um significado parecido ao usado no Brasil.

Paren de matarnos
Paren, paren
Paren de matar*

A Real Academia Espanhola diz que o folclore é o conjunto de costumes, crenças, artesanato, canções e produções similares de natureza tradicional e popular. Os trabalhos dessas três mulheres se encaixam nessa definição. Mas também a excedem, porque são linguagem viva, cosmovisão, luta, resistência, a ferida do ato fundacional, a voz poderosa nascida da impotência. Narradoras que receberam a mensagem do viajante que vem de longe, porém não deixaram de lado a tradição e a história daqueles que ficaram na terra de origem. Mulheres que não aceitam, no século 21, um conquistador.

---

* (...) Se tocam uma, tocam todas nós/ O feminicídio entrou na moda/ O juiz de plantão foi a um casamento/ (...) Ovários, garra, coração/ Mulher alerta, lutadora, organizada/ Punho no alto e nenhuma a menos/ Nos queremos vivas/ Parem/ Parem de nos matar/ Parem, parem/ Parem de matar.

Palavras, textos e urgências adiadas

Durante toda a vida, uma escritora, um escritor, escreve. Nossa tarefa é escrever. Procurar no universo de palavras possíveis as mais apropriadas para cada texto, escolhê-las, anotá-las, combiná-las e até mesmo descartar aquelas que não dão o nome que queremos dar. Algumas (alguns) de nós acreditam que, na busca e na escolha da palavra, há um ato político. Seja ou não seja, escrever é uma ação concreta. A pessoa se senta em sua cadeira, em frente à tela – nossa página em branco de hoje –, e pressiona as teclas que pintarão letras, palavras, sentenças, frases, parágrafos, textos. Escrever hoje está longe de ser um ato romântico, como pode ter sido séculos atrás. Compartilho o que Eugenia Almeida diz em seu livro *Inundación*, que aproxima a escrita de nosso tempo e de nossa realidade. Diz Almeida: "Escreve-se com o corpo. Não se trata de uma atividade mental. Escreve-se com as costas, as mãos, os olhos, a nuca e as pernas. Não podemos nos esquecer disso: toda vez que há escrita, é um corpo que escreve".

Então eu me pergunto: em que colocar o corpo, o que escrever?

A resposta a essa pergunta varia de acordo com o motor que é ligado para iniciar o ato. No caso da ficção (romance, conto, peça de teatro ou roteiro) minha força motriz é o desejo. Há um desejo de escrever, que aparece com uma imagem e, a partir dele, surge o texto. Uma vez aceitei o desejo do outro e escrevi um conto a pedido para uma antologia ou uma proposta de roteiro, mas sempre me apropriando dela,

---

Discurso de abertura da Feira Internacional do Livro de Rosário, 2022.

tornando-a minha. E, se não consegui, se não consegui desejar o que me foi pedido, então o texto certamente foi um fracasso. Nos textos que surgem do desejo, a liberdade só é limitada pela própria escrita; há limites, mas eles são estabelecidos pelo escritor ou escritora, que, ao propor as palavras que comporão os primeiros parágrafos, define os limites desse mundo ficcional que está nascendo. Diz Amos Oz, em seu livro *The Story Begins*: "Todo início de uma história é sempre uma espécie de contrato entre o escritor e o leitor. Existem, é claro, todos os tipos de contrato, inclusive os insinceros."

Até mesmo textos insinceros são escritos com o corpo.

Há outros tipos de texto que não se originam do desejo, mas da demanda. Alguém, o editor ou editora de um jornal ou revista, ou o professor de uma cátedra, pede que você escreva. Define um tema, um número de caracteres, um prazo, com sorte um pagamento e, se você aceitar, escreve. A ação tem características semelhantes, mas também diferenças substanciais. Em ambos os casos, é uma questão de buscar palavras, de explorar e fazer a melhor seleção possível dentro do universo infinito que é a linguagem, a fim de criar novos mundos ou descrever os existentes. Isso não faz diferença. Nos textos sob demanda, porém, o mecanismo é acionado pelo desejo de se adequar ao tema proposto, a uma estrutura ou até mesmo a uma linha editorial ou a determinada hipótese. É o que você tem e, mergulhados ali, escrevemos. Nessa origem, não há desejo, mas regras, pautas, linhas, é pegar ou largar. Se pegamos, escrever é nadar dentro da raia, aplicando o próprio estilo no movimento, porém limitando-o no percurso, e com o compromisso de responder ao que foi decidido. A liberdade dessa escrita existe apenas dentro dos limites estabelecidos por outros.

E há um terceiro tipo de texto. Que é este mesmo, o que escrevi para ser lido hoje, aqui, na Feira do Livro de Rosário. Este discurso de abertura. Um texto atípico. É sob demanda, portanto, não há desejo na origem, mas demanda; tampouco, aparentemente, há regras ou diretrizes a serem seguidas. A suposta liberdade é absoluta. Mas será que é, e qual seria o recorte adequado para essa ocasião? No discurso de abertura de qualquer feira de livros, é de se esperar que ninguém sugira o que você deve falar. Muito menos o que não pode falar. Ninguém delineia o assunto, ninguém limita, ninguém pede. E eu me pergunto: alguém está esperando, alguém quer que a escritora (o escritor) aborde uma questão específica? O conjunto de possíveis questões a serem abordadas é, assim como a linguagem, infinito. E, nessa imensidão, a primeira coisa que surge é o desconcerto, até mesmo a paralisia. Qual tema devo escolher? O que deixo de fora? Como faço para não decepcionar as expectativas que alguns ou algumas possam ter em relação ao que escolho dizer? Quando a suposta liberdade é tão grande, aparece o medo. Medo de não estar à altura das circunstâncias, medo de que ninguém se importe com o que temos a dizer, medo de que a oportunidade não seja honrada. Até mesmo o medo específico de que o que se escolhe irrite as pessoas ou determinados interesses e que isso desencadeie uma série de agressões posteriores, por meio de diferentes canais e de diferentes intensidades. Escreve-se com o corpo, e as agressões são sentidas no corpo. Hoje em dia, quando se supõe que não há censura, vemos diariamente como funciona o "medo de dizer", limitando o próprio discurso. É por isso que a primeira coisa a se fazer para poder exercer o ato de escrever e falar com liberdade é relativizar o medo. Colocar acima do medo algo que o supere, que o torne pequeno.

E esse algo pode ser a urgência.

A urgência exige que se diga o que precisa ser dito.

Dessa forma, o texto atípico não pode mais falar sobre nada porque se torna um texto urgente. Qual é a urgência aqui hoje? Estamos na Feira do Livro em Rosário, uma cidade linda e querida, onde moram muitos amigos, com uma vida cultural importante, mas também com altos níveis de violência e pobreza, afetada pelo tráfico de drogas, pelo crime organizado e pela crise ambiental. E essa cidade pertence a um país onde, há apenas uma semana, ocorreu um atentado contra a vida da vice-presidenta da nação, Cristina Fernández de Kirchner, um assunto muito sério que também ameaça a democracia que construímos com grande esforço desde o fim da ditadura militar. Com todos esses problemas: devo então falar sobre livros, sobre literatura, sobre o ofício de escrever, sobre o setor editorial, sobre a situação precária do escritor e da escritora dentro desse setor que navega, como outros, em meio às vicissitudes de nossa economia? Aposto que aqui e agora essa não é a urgência. Falei sobre essas questões em 2018, quando abri a Feira do Livro de Buenos Aires. E sobre a lei do aborto, que era a urgência na época. Guillermo Saccomanno falou sobre essas questões na abertura da Feira do Livro de Buenos Aires deste ano e acrescentou mais urgências. Mas volto a situar a urgência no tempo e no espaço: hoje, aqui, em Rosário, seria sensato usar este microfone para falar apenas sobre livros e nossa profissão?

A pobreza, a violência, o tráfico de drogas e o crime organizado são problemas sérios e urgentes, mas imensos, tanto que eu teria dificuldade em reduzi-los para trazê-los a este discurso. Problemas que, sem dúvida, vão além desta cidade. O atentado contra a vice-presidenta, com o consequente enfraquecimento da democracia, é uma questão extremamente urgente e grave que, acredito também, excede o tempo que poderíamos dedicar a ele nesta abertura, pois envolverá conversar, debater, buscar e esgotar instâncias para chegar a acordos de convivência democrática, que hoje, em nossa sociedade, parecem estar quebrados. Decidi, então, trazer para a Feira do Livro de Rosário um tema concreto e específico que sinto que podemos e devemos tratar nesta abertura, porque enquanto estamos aqui, tentando pensar no que fazer, o que poderia ser um texto urgente para esta ocasião, as áreas úmidas estão queimando, estão sendo queimadas, e EM ROSÁRIO NÃO PODEMOS RESPIRAR.

E, se hoje, ontem, amanhã, você não consegue respirar, a questão não é urgente o suficiente para que nos ocupemos dela, para que os funcionários dos diferentes poderes executivos – municipal, provincial, nacional – se envolvam, para que os legisladores aprovem leis, para que o judiciário intervenha?

Vamos começar procurando palavras, que é a tarefa de todos nós que escrevemos. Palavras que deem nome ao que precisa ser nomeado. Ecocídio. Ecocídio é a destruição de uma grande parte do meio ambiente de um território, especialmente se for intencional e irreversível. Diante do ecocídio do Paraná, como podemos falar sobre livros? Como falar sobre livros se não se consegue respirar? Como ler se não se consegue respirar?

Acrescento palavras: ecocídio, água, rio, urgência.

EM ROSÁRIO NÃO PODEMOS RESPIRAR é uma frase que se repete para mim como um mantra, é a frase que Gabriela Cabezón Cámara,

Dolores Reyes, Claudia Aboaf, Maristella Svampa, Soledad Barruti, escritoras ecofeministas que formam o coletivo Mirá, disseram e fizeram rodar nas redes. O ecocídio do Paraná é também a reivindicação de diversas pessoas e organizações, com essas ou outras palavras, com essa ou outras frases, que denunciam diariamente a queimada das áreas úmidas, os incêndios descontrolados, a fumaça, as doenças, a expulsão dos autóctones, a morte de tudo o que vive ali e, no curto ou longo prazo, a nossa morte.

ECOCÍDIO, EM ROSÁRIO NÃO PODEMOS RESPIRAR, LEI DAS ÁREAS ÚMIDAS JÁ, CHEGA DE QUEIMADAS, gritamos. E continuaremos a gritar, nas ruas, nas pontes. Mas sempre há a questão de saber se aqueles que precisam ouvir, ouvem. Ou ouvem, mas se fazem de desentendidos. É por isso que repito isso agora, diante deste microfone, neste dia em Rosário, nesta Feira do Livro, quando tenho que escolher sobre o que falar e meu motor é a urgência.

Quero trazer diferentes vozes para agregar literatura e protesto, para montarmos juntas (juntos) um texto literário e político. Portanto, vamos falar, ler e debater sobre o rio, suas áreas úmidas e sobre livros. E do fogo que queima as terras úmidas tantas vezes hoje, assim como queimou livros ao longo da história. E do ecocídio do Paraná.

E vamos falar sobre projetos de lei consensuais que são adiados sem serem votados. E de responsabilidades compartilhadas pelo que precisa ser feito, mesmo que a lei ainda não tenha sido sancionada.

Vamos entrar no rio levados por Mariano Pereyra Esteban, com seu *Vayasí*.

"Há algo de hipnótico no rio, é verdade. As águas, em movimento permanente, se confundem com quietude quando formam um único brilho sob o sol. Águas imemoriais, de caminhos infinitos. É um pouco assustador dimensionar horas, anos, diante da existência avassaladora da natureza, de eras sem medida, onde nós, homens, somos existências minúsculas e fugazes que ocupam porções de tempo, pedaços de espaço, que não significarão sequer uma pegada nas areias infinitas do universo."

O rio não tem tempo. Mas o que vive nele, vive e morre hoje. Portanto, temo que, se não fizermos nada, os dias do rio também estarão contados. Os tempos do rio, nossos tempos e os tempos que os legisladores levam para aprovar leis são muito diferentes. Um projeto de lei sobre áreas úmidas foi apresentado pela primeira vez há dez anos, e vieram outros. Alguns desses projetos foram simplesmente abandonados sem tratamento ou receberam um empurrãozinho para cair. Alguns foram aprovados em uma câmara, mas não discutidos na outra. Este ano, 2022, é a vez do projeto de "lei de orçamentos mínimos de proteção ambiental para o uso racional e sustentável das áreas úmidas", um projeto de consenso baseado no que foi aprovado em 2020, assinado por deputados de diferentes partidos, que foi trabalhado com a comunidade científica, grupos ambientais, organizações e assembleias.

Esse projeto de lei diz em seus fundamentos:

Em meio ao ecocídio sofrido em nosso país, no qual mais de 1.300.000 hectares devem ser afetados por incêndios durante os anos de 2020 e 2021, entendemos que esta discussão não pode ser adiada.

Acrescento uma palavra: inadiável. Ecocídio, água, rio, urgência, inadiável.

Mas a urgência é adiada. E, neste ano de 2022, centenas de milhares de hectares foram queimados, mas é difícil saber quantos porque ninguém os está contando oficialmente de forma adequada. Além disso, se eu tivesse obtido o número exato para compartilhar neste texto, teria que modificá-lo todos os dias após terminar de escrevê-lo, porque o fogo não parou. Talvez, agora, enquanto falo, alguém esteja iniciando um incêndio nas áreas úmidas ou planejando iniciar um incêndio amanhã, alguém esteja olhando para o outro lado, alguém esteja se preparando para dizer: "Não sou responsável". Dez longos anos se passaram desde o primeiro projeto. Foram necessários cinco longos meses para que o novo fosse encaminhado a três comitês e começasse a ser discutido. Quantos meses serão necessários para que a lei de consenso seja finalmente tratada e aprovada? Meses ou anos?

Meses, anos, eras. Os tempos do rio versus os tempos do Estado. Se o projeto diz inadiável: onde está o valor da palavra?

Disse o escritor Osvaldo Aguirre, em um artigo no jornal *Perfil*, em novembro de 2021, intitulado "Territorio mítico":

De Sarmiento a Haroldo Conti, de Leopoldo Lugones a César Aira, a literatura argentina encontra no delta do rio Paraná o território para estabelecer uma de suas mais importantes tradições. No decorrer dessa produção, o imaginário de um mundo em que outra vida seria possível, mais livre e menos alienada, mas também a crescente consciência de um paraíso definitivamente perdido para o desenvolvimento imobiliário e a poluição ambiental.

E eu acrescento: se o delta do Paraná deixou de ser um ideal e se tornou um paraíso perdido, há responsáveis por isso. E quando os responsáveis ficam jogando a culpa uns nos outros, ou lavam as mãos, ou quando deixam de agir e poderiam ter agido – muito ou pouco –, quando atrasam, adiam ou até mesmo derrubam leis que eram consenso, a responsabilidade é de todos. Porque a responsabilidade não é apenas daquele que queima, que degrada, que deixa uma terra estéril, que mata. Também é daquele que deixa queimar, degradar, transformar o ideal em um paraíso perdido, matar. E, ao falar daquele que queima ou deixa queimar, não me esforço – como fiz até agora neste texto – para incluir o feminino a fim de alcançar a universalidade de um substantivo ou pronome que hoje sentimos que não nomeia a nós, mulheres e dissidentes. Desta vez, uso o masculino de propósito porque os funcionários que poderiam ter agido são, em sua maioria, homens, aqueles que operam para derrubar as leis sobre áreas úmidas são, em sua maioria, homens, e os proprietários de áreas úmidas que de modo intencional atearam fogo a elas são, em sua maioria, homens. Nesse caso, o universal masculino se aplica perfeitamente, porque estamos falando de poder. E o poder continua em grande parte nas mãos dos homens.

Deveríamos ser levadas mais em conta.

Maristella Svampa, em seu artigo "Feminismos do Sul e Ecofeminismos", diz:

Sobretudo em sua versão livre de essencialismos, o ecofeminismo contribui para proporcionar uma visão das necessidades sociais, não a partir de uma visão carente ou miserabilista, mas a partir do resgate da cultura do cuidado como inspiração central para se pensar em uma sociedade ecológica e socialmente sustentável, por meio de valores como reciprocidade, cooperação e complementaridade.

Palavras que são escritas com o corpo como ação política: rio, água, área úmida, ecofeminismo, sociedade, cooperação, reciprocidade, literatura.

Mais palavras: jacinto-de-água, caniço, *Ephedra aspera*, juncos, totoras, capim santa-fé.

Assim como antes colocamos lenços verdes em cada cadeira do Congresso Nacional, hoje eu distribuiria o livro de Marisa Negri e Paula Collini, *La voz del ciervo*, para que os deputados e as deputadas lessem, enquanto debatem outros assuntos, que claramente consideram prioritários. Diz Marisa Negri:

> (...) *na ondulação dos peixes*
> *que não deixam quase nenhum rastro na água*
> *e no buraco que o sapo saltitante cavou embaixo do ingá*
> *a ilha está queimando.*
> (...) *há fumaça no ar*
> *O que faremos com o que está queimando,*
> *com o que oprime e pavimenta o não domesticado?*

EM ROSÁRIO NÃO PODEMOS RESPIRAR, LEI DAS ÁREAS ÚMIDAS JÁ, A ILHA ESTÁ QUEIMANDO.

É surpreendente que isso não mereça tratamento urgente. Existe algo mais urgente do que não conseguir respirar? Será que confiam que podem culpar o La Niña, o baixo nível de água do Paraná, os ventos, a falta de chuva?

Mais palavras: mergulhão, patos, garças, carquejas, tochã-cinzenta, burritos, carão, gavião-caramujeiro, biguás, martim-pescador, jacuguaçu, juruviara, sanhaçu-frade.

Uma lei também é um texto composto de palavras.

O projeto de lei de consenso diz em seus fundamentos quando fala sobre as obrigações do Estado:

A conservação da diversidade biológica e o uso sustentável dos recursos biológicos são fundamentais para alcançar e manter a qualidade de vida para as gerações futuras. Portanto, políticas claras de conservação de áreas úmidas devem ser implementadas para o benefício das comunidades que vivem nelas e para a sociedade como um todo.

Palavras que formam frases: gerações futuras, uso sustentável, comunidades que vivem lá, sociedade como um todo.

Juan José Saer diz em seu ensaio *El río sin orillas*:

Vista de cima, essa paisagem era a mais austera, a mais pobre do mundo – o próprio Darwin, que se interessava por quase tudo, já havia escrito em 1832: "Não há nem grandeza, nem beleza nessa vasta extensão de água lamacenta". E, no entanto, aquele lugar plano e abandonado era para mim, ao contemplá-lo, mais mágico do que a Babilônia, mais cheio de eventos significativos do que Roma ou Atenas, mais colorido do que Viena ou Amsterdã, mais sangrento do que Tebas ou Jericó. Esse era o meu lugar: nele, a morte e o prazer eram inevitavelmente meus.

Acrescento palavras para contradizer Darwin: juncos, cardos, cardoncillo, mata-olho, tarumã-de-espinho, carqueja, capim-mimoso, acácia-de-flores-vermelhas, loureiro, salgueiro, oeirana, toropi, timbó branco, árvore-de-coral, epífitas, cipós, ingá, taipoca, capororoca, cordia boissieri, jerivá.

E mais palavras: rãs, rã dos cardos, rã isleña, sapos, cobras, sapo-boi, crocodilos, jacarés.

E mais algumas: capivara, macacos uivadores, jaguaretés, tartarugas, ratão-do-banhado, lontra, cervo-do-pantanal, doninha-siberiana, pumas, viscachas.

Outras: surubí, curimbatá, dourado, boga, patí, raia, bagre, traíra, enguias, pacu.

E mais uma: água.

O projeto de lei diz:

Estamos testemunhando o que os especialistas chamam de "savanização" dos ecossistemas. Como se isso não bastasse, esses incêndios também comprometem a vida dos/das habitantes da ilha e seus meios de subsistência, afetando a pesca e a apicultura por meio da destruição do hábitat dos peixes e da flora das abelhas.

Palavras que eu não gostaria de pronunciar: savanização, indiscriminado, destruição, morte, postergação.

Há um projeto de lei postergado e funcionários que não parecem estar totalmente cientes do valor das áreas úmidas. Caso contrário, eles fariam alguma coisa. Claudia Aboaf diz em seu romance distópico *O rei da água*, que não parece tão distante no tempo, que aqueles que governam em sua ficção perceberam o valor da água e não a usam a nosso favor, mas a favor deles:

O Ministério da Água, localizado no município mais rico do mundo, lançou a nova roda de indenizações. Havia muito dinheiro e, enquanto o Delta continuasse recebendo água, eles teriam muito mais. Tempe conseguiu fechar os campos de arroz nos estuários e as fontes termais de Entre Ríos. As represas, por outro lado, permaneceram abertas. A bacia do Paraná coletava água do Uruguai e do Paraguai e também do Brasil. O território espalhava dali, curvando-se para o sul, enormes fluxos de água. O aquífero guarani inchava os cofres do município.

A lei estabelece:

O povo já ganhou a batalha nas ruas. É hora de a liderança política entender que o apoio à promulgação de uma lei sobre o orçamento mínimo de proteção ambiental para o uso sábio e sustentável das áreas úmidas é urgente.

Uma palavra: urgente.

Uma frase: O povo já ganhou a batalha nas ruas.

O que estão esperando aqueles que precisam agir, legislar e condenar? Quem os impede? O trabalho deles não é atrasar, não é obstruir, não é fingir se importar. Dez anos desde a primeira lei. Cinco meses desde que o último projeto foi apresentado. As áreas úmidas do Paraná são queimadas há anos, os incêndios são intencionais e respondem aos interesses econômicos de poucos, que não têm o direito de queimar, degradar, expulsar, matar. Isso continuará a acontecer se a questão não for tratada de forma séria e genuína. O que se fala nessas comissões de deputados enquanto EM ROSÁRIO NÃO SE CONSEGUE RESPIRAR?

Durante a pandemia, Gabriela Cabezón Cámara escreveu este texto que lemos há alguns dias no Congresso, em uma audiência pública convocada pela Frente de Izquierda y Trabajadores – Unidad. O texto se chama "Fumaça". Diz:

Há fumaça (...) você se lembra como era um animalzinho doce? Foi queimado, veja só, sobrou só o olhinho e tudo que ele era, todo aquele corpo que entrava na água e tomava sol na cabeça e nas costas e cuidava dos filhotes e com suas mãozinhas agarrava as folhas macias, tudo isso, e as folhas macias e as folhas duras e as árvores também, agora são cinzas. Ficarão restos de ossos e tocos. Está olhando para nós? O que veem os olhos daqueles que foram queimados?

Uma pergunta: o que vê o olho daqueles que foram queimados?

Frases urgentes: EM ROSÁRIO NÃO CONSEGUIMOS RESPIRAR, AS ILHAS ESTÃO QUEIMANDO, LEI DAS ÁREAS ÚMIDAS JÁ, CHEGA DE QUEIMADAS.

Que as palavras, frases, textos e livros nos salvem.

Que as leis nos salvem, que as leis também nos salvem.

Que nos salve *The drought*, de James Ballard, e *Floresta é o nome do mundo*, de Ursula K. Le Guin. Que nos salve *Pobres corazones*, de Melina Torres; e *Tres veces luz*, de Juan Mattio. Que nos salvem *La jueza muerta*, de Eduardo D'Anna, *Rojo sangre*, de Rafael Bielsa, e *El portador*, de Marcelo Scalona. Que nos salve *Un crimen argentino*, de Reynaldo Sietecase; *Cuaderno de V*, de Virginia Ducler; e *Perversidad*, de Marcos Mizzi. Que nos salve *Los monos*, de Hernán Lascano e Germán de los Santos; e *Quién cavó estas tumbas*, de Martín Stoianovich; e *El imperio de Pichincha*, de Rafael Ielpi; e *Fuera de cámara*, de Evelyn Arach; e *Postales de un mapa imposible*, de Javier Núñez. Que nos salvem *El día que el río se quedó sin agua*, de Mara Digiovanna; e *Las aventuras de Curimba*, de Eugenio Magliocca Piazza; e *Guardianes de Rosario*, de Silvina Pessino; e *Lagartos al sol*, de Alma Maritano; e *Un hechizo pluripotente*, de Virginia Giacosa e Virginia Luco. Que nos salve *Cómo sacar a un murciélago*, de Luciano Redigonda. Que a poesia de Beatriz Vallejos, de Fabián Yausaz, de Francisco Madariaga, de Beatriz Vignoli e de Alejandra Benz nos salvem. E a de Juan L. Ortiz e Diana Bellessi. E toda a que foi reunida em *Las cenizas llegaron a mi patio*, é claro. Que nos salve *El río*, de Débora Mundani, e *Arroyo*, de Susana Pampín, e *40 watt*, de Oscar Taborda, e *Transgénica*, de Gabby De Cicco. Que sejamos salvos pelos contos de Lila Gianelloni, Valeria Correa Fiz, Marcelo Britos e Pablo Colacrai, e pelos romances de Patricio Pron, Osvaldo Aguirre e Romina Tamburello. Que nos salvem os ensaios de Alberto Giordano, Nora Avaro e Martín Prieto; e o teatro de Patricia Suárez e Leonel Giacometto. Que todos os livros de Elvio Gandolfo, Francisco Bitar e Maia Morosano nos salvem. Que Wernicke e Haroldo Conti nos salvem. Que Angélica Gorodischer, Jorge Riestra, Beatriz Guido, Aldo Oliva, Laiseca, Roger Pla, Mirta Rosemberg, Noemí Ulla, Hugo Diz e El Negro Fontanarrosa nos salvem.

A lista é interminável. Certamente, faltam escritores fundamentais que nos ajudariam a entender essa cidade e o rio. Porque assim como alguém agora, neste momento, está queimando, alguém está lendo, alguém está escrevendo. Eu poderia acrescentar muitos outros. Vai ficar aberto para vocês também adicionarem palavras, frases, textos e os próprios livros salvadores.

Para concluir, gostaria de trazer um último texto que considero central para entender tudo o que estamos falando. É um trecho do livro *Não é um rio*, de Selva Almada.

Não são apenas árvores. Nem ervas daninhas.

Não são apenas pássaros. Nem insetos.

O quitilipi não é um gato selvagem, embora possa parecer um, de repente.

Não são preazinhas. É esta preazinha.

Esse urutu.

Este caraguatá único, com seu centro vermelho como o sangue de uma mulher.

Se você olhar mais para a frente, onde a rua desce, poderá ver o rio. Um brilho de umedecer os olhos. E mais uma vez: não é um rio, é aquele rio. Passou mais tempo com ele do que com qualquer outra pessoa.

É claro que não é um rio, é aquele rio. Aquele rio. O nosso. Selva Almada disse isso, nós sabemos disso. Esperamos que aqueles que precisam entender entendam e façam o que é seu dever fazer.

Agradecimentos

A todos os jornalistas e colegas que nestes anos me pediram diferentes tipos de texto para compartilhar com os leitores e a sociedade. Obrigada por seu interesse, seu entusiasmo e seu apoio.

Agradeço a Julieta Obedman, por considerar que nesses textos havia um possível livro.

© 2025, Claudia Piñeiro

Equipe editorial: Lu Magalhães, Larissa Caldin e Sofia Camargo
Tradução: Marcelo Barbão
Preparação de texto: Fernanda Guerreiro
Revisão de texto: Marina Montrezol e Gabrielle Carvalho
Projeto Gráfico e Capa: Casa Rex
Diagramação: Sofia Camargo e Lucas Saade

Dados Internacionais de Catalogação na Publicação (CIP)
Angelica Ilacqua CRB-8/7057

Piñeiro, Claudia
    Escrever um silêncio / Claudia Piñeiro. –- São Paulo : Primavera Editorial, 2025.
    320 p.

ISBN 978-85-5578-189-6

1. Crônicas argentinas I. Título

25-1214	CDD Ar869.8

Índices para catálogo sistemático:
1. Crônicas Argentinas

PRIMAVERA
EDITORIAL

Av. Queiroz Filho, 1560 — Torre Gaivota Sl. 109
05319-000 — São Paulo — SP
Telefone: + 55 (11) 3034-3925
www.prideprimavera.com.br
contato@primaveraeditorial.com

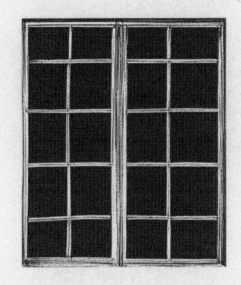

	edição	junho de 2025
PRIMAVERA EDITORIAL	impressão	plenaprint
	papel de miolo	pólen 80g
	papel de capa	cartão 250g
	tipografia	Utopia Std; Emilia